신화 속 상상동물 열전

지은이 : 윤열수

추천의 글 | 상상의 나래를 펼치기 위한 꿈의 재료

신화와 상징은 현실체계와 관념체계의 충돌이나 모순을 조정하고 조화롭게 하는 역할을 합니다. 그것이 곧 인간이 창조해 낸 문화이며 상징의 역할이라고 할 수 있습니다. 그리고 현실계와는 달리 이러한 문화들은 특정한 지역이나 시대를 넘어 인간의 행동과 삶의 양식에 현실 못지않은 영향을 주게 됩니다. 특히, 예로부터 인간들은 동물에 대한 상징을 통해 삶에 대한 염원을 표현해 왔습니다. 벽사, 장생, 부귀, 출세 등 현세의 삶에 대한 갈망을 자연의 동물들에 대치해 표현해 왔고 그러한 동물들 역시 점차 사람들의 상상력으로 인해 변형되고 상서로운 서수의 이미지로 우리에게 남아 있게 되었습니다. 그러나 점차 시간이 흐르고 이제 우리는 과거의 상상 동물에 대한 이미지를 유물에서만 확인할 수 있게 되었습니다. 물론, 그 고정된 이미지들은 아직도 우리 주위에 알게 모르게 남아 있긴 합니다만, 그 상징이 갖는, 삶에 대한 선조들의 염원이 담긴 의미는 많이 퇴색되어 가고 있습니다.

문화콘텐츠라고 하는 분야는 바로 이러한 부분에서부터 시작하여야 할 것입니다. 문화콘텐츠의 활용에 많은 노력이 할애되고 있는 요즘, 그 활용을 위한 재료는 바로 문화의 원형을 연구하고 발굴해 내는 일일 것입니다. 많은 영화와 게임 등의 소재가 신화에서 그 모티프를 빌려 오고 있는 시점에서 전통문화에 대한 다양한 사업들을 펼쳐 내고 있는 한국문화재보호재단이 창립 30주년을 맞아『신화 속 상상 동물 열전』을 기획하고 출간한 것은 시사하는 바가 크다고 할 수 있습니다. 전통문화라는 튼튼한 뿌리에 기반을 둔 문화콘텐츠의 발굴이야말로 그 활용 면에서도 무궁무진한 변화와 창조적 발상의 재료가 될 수 있기 때문입니다.

20세기가 전문가의 시대였다면 21세기는 통합의 시대입니다. 통합의 시대에 가장 주목받는 것이 문화가 될 것입니다. 인류의 지식, 신념, 행위의 총체를 의미하는 문화라는 말 자체가 이미 모든 것들을 통합하고 있는 의미입니다. 지식 대통합을 통해 분야를 넘나드는 창조적 사고를 위해서는 바로 이 '문화'에 대해 반드시 주목해야 합니다. 또한, 문화에 대한 관심은 우리의 문화에서부터 출발하는 것이 당연할 것입니다.

한편, 이 책은 유물읽기의 새로운 접근방법입니다. 많은 사람들이 좀더 친숙하고 호기심을 유발시킬 수 있는 소재를 통하여 유물을 쉽게 이해하고 해석할 수 있는 자료입니다. 그에 따라 수많은 도판자료들을 통하여 그림만을 보는 것만으로도 책의 재미를 느낄 수 있을 것입니다. 상징에 대한 연구가 외국과 비교할 때 그리 활발한 편은 아닌 관계로 유물 또는 동물문양에 대한 해석 면에서 학계의 이견이 있을 수도 있으리라 여겨집니다. 그러나 오히려 그러한 이견들을 통해 이 방면의 연구 역시 활성화되지 않을까라는 생각도 해봅니다.

문화콘텐츠를 공부하는 연구자들뿐 아니라 우리의 문화에 대해 관심을 갖고 창조적 사고를 꿈꾸는 모든 이들에게 이 책을 추천합니다.

이어령 (전 문화부장관)

저자 서문 | 〈신화 속 상상동물 열전〉을 펴내며

인간은 태어나서 자연으로 돌아갈 때까지 희로애락(喜怒愛樂)이라는 감정의 테두리 안에 믿음, 번뇌, 기원, 행복, 사랑 등의 감정뿐 아니라, 무한한 상상력이 생성되었다가 소멸되는 끝없는 역사적 변화를 겪으며 살아간다. 먼 원시시대부터 오늘날에 이르기까지 인간의 상상력은 실제로는 존재하지 않는 다양한 상상의 동물을 만들어냈다.

상상의 동물은 인간의 정신세계를 통해 창조된 산물로서, 추상적 형상을 동물에 부여하여 탄생되었다. 그 창조과정에는 실재하는 동물에 상상적 요소를 첨부하기도 하고, 여러 동물을 조합하여 새로운 상상의 동물을 만들어 내기도 하였으며, 온전히 상상만으로 새로운 동물을 탄생시키는 등 다양한 방법이 사용되었다. 이렇게 상상력에 의해 창조된 동물은 인간의 의식 속에서 배태(胚胎)된 다양한 상징성이 반영되어 초자연적인 힘을 가지고 우주질서 속에서 각각의 영역을 담당한다.

동양(東洋)과 서양(西洋)의 상상의 동물은 종류에서부터 성격에 이르기까지 극명한 차이를 보인다. 대표적인 예로 용(龍)을 보자. 동양에서 용은 상서로운 의미와 더불어 권위의 상징으로 왕(王)에 비유되기도 한다. 그러나 서양에서는 화염(火炎)을 토하며 암흑세계에 사는 동물로 표현된다.

〈신화 속 상상동물 열전〉은 동양문화에 등장하는 다양한 상상력의 동물을 소개한다. 이들은 만물을 다스리는 용과 같이 경이로움을 자아내기도 한다. 쇠를 씹어 먹는 불가사리(不可殺伊)처럼 기괴함을 보이기도 하며, 따로 떨어져서는 살 수 없는 비익조(比翼鳥)와 같이 낭만적인 이야기를 들려주기도 한다. 이러한 무수한 상상력이 탄

생시킨 동물들은 인간의 정신세계를 더 아름답고 풍요롭게 만든다.

상상의 동물 대부분이 중국에서 기인하므로, 그 연구에 있어서도 중국 문헌은 빼놓을 수 없다. 대표적인 것이 『산해경(山海經)』과 『삼재도회(三才圖會)』다. 『산해경』은 중국의 고대(古代) 지리서로서 서왕모와 곤륜산 이야기로 유명하다. 명나라 왕기(王圻)의 『삼재도회(三才圖會)』는 여러 서적의 도보(圖譜)를 모으고 그 그림을 통해 천지인(天地人)의 삼재(三才)로 구분하여 사물을 설명한 책이다. 그러나 한국 자료로는 참고할 만한 문헌이 많지 않아 민화(民畵)와 민간설화(民間說話), 전설(傳說) 같은 구비문학(口碑文學) 등에만 의지해 자료를 정리한 것이 아쉬움으로 남는다.

초기의 상상의 동물은 대체로 건국신화나 왕들의 탄생설화 속에서 주요한 역할을 수행하며 등장하였으나 시대가 변하면서 인간이 접할 수 없는 이상세계의 신비로운 존재로 발전하였다. 고구려 고분벽화 속에 등장하는 청룡(靑龍), 백호(白虎), 주작(朱雀), 현무(玄武) 사신도(四神圖)가 대표적이다. 사후세계의 환생을 믿은 사람들이 무덤의 사방에 강력한 수호의 힘을 가진 동물들을 상상으로 표현한 것이다. 고려시대까지도 대체로 무덤을 수호하는 사신도가 상상의 동물로 전해진다.

조선시대는 용, 봉황(鳳凰), 기린(麒麟), 해태(獬豸)와 같이 유교적 성격이 강한 상상의 동물들이 주를 이루어 유교문화가 깊이 뿌리내리는 사회로 변화하는 당시의 모습을 보여주고 있다. 특히 명(明), 청(淸)으로 이어지는 시기에는 중국과의 원활한 교류 속에 다양한 문화의 영향을 직간접적으로 받았다. 이처럼 상상의 동물은 시대정신과 깊은 관계가 있는 것이다. 또한 같은 상상의 동물이라 해도 시대나 지역에 따라서 그 상징적 의미가 달라지고 이에 따라 표현방법도

달라진다.

　18, 19세기 민중문화 발전과 함께 불교의 예술품에서도 전통적 종교 상징성을 떠나 다양한 상상의 동물들을 만나볼 수 있다. 대표적인 것이 사찰의 법당에 설치하는 수미산 모양의 단(壇), 즉 수미단(須彌壇)이다. 세계의 중심이 있다는 상상의 산 수미산을 상징적으로 보여주기 위해 수미산에 산다는 다양한 상상의 동식물들이 부조로 조각되었다. 기발한 상상력의 산물인 상상의 동물들이 수미단에 표현되어 더욱 신성하고 신비롭게 보인다. 수미단을 구성하는 상서로운 동물을 통해 인도 힌두교나 불교의 신화적 동물들이 중국을 거쳐 우리나라로 전래되면서 시대적, 종교적 변천에 따라 변화했음을 알 수 있어 더욱 흥미롭다.

　우리는 흔히 하늘과 땅과 사람을 아우르며 천지인(天地人)이라고 한다. 이는 '하늘이 열리고 땅이 생기고, 하늘과 땅 사이에 사람이 탄생했으니 하늘과 땅을 하나로 이어주는 것이 사람이다'라는 것이다. 하지만 〈신화 속 상상동물 열전〉에서는 이같은 인간 생태를 기본적인 천지인으로 분류하지 않고 천(天), 지(地), 수(水)로 나열하였다. 이에 따라 하늘과 땅, 그리고 물에 산다고 여겨지는 상상 동물들을 풀어보았다.

　일반적으로 해태(獬豸)와 사자(獅子)는 쉽게 혼돈된다. 한국에서는 해태, 중국에서는 사자가 조각상으로 많이 나타난다고 하는 견해도 있지만 이와 관련해서는 좀 더 신중할 필요가 있다. 해태는 시비(是非)와 선악(善惡)을 판단하고 재화(災禍)를 막아주는 신수(神獸)로 궁궐을 비롯한 주요 건축물에 등장하기 때문에 이 글에서는 문 앞에 있는 것은 사자가 아닌 해태로 보았다. 또한 상상의 동물이기에 명확하게 정의할 수는 없지만 조선시대 이후 예술품에 표현된 해태는 뿔을 찾아 볼 수 없고, 뿔은 사자의 갈기처럼 변화한 것으로 보인다. 해태와 사자는 비슷한 형태지만 대부분의 해태는 푸른 비늘로 표현되어 있어, 이것으로 해태와 사자를 구분하기도 하였다. 사자는 불교에서 불법(佛法)과 진리를 수호하는 신비스런 동물로 인식해 중국을 거쳐 우리나라에서 불상의 대좌를 비롯한 불탑, 석등, 부도(浮屠) 등 불교 관련 석조물에 적극 활용되어 왔다.

상상의 동물들은 대중 생활 문화가 자체적으로 파생되는 과정에서도 낭만적이고 독창적인 상상력을 바탕으로 다양하게 변형되어 기발한 이야기로서 등장한다. 불가사리 이야기만 해도 현재 20여 편이 전해지고 있다. 이러한 이야기들은 시대적 변화에 적응하는 과정에서 적절한 흥밋거리로 재구성되어 공상과학보다 더 기이한 내용으로 발전해 갔다. 때문에 상상의 동물들은 논리적이고 체계적이지 못한 면도 있다. 그러나 이것들은 신비로운 꿈을 키우고 아름다운 삶을 추구하려는 문화의 비밀열쇠와도 같다.

이번에 다양한 상상의 동물들을 모아 책을 내게 된 것은 기층문화에서 사대부 계층의 문화까지 아우른다는 점에서 매우 뜻 깊은 일이라 할 수 있다. 이는 시작에 불과하며 이 책을 바탕으로 미처 발견하지 못한 우리나라만의 독자적인 상상의 동물이 더욱 나타나길 기대해본다. 아울러 상상의 동물 연구자들에게 더 깊은 이해의 자료로 활용되었으면 한다.

끝으로 상상의 동물이란 주제로 책이 나올 수 있게끔 지원해 준 한국문화재보호재단에 감사드리며 자료와 원고 정리에 동참한 가회민화박물관 학예사들에게도 깊이 감사드린다.

윤열수 (가회민화박물관 관장)

天 천상의 염원

목 차

地 지상의 소망

水 수중 세계의 꿈

하늘

어진 성군의 덕치(德治) | 봉황(鳳凰)

앞부분은 기러기, 뒤는 기린, 뱀의 목, 물고기의 꼬리, 황새의 이마, 원앙새의 깃, 용의 무늬, 호랑이의 등, 제비의 턱, 닭의 부리를 하고 있으며, 오색(五色)을 갖추고 있다. 이 새가 한번 나타나면 천하가 태평해진다. 신의, 현인, 재주, 부귀, 장수, 풍년, 다산, 고귀, 예견력 등을 상징하는 서조(瑞鳥)이다.

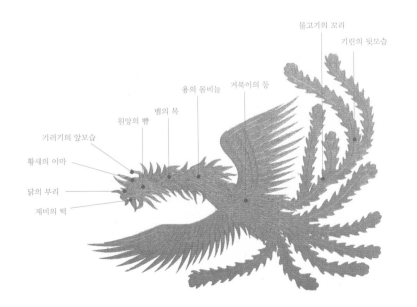

물고기의 꼬리

기린의 뒷모습

용의 몸비늘

거북이의 등

뱀의 목

원앙의 뺨

기러기의 앞모습

황새의 이마

닭의 부리

제비의 턱

창덕궁 대조전 봉황도
20세기

'새 중의 왕은 봉황새요, 꽃 중의 왕은 모란이요, 백수(百獸)의 왕은 호랑이다'라는 말은 한국인의 의식구조 속에 하나의 용어로 자리잡고 있다.

봉황(鳳凰)은 고대 중국에서 신성시했던 상상의 새로, 기린(麒麟), 거북(龜), 용(龍)과 함께 사령(四靈)에 속한다. 봉황은 사신도(四神圖)의 남주작(南朱雀)보다 더 오래된 동양의 오래된 용과 봉의 용봉(龍鳳) 사상의 상징이다. 이로 인해 우리나라는 물론 중국과 일본에서도 문양으로 폭넓게 사용되어 왔다.

이민족으로 구성된 중국에서 중원민족(中原民族)으로 지칭되는 황제민족인 서이족(西夷族)은 용을, 동이민족(東夷民族)은 봉(鳳)을 토템으로 하였다. 봉황은 본래 암수 구분이 없었으나 한대(漢代)부터 볏이 있는 수컷을 봉(鳳)이라 하고, 볏이 없는 암컷을 황(凰)이라 하였다. 상상의 동물 중에서도 가장 강력한 위상을 차지하고 있는 봉황과 용은 점차 시간이 지나면서 용은 황제를, 봉황은 황비를 상징하게 된다. 우선 중국의 문헌에 실려 있는 봉황의 기록을 살펴보도록 하자.

문헌상의 기록

『산해경(山海經)』「남산경(南山經)」에는 "동쪽 5백리 지점에는 단혈산(丹穴山)이 있는데, 그 위에는 금옥(金玉)이 많았고…, 새가 있었는데 그 형상은 마치 닭과 같았으며 다섯 가지 빛깔에 무늬가 있었고, 봉황이라고 부른다(東五百里 曰丹穴之山 其山多金玉…… 有鳥焉 基狀如雞 五采而文 名曰鳳凰)."라고 기록되어 있다. 이 문헌을 통해 봉황이 오색 무지개 빛을 지닌 새라는 것과 봉을 계(鷄)라고도 하는 것을 보면 닭의 속성을 지니고 있다는 사실을 알 수 있다.

『설문(說文)』에서 언급한 봉황의 모습은 앞부분은 기러기, 뒤는 기린, 뱀의 목, 물고기의 꼬리, 황새의 이마, 원앙새의 깃, 용의 무늬, 호랑이의 등, 제비의 턱, 닭의 부리를 하고 있으며, 오색(五色)을 갖추고 있다고 하였다. 또한 봉황은 새 중의 으뜸으로 동방 군자의 나라에서 나와 사해(四海)의 밖을 날아 곤륜산(崑崙山)을 지나 지주(砥柱)의 물을 마시고, 약수(弱水)에서 깃털을 씻으며, 저녁에는 풍혈(風穴)에서 잠을 잔다. 이 새가 한번 나타나면 천하가 태평하게 되어 봉황은 천자(天子)의 상징으로 인식되었다.

또한 『습유기(拾遺記)』「주목왕(周穆王)」의 기록에는

36년, 왕이 동쪽 대기곡(大騎谷)을 순행하다가 춘궁(春宮)에 의지해 쉬면서 방사(方士)를 불러모아 선술(仙術)의 요령을 구하였다. 뿔 없는 용, 고니, 용, 뱀 등이 난데없이 허공을 의지하여 나왔다…… 서왕모가 비취빛 봉황이 끄는 가마를 타고 왔는데 무늬 있는 호랑이와 무늬 있는 표범이 앞에서 인도하고 조각된 기린과 붉은 노루가 뒤에서 따랐다. 붉은 옥으로 장식된 신발을 끌고 푸른 부들포 자리와 노란 왕골로 짠 자리를 펴놓고 옥 장식된 휘장 안에서 함께 만났다.

라고 기록되어 있다.

봉학도_봉황
조선시대
국립중앙박물관 소장

『순자(荀子)』「애공편(哀公篇)」에는 "옛날 왕의 정치가 삶을 사랑하고 죽임을 미워하면 봉이 나무에 줄지어 나타난다."라고 하였으며, 『백호통(白虎通)』에는 "황제시절에 봉황이 동원에 머물러 해를 가리었으며 항상 죽실(竹實)을 먹고 오동에 깃들인다."는 기록이 있다. 즉 중국 고대에서는 성군의 덕치를 증명하는 징조로 봉황이 등장하고 있다. 이로 인해 천자가 거주하는 궁궐문에 봉황의 무늬를 장식하고 그 궁궐을 봉궐(鳳闕)이라 하였으며, 천자가 타는 수레를 봉련(鳳輦), 봉여(鳳輿), 봉거(鳳車)라고 불렀다.

또한 『악엽도(樂葉圖)』라는 책에는 "봉황이 이르렀는데 머리가 닭의 볏 같다(鳳凰至 冠類鷄頭)."라고 하였으며, 『주서(周書)』에도 봉의 형체가 닭과 비슷하고 뱀의 머리에 물고기의 꼬리를 가졌다고 기록되어 있다.

실재하는 닭에 인간의 상상력이 가미되어 봉황이라는 상서로운 새가 만들어졌다. 하지만 실재하는 동물에 바탕을 두고 창조되었기 때문에 봉황을 비롯한 상상의 동물들은 그 근거가 되는 동물의 속성을 지니고 있다. 봉황은 닭의 속성을 지니고 있는데, 『설문』에는 '닭은 때를 아는 가축(鷄, 知時畜也)'이라 기록되어 있다. 이와 같은 기록을 바탕으로 봉황 역시 아침 그리고 태양과의 관계가 형성된 것으로 여겨진다.

『상서(尙書)』「중후(中侯)」에 "제순이 이르길, 짐은 의롭진 못하나 백수 중에 봉이 새벽을 지키듯 하리라(帝舜云 朕惟不義 百獸鳳晨)." 라고 쓰인 것과, 『시경(詩經)』에 "봉황이 저 높은 언덕에서 울고, 오동이 저 아침 햇살 받으며 자란다(鳳皇鳴矣 于彼高崗 梧桐生矣 于彼朝陽)." 등의 기록을 통해 봉황이 닭과 같이 인식되었으며, '계명조양(鷄鳴朝陽)'이 '봉명조양(鳳鳴朝陽)'으로 발전한 것으로 보인다. 원래는 산의 동쪽을 가리키던 '조양'이 아침의 해를 일컫는 '조욱'과도 통용되기 시작했다. 그래서 '봉명조양'은 '봉황이 아침 해를 보고 운다'는 뜻으로 전이되었고, 재주를 가진 자가 때를 만난 것을 일컫거나 천하가 태

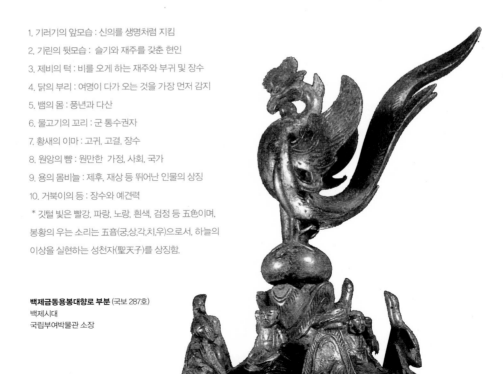

평할 길조를 의미하게 되었다.

위의 기록을 통해 봉황의 속성을 정리해보면 우선 봉황의 모습 속의 기러기 모습은 신의를 생명처럼 지킴을 상징한다. 또한 기린으로 인해 슬기와 재주를 갖춘 현인도 의미하며 제비 모습을 닮은 턱은 비를 오게 하는 재주, 부귀, 장수를 대표한다. 또 닭 부리를 닮은 모습은 여명이 다가오는 것을 가장 먼저 감지하는 대표적인 동물로 인식되어 왔고, 뱀의 몸은 풍년과 다산을 의미한다. 황새의 이마는 고귀와 고결, 그리고 원앙의 뺨은 원만한 가정과 사회 및 국가, 용의 비늘은 제후, 재상 등 뛰어난 인물의 상징이며, 마지막으로 거북의 등을 닮았다고 하여 장수와 예견력을 지닌 동물로도 인식되고 있다. 이렇듯 봉황에는 열 가지 동물들의 모습이 혼합되어 있는데, 이 열 가지 동물들이 가지는 상징성은 또한 제왕이 갖추어야 할 열 가지 덕목과

1. 기러기의 앞모습 : 신의를 생명처럼 지킴
2. 기린의 뒷모습 : 슬기와 재주를 갖춘 현인
3. 제비의 턱 : 비를 오게 하는 재주와 부귀 및 장수
4. 닭의 부리 : 여명이 다가 오는 것을 가장 먼저 감지
5. 뱀의 몸 : 풍년과 다산
6. 물고기의 꼬리 : 군 통수권자
7. 황새의 이마 : 고귀, 고결, 장수
8. 원앙의 뺨 : 원만한 가정, 사회, 국가
9. 용의 몸비늘 : 제후, 재상 등 뛰어난 인물의 상징
10. 거북이의 등 : 장수와 예견력
 * 깃털 빛은 빨강, 파랑, 노랑, 흰색, 검정 등 五色이며, 봉황의 우는 소리는 五音(궁,상,각,치,우)으로서, 하늘의 이상을 실현하는 성천자(聖天子)를 상징함.

백제금동용봉대향로 부분 (국보 287호)
백제시대
국립부여박물관 소장

도 밀접한 관련이 있다.

봉황은 앞서 설명했듯 닭의 속성을 지니고 있기 때문에 태양과 밀접한 연관을 지니고 있다. 또한 봉황의 등장은 천자를 상징하여 천하가 태평해짐을 나타낸다. 이로 인해 봉황은 동아시아의 대표적인 서조(瑞鳥)로, 다양한 장식 문양이나 그림에 의해 표현되었다.

상징과 의미

농경무늬청동기
청동기시대
국립중앙박물관 소장

청동기 시대의 봉황 | 청동기시대 제작된 것으로 알려진 〈농경무늬청동기〉의 새문양은 부족장을 의미하는 것으로 추정되며 최초로 새가 조형으로 나타난 것으로 알려져 있다. 하늘의 사자(使者)를 의미하는 이 새는 농경생활이 정착된 청동기시대에 농경신으로 숭배되었던 것으로 여겨진다. 한편 정치적 지배자와 새가 동일시 여겨지게 되면서 〈농경무늬청동기〉에 나타나 있는 이 새의 이미지는 새들의 우두머리인 봉황(鳳凰)과 의미상 유사하기 때문에 봉황문양이 유물에 보이는 시초로 보기도 한다.

삼국시대 | **고구려** 봉황 문양은 현조(玄鳥)와 주작(朱雀)의 단계를 거쳐 성립하였다. 고구려 고분벽화에 삼족오(三足烏)와 현조(玄鳥), 주작(朱雀), 서조(瑞鳥) 등과 같은 새의 표현은 봉황문(鳳凰紋)이 묘사되기 이전에 청동기시대에 처음 등장하는데, 그때의 조문(鳥文)은 천신숭배의식과 제천의식의 표현이었다. 이 때 새는 천상과 부족장의 권위와 신성(神聖)을 연결하는 매개자 역할을 하는 영물(靈物)로서 등장한다.

강서삼묘리 제1호분 봉황도
고구려시대

고대인들의 새에 대한 신앙은 고대 국가체제가 완성된 전제정권 아래에서 민간에 전해지는 기원(祈願)의 대상이었다. 부족장을 의미하는 새의 장식은 여러 곳에서 발견된다. 그 중 가장 이른 시기의 것은 대전에서 출토된 〈농경무늬청동기〉로 새 깃털을 꽂은 조인(鳥人)을 볼 수 있다. 이는 부족장을 상징하는 것으로 추정하기도 한다. 이처럼 새는 천신(天神)의 사자(死者)를 의미할 뿐 아니라 종자를 물어 와서 농업의 기원을 이루어 낸 농경신으로 숭배되기 시작하였고, 이로 인해 정치적 지배자와 새를 동일시하게 된 것이다.

백제 | 부여 외산리 유적에서 출토된 8매의 전돌 가운데 보물 343-2호인 산수봉황문전(山水鳳凰紋塼) 상단 중앙에는 봉황이 뚜렷하게 새겨져 있는 것을 살펴볼 수 있다. 벽돌 하단에는 산수풍경을 새기고, 상단에는 삼산형(三山形) 봉우리가 솟아있는데, 이 중에서 가장 높은 중앙의 산봉우리에 큰 봉황이 양 날개를 펼치고 두 발로 정상을 딛고 있는 모습의 정면상이 표현되어 있다. 활기차게 하늘로 비상하는 형태를 취하고 있는 봉황과 봉황을 감싸고 있는 듯한 주변 상단부의 서운문(瑞雲文)은 높은 산 정상부분에 위치하고 있어 마치 봉황이 천계에서 인간세계를 내려다보는 듯하다.

산수봉황문전 (보물 343-2호)
백제시대
국립부여박물관 소장

봉황 전돌
백제시대
국립부여박물관 소장

한편 정방형에 가득 차게 연주문(聯珠文)으로 이루어진 원곽(圓廓)을 구성하고, 그 원곽 내에 매우 율동적이고 유연한 형태의 봉황 한 마리가 배치된 전돌이 있다. 봉황의 머리 형상은 닭의 모양을 하고 측면으로 표현되었는데, 부리는 마치 독수리나 매의 부리처럼 날카롭게 구부려져 포효하는 모습을 보여주고 있다. 날개는 중국 한 대(漢代)에 유행한 운기문(雲氣紋) 형식으로 소용돌이무늬 전돌과 비슷하게 표현되었다. 머리부터 꼬리까지 완벽한 'S자' 형태를 하고 있는 형상의 이 봉황문은 전체적으로 회전하는 태극문의 형식을 보여주고 있다. 몸체에는 비늘을 매우 사실적으로 표현하였으며 융기선으로 윤곽을 둘러서 강한 느낌을 주고 있다.

1996년 백제 나성과 능산리 무덤들 사이 절터 서쪽의 한 구덩이에서 450여 점의 유물과 함께 발견된 국보 제287호 금동용봉대향로는 백제시대 봉황문의 대표적인 형태를 취하고 있다. 높이 64㎝, 무게 11.8㎏이나 되는 대형 향로인 이것은 크게 몸체와 뚜껑으로 구분되며 위에 부착한 봉황과 받침대를 포함하면 4개의 부분으로 구성

백제금동용봉대향로 (국보 287호)
백제시대
국립부여박물관 소장

서봉총금관 (보물 339호)
백제시대
국립중앙박물관 소장

된다. 이 향로의 뚜껑에는 23개의 산들이 네다섯 겹으로 첩첩산중을 이루는 풍경을 보여주고 있다. 피리와 비파, 북 등을 연주하는 다섯 명의 악사(樂士)와 각종 무인상, 수렵상 등 16인의 인물상과 봉황, 용을 비롯한 상상의 날짐승, 호랑이, 사슴 등 39마리의 현실 세계 동물들이 표현되어 있다. 뚜껑 꼭대기에 별도로 부착된 봉황은 목과 부리로 여의주를 품고 날개를 편 채 힘 있게 서 있다. 봉황 앞가슴과 악사상 앞뒤에 5개의 구멍이 뚫려 있어 몸체에서 향 연기가 자연스럽게 피어오를 수 있게 하였다. 이 향로는 창의성과 조형성이 뛰어나고 불교와 도교가 혼합된 종교와 사상적 복합성까지 보이고 있어 백제시대의 공예와 미술문화, 종교와 사상, 제조기술까지도 파악하게 해주는 귀중한 작품이다.

신라 | 경주시 노서동의 신라 고분에서 발굴된 보물 339호 서봉총 금관(瑞鳳塚金冠)에도 봉황이 사용된 예를 찾아볼 수 있다. 넓은 관의 테 윗부분에 5개의 가지를 세우고, 그 중 중앙과 그 좌우의 3가지는 山자형 장식을 3단으로 연결하고, 가지 끝은 꽃봉오리 모양으로 마무리 하였다. 山자형의 장식 좌우에는 끝이 꽃봉오리 모양으로 마무리된 사슴뿔 장식을 세웠고, 이곳에도 원판과 옥으로 장식했다. 관테에 3개의 세움장식과 2개의 사슴뿔 장식을 부착한 점은 황남대총 북분이나 금관총 금관과 같지만, 내면에 길쭉한 금판을 십자형으로 교차시켜 모자 모양의 골격을 만들고 그 위에 세 가닥의 나뭇가지 모양과 나뭇가지의 끝에 세 마리의 봉황장식을 가미한 점이 독특하다.

또한 신라시대의 유물 가운데 봉황의 흔적을 찾아볼 수 있는 것은 기와이다. 신라시대에는 파와(巴瓦)·당초와(唐草瓦)·귀와(鬼瓦)·치와(鴟瓦)·평와(平瓦) 등 여러 종류의 기와를 만들었다. 파와는 연꽃무늬가 가장 많고 당초와에는 인동(忍冬)무늬와 보상화(寶相花)무늬, 포도무늬, 연당초(蓮唐草)무늬, 국(菊)당초무늬, 그리고 구름무늬와 불꽃무늬 등을 많이 사용하고 있다. 또한 천인(天人)·기린(麒

麟)·봉황(鳳凰)·서금(瑞禽)과 같은 짐승 무늬를 볼 수 있다. 그리고 신라 황룡사 망새(치미)와 백제 부소산 절터에서 발굴된 망새에서 봉황의 깃털을 이미지화한 것을 보아, 오랜 역사에 걸쳐 봉황이 공예, 미술, 건축 등의 제 분야에서 사용되고 있었음을 알 수 있다.

고려시대 ㅣ 고려시대가 되면 전대에 나타났던 주작 형태의 봉황문양은 거의 사라진다. 또한 수호신적인 의미보다는 문양으로서 한층 더 장식화되기 시작하며 대부분의 봉황문은 꼬리가 길고 날개를 대조(大鳥)처럼 표현하였다. 특히 머리가 꿩 모양인 형태가 있는데 고려동경(高麗銅鏡)에서 찾아볼 수 있다. 그리고 고려시대의 청자 문양에서도 구름과 함께 시문된 봉황문이 자주 등장한다.

조선시대 ㅣ 봉황은 점차 광명, 행운, 행복의 신으로 미화되어 사람들은 봉황문양을 생활용품 곳곳에 사용하기 시작했고 자연스럽게 신령스러운 동물로 미화되었다. 수천 년 동안 중국에서 변화를 거듭하며 중국 모든 예술품에 봉황이 등장했던 것처럼 조선시대에는 제기, 가구, 의장구, 복식, 벽화, 민화 등 생활용품, 의례용품 등 곳곳에서 봉황문양이 사용되었다.

이렇게 봉황문양은 사용이 확산되면서 상징적 의미가 득남(得男), 번영(繁榮), 안락(安樂)을 바라는 세속적 의미로 변화한다. 이는 봉황의 형태가 매의 머리 모양에 긴 꼬리를 결합한 이전의 비현실적인 묘사에서 점차 닭과 학의 형상으로 변형되어 나타나는 것과도 연관이 깊다. 아마도 주변에서 쉽게 볼 수 있는 새를 봉황에 비유하면서 개개인의 소망을 현실적으로 담아두려는 사람들의 마음이 표현된 것이 아닐까 생각된다.

현재 전해지고 있는 봉황그림은 대개 민화로 분류되어 있다. 민화 효제문자도(孝悌文字圖)의 여덟 글자 중 '염(廉)'자에 봉황이 그려진다. 그림의 화제에 '봉비천인 기불탁속(鳳飛千仞 飢不啄

봉황도
조선시대
정찬우 소장

서왕모와 봉황
조선시대
개인 소장

문자도 봉황
조선시대
가회민화박물관 소장

문자도 봉황
조선시대
가회민화박물관 소장

효제문자도 염(廉)
19세기
가회민화박물관 소장
봉황도
조선시대
가회민화박물관 소장

粟)'이라고 쓰여 있는데, 봉황이 천리를 날아 아무리 배가 고파도 조를 쪼아 먹지 않는다는 의미이다. 이는 봉황이 대나무 열매만 먹으며 오동나무에만 앉는 청렴하고 고귀한 군자, 또는 어진 성군을 상징하는 새임을 보여준다.

문자도뿐만 아니라 화조도에도 반드시 봉황을 소재로 하는 그림이 그려지는데, 대부분 오동나무가 함께 등장한다. 때로는 오동나무 대신 대나무가 등장하기도 한다. 오색 구름 위로 솟아오른 오동나무 또는 대나무 아래에 한 쌍의 봉황이 그려지는데, 닭인지 봉황인지 구분하기 어려울 때도 있다. 이는 봉황을 누가 실제로 본 적이 없고 기록이나 많은 사람들을 통해 들은 바를 토대로 하여 그린 것이기

자수 봉황문 베갯모
조선시대
대관령박물관 소장

때문이다. 이로 인해 봉황은 점차 추상적으로, 상상의 동물로 변화되는 과정을 겪게 된다. 또한 '봉명조양'의 고사에 근거하여 붉은 태양이 함께 그려지는 것이 민화에서 볼 수 있는 봉황그림의 전형이라 할 수 있다.

봉황은 그림 이외에도 예복, 장신구 또는 가구, 공예품 등의 문양으로도 자주 사용되었다. 『조선왕조실록(朝鮮王朝實錄)』 세종 31권, 8년의 기사를 보면, 예조와 의례 상정소에서 조사한 조정의 관복 제도에 대한 기록이 있다. 여기에서 1품의 관(冠)은, 수(綬:패옥의 끈)는 노랑·녹색·붉은색·자주색 등 네 가지의 실을 가지고 구름과 봉황 무늬를 놓아서 짠 꽃비단으로 만들고, 아래에 청색 실로 망수(網綬)를 맺는다고 하였는데, 봉황문양이 사용되었음을 알 수 있다.

또한 같은 책 세종 45권, 11년의 기사에는 임금이 왕세자와 백관(百官)을 거느리고 서토(瑞兎)를 축하(祝賀)하는 표전문(表箋文)을 배송(拜送)하였다는 기록이 있다.

"성인(聖人)이 제왕(帝王)의 자리에 계시어 태화(太和)를 이루시니, 신물(神物)이 때에 맞추어 상등(上等)의 상서(祥瑞)를 보였고, 일은 간책(簡策)에 빛나니 기쁨이 신민에게 넘쳤나이다. 그윽이 살펴보건대, 더할 수 없는 훌륭한 정치가 일어날 때에는 반드시 바른 서응(瑞應)이 나타나는 것입니다. 봉황(鳳凰)이 와서 춤추던 모습은 『우사(虞史)』에 나타났고 인지(麟趾)의 복됨은 『주시(周詩)』에 읊었나이다……"

이 글을 살펴보면, 훌륭한 정치가 일어날 때, 즉 어진 성군의 정치가 이루어질 때 봉황이 와서 춤추었다는 내용을 찾아볼 수 있다.

자수나 나전과 같은 공예에서 아홉 마리의 새끼봉황이 함께 문양으로 표현된 것을 많이 볼 수 있는데, 이에 대한 기록은 『진서(晉書)』(420)에서 찾아볼 수 있다. 『진서』 「목제기(穆帝紀)」에 의하면 '목제(재위 344-361) 승평 4년(360) 2월 아홉 마리의 새끼를 거느린 봉황이 풍성(豊成)에 나타났다'는 기록이 있다. 여기에서 비롯된 '봉인구추(鳳引九雛)'라는 말은 재위 중 사천을 정벌하고 낙양을 탈환하는 등 동진의 판도를 크게 넓히고 목제와 관련하여 후일 태평성대를 의미하는 성어가 되었고, 많은 문학작품에서 인용되었다. 아홉 마리의 봉황이 표현되는 것은 일반적인 군봉의 상징으로 알려진 다산과 부부화합의 의미에 더해 태평성대의 염원도 강조되어 있다는 것을 알 수 있다.

'구추봉'의 명칭은 이이순의 『후계집(後溪集)』에 실린 순조 2년(1802) 「대조전수리시기사」의 내용과 맞물린다. 이 기사 중에서 "대조전 정침 동상방 내북벽에 구추봉도를 붙인다."라는 기록이 있는데, 이는 왕실 내에서 '구추봉'이라는 화제가 알려져 있었고, 이러한 이름으로 부른 그림이 이 벽에 붙어 있었다는 사실을 말해준다.

현재 남아있는 군봉도에 정확하게 아홉 마리의 새끼 봉황이 표현된 예가 많지 않다. 새끼 봉황이 표현된 경우에는 암수 한 쌍에 적게는 둘에서 많게는 열한 마리의 봉추가 나타난다. 이러한 현상은 공예에서도 마찬가지로 그 대표적인 도상이 신혼부부의 베개인 구봉침의 베갯모 장식에 보이는 암수 한 쌍, 새끼 일곱 마리의 봉황이다. 이와 같은 봉황 도상은 다양한 생활용품에 등장하는데, 이는 민간의 칠성신앙과도 연관지어 생각해 볼 수 있다.

의봉기
조선시대
국립고궁박물관 소장

현대 | 고귀함과 빼어남을 상징하는 봉황의 문양은 우리에게 가장 익숙한 대통령 문장(紋章: 국가나 일정한 단체를 나타내는 상징적인 표시)으로도 사용되고 있다. 1967년 대통령 표장에 관한 공고가 제정된 이후 대통령 표장 및 대통령기에 봉황문양을 사용해왔다. 이밖에도 상패, 상장을 비롯하여 결혼식장 마크에까지 봉황문이 새겨진 것을 자주 볼 수 있다.

남대문의 또 다른 이름은 숭례문(崇禮門)이다. 남대문은 남주작에 화기(火氣)가 있어 '숭례문' 간판을 다른 대문의 가로쓰기와는 달

봉황도
20세기
삼척 김병창 소장

리 세로쓰기로 달았다. 이를 풍수적으로 해석하여 기존의 청와대를 상징하는 문장인 쌍봉황을 없애려는 움직임이 남향을 지키는 주작, 즉 봉황을 진노케 했다는 이야기가 화제가 되기도 하였다.

또한 봉황과 관련된 속담을 살펴보면, '닭의 새끼 봉되랴', '닭이 천 이면 봉이 한 마리 있다'라는 속담에서와 같이, 닭이 보통 사람을 상 징한다면 봉황은 뛰어나게 잘난 사람을 상징하며 고귀하고 품위있 고 빼어난 것의 표상으로 사용되었다. 『초사(楚辭)』에는 "봉은 먹이를 탐내지 않는다(鳳不貪餞)."는 기록이 있는데, 이는 훌륭한 사람은 재 물을 탐내지 않는다는 의미이며, '봉은 굶어도 좁쌀은 먹지 않는다' 는 속담 역시 훌륭한 사람은 아무리 고생스럽더라도 그의 본성을 유 지해 나간다는 뜻이다. 다시 말해서 봉황은 모두 훌륭하고 품위 있 는 사람을 상징하는 것을 알 수 있다.

봉황은 용과 함께 대표적인 상상의 동물 중 하나로, 태양과 밀접 한 관계를 지니고 있다. 백제금동대향로의 봉황, 신라 서봉총 출토 금관의 새무늬 장식, 고려 봉황문 동경과 석관 상부에 표현된 봉황, 조선 궁궐 정전 천장에 장식으로 봉황이 사용되었다. 조선 후기에는 민화와 같은 미술에까지 봉황문양이 확산되었으며, 그림뿐만 아니 라 자수, 나전과 같은 일상생활에서 사용하는 공예품에까지 봉황이 길상적인 의미로 우리나라의 문화 전반으로 확산되어가는 것을 볼 수 있다. 오늘날 대통령 문장과 국새 손잡이에 쓰이는 봉황도 그 맥 을 이은 것이다.

봉황 꼭두
20세기
쉼박물관 소장

사신 봉황
19세기
개인 소장

봉황
20세기
가회민화박물관 소장

백수도(百獸圖)
조선시대
다보성 소장

남방(南方)의 수호신 | 주작(朱雀)

주조(朱鳥), 주오(朱烏), 적오(赤烏)라고도 부르며, 붉은 새를
총칭한다. 6척의 키를 연상케 하는 거대한 시조의 제왕으로,
남방의 상징이자 양기를 나타내는 붉은색과 함께 힘찬
모습으로 표현된다. 불을 상징하며 길조(吉兆)와 벽사(辟邪),
장생불사의 의미를 담고 있고 남쪽 하늘의 수호신이다.

예로부터 인간은 하늘을 나는 새를 숭배하여 사냥의 대상에서 제외하였으며 특히 죽은 사람의 영혼이 새를 타고 비상하여 저승으로 간다고 생각하였다. 그래서 새를 신(神)의 심부름꾼이자 인간의 영혼을 천상으로 인도하는 사자(使者)의 역할을 담당한다고 여겼다. 이로 인해 고대부터 새에 대한 경외심과 함께 새를 신으로 믿는 조신(鳥神) 사상이 생겨났으며, 시간이 지나면서 점차 조형의 대상이 되어 길조(吉兆)나 벽사(辟邪) 등 상징적 의미를 지니게 되었다.

봉황과 같이 상상의 새 중에서 남방(南方)을 지켜준다고 믿었던 새가 바로 주작(朱雀)이다. 주조(朱鳥), 주오(朱烏), 적오(赤烏)라고도 불리며, 붉은 새를 총칭한다. 주작은 6척의 키를 연상케 할 만큼 거대한 시조의 제왕으로서 남방의 상징이자 양기를 나타내는 붉은색과 함께 힘찬 모습으로 표현된다. 중국의 설화에서는 청룡(靑龍)·백호(白虎)·현무(玄武) 등과 함께 사신(四神)을 이룬다. 사신은 하늘의 네 방향을 지키는 신으로 알려져 있는데, 주작은 남쪽의 수호신(守護神)이다. 남쪽에는 28수(宿) 중 정(井)·귀(鬼)·유(柳)·성(星)·장(張)·익(翼)·진(軫)의 7개 성좌(星座)가 있다. 그 형상은 시대마다 약간의 양식적인 변화는 있지만 현실과 상상의 동물이 복합된 봉황의 모습으로 묘사된다. 중국의 고대문헌에는 대부분 주작이 곧 봉황이라고 언급되어 있어서 주작이 봉황으로부터 유래된 것임을 알 수 있다. 대개 무덤과 널[棺] 앞쪽에 그려졌다.

문헌상의 기록

중국 전한(前漢)시대의 역사서인 『사기(史記)』 「천관서(天官書)」에 "남궁은 주조(南宮朱鳥)"라고 하였다. 『예기(禮記)』의 「곡례편(曲禮篇)」에서는 "앞에는 주조, 뒤에는 현무, 왼쪽에 청룡, 오른쪽에 백호(前朱鳥而後玄武 左靑龍而右白虎)"라 하여 4개 방위의 신을 그린 깃발이 배열된 모습이 묘사되어

주작

- 방위 — 남(南)
- 만물 — 화(火)
- 황제 — 염제(炎帝)
- 계절 — 여름(夏)
- 음(音) — 징음(徵音)
- 일자(日字) — 병정(丙丁)

있다. 즉 청룡은 동방, 백호는 서방, 현무는 북방의 신임을 알 수 있다.

또한 『회남자(淮南子)』 「천문훈(天文訓)」에서 오성(五星)을 설명한 부분의 남방기록을 보면, "남방은 화(火)로 황제는 염제(炎帝)이며, 형(衡)을 잡고 여름을 다스린다. 이에 속하는 짐승은 주작이요, 음(音)은 징음(徵音), 일자(日字)는 병정(丙丁)이다."라고 하였다. 이 기록에서 주작이 불과 관계가 있는 것과 남방의 수호신임을 알 수 있다.

역시 전국시대의 지리서인 『삼보황도(三輔黃圖)』에도 "청룡, 백호, 주작, 현무는 하늘의 사령(四靈)으로, 사방을 바르게 한다."고 하여 네 방향신에 대한 기록을 찾아볼 수 있다.

주작의 원형은 상상의 새인 봉황에서 찾아볼 수 있다. 봉황은 삼족오(三足烏), 계룡(鷄龍), 주작 등 우리 민족의 난생신화(卵生神話)의 오랜 습합과정을 거쳐 전해져 온 것이다. 주작의 모습은 부분적으로 닭의 머리, 뱀의 목, 제비턱, 거북의 등, 물고기 혹은 공작의 꼬리, 다섯 가지 빛깔의 화려한 색조를 지녔다고 전해진다. 이는 상상의 새에 실재하는 동물의 각 부분을 결합하여 서수(瑞獸)로서의 의미를 강조한 것이라 할 수 있다. 주작은 악귀를 물리치는 신수이자 관념 속의 상상의 새이면서, 신격화된 이미지를 갖고 남쪽의 수호신으로 믿어지게 된다.

그리고 위에서도 언급했듯이 주작은 불을 상징하며 장생불사와 같은 현실적인 염원으로 표현되었다. 특히 주작의 날개가 하늘의 상징이고 남성적인 것의 상징이라는 것은 세계 모든 신화에 공통적으로 드러나는 특색이기도 하다.

상징과 의미

고구려 고분벽화 | 주작도는 고구려 고분벽화 중에서도 전기에 속하는 약수리 고분에서 볼 수 있다. 모양을 보면, 머리가 닭의 모습이며 균형이 잡히지 않는 둔

강서 대묘 주작도
고구려시대

미추왕릉 서수형토기 (보물 636호)
신라시대
국립경주박물관 소장

탁한 형상이고, 부채 같은 두 날개를 펼치고 입에는 주홍색 구슬을 물고 있고, 세 갈래로 갈라진 꼬리는 뒤로 힘 있게 뻗쳐 있다. 머리, 날개, 몸집, 꼬리 등 각 부분의 균형이 잘 잡혀 있지 못하다. 상상의 동물인 주작을 실재하는 동물들의 부분적인 모습들로 결합하여 표현하였기 때문에 약간 어색하게 보일 수밖에 없을 것이다. 고구려 고분에 그려진 주작은 고분마다 그 형태가 다양하지만 그 가운데 무용총의 주작도가 가장 생동감이 넘치며, 각 부분마다 균형 있게 묘사되었다.

주작은 고구려 고분벽화에서 사신도(四神圖)가 본격적으로 그려지기 시작하는 5세기부터 구체적으로 등장한다. 사신도는 벽화에 무덤 주인의 생활상을 표현하는 대신 사신을 중심으로 구성한 점이 특징인데, 이는 고구려인들의 사후세계관이 투영된 상장문화와 기존의 벽화 전통에 기인한 것이다. 초기의 벽화 무덤에서 주작은 아직 부피감이나 무게감이 전혀 드러나지 않는 선묘로 그려져 있으며, 그 모습에 있어서도 닭과 매우 닮아 있어 상서로운 동물이라는 느낌을 전혀 받을 수가 없다.

그러나 점차 후기로 갈수록 주작은 화려한 색채와 치밀한 선묘로 표현되며, 부분적으로 상서로운 동물임을 상징하는 표현들이 곁들여져 주작 표현의 변화를 한번에 알 수 있게 된다.

고려 고분벽화 | 고구려 시대에 크게 성행하던 고분벽화는 벽화를 묘제로 사용하지 않던 신라가 삼국을 통일하면서 급속히 사라졌다가 고려시대가 되면서 다시 등장한다. 고려시대 벽화는 사신도와 함께 인물이나 십이지신상이 주를 이룬다.

발해 희왕(僖王, ?~817) 때 5년간 연호로 주작을 사용하였다. 발해의 연호들은 대부분 정치적으로 제정하는데, 주작이 상서로운 새라는 점을 고려할 때 어떤 좋은 징조로 제정한 연호로 여겨진다.

〈고려시대 사신도 및 십이지 벽화묘〉

조성시기		소재지	묘주	벽화 / 조각 내용
고려		(북한) 경기도 장단군	명종(明宗)(1131~1202)	지릉(智陵)에 사신도로 추정
	13세기	(북한) 경기도 개풍군 청교면 양능리 수락암동 1호분	사신도와 십이지신상	
		(북한) 경기도 장단군 진서면 법당방 2호분	사신도, 십이지신상과 성좌도	
	1374	(북한) 개성시 개풍군 해선리	공민왕(1330~1374)	사신도와 십이지신상
		안동 서삼동		사신도와 천례도(天禮圖)

조선시대 고분벽화 ┃ 고분벽화는 고구려에 크게 성행하여 고려시대 이후 남아 있는 작품이 거의 없다. 하지만 강원도 원주시 문막읍 동화리의 벽화묘는 밀양 고법리 벽화묘에 이어 국내에서 두 번째로 발견된 조선시대 벽화묘라는 점에서 큰 의의를 지닌다. 동화리 벽화묘는 묘비의 기록에 따르면 1457년 3월에 조성된 조선 전기 무덤이다. 묘주는 1415년(조선 태종 15년) 출생하여 1456년(세조 2년) 41세의 비교적 이른 나이에 사망한 교하 노씨 15대 손으로서, 여흥도호부사(驪興都護府使) 겸 권농병마단련부사(勸農兵馬團鍊副使, 종3품)를 역임한 노회신(盧懷愼)이다.

윤진영에 의하면, 조선 전기의 사신도는 남아 있는 게 거의 없다. 단지 『선조목릉 천봉도감의궤(宣祖穆陵 遷奉都監儀軌)』(1630)와 『인목왕후 산릉도감의궤(仁穆王后 山陵都監儀軌)』(1601) 같은 의궤의 사신도가 1600년 이전 사신도의 전형을 반영한 것으로 여겨진다. 때문에 노회신 벽화묘 발굴은 조선시대 사신도 연구에 중요한 자료가 된다.

노회신 벽화묘에서 볼 수 있는 주작을 비롯한 사신의 공통적인 특징은 추상적인 요소의 탈피와 현실성 있는 모습이다. 신비감에서 벗어나 보다 현실적으로 묘사하고자 한 의도를 읽을 수 있다. 이것은 조선시대 의궤의 사신도에도 나타나는데, 조선 말기까지 강한 전통

원주 동화리 노회신묘 1호석실 서벽 주작도
조선시대

과 지속성을 보인 점도 매우 주목할 만한 사실이다.

조선후기가 되면서 사신도는 상징적 이미지와 관념적 의미가 더해져서 민화에 나타난다. 형태는 고분벽화의 사신의 변형으로 백호는 호랑이, 현무는 거북같이 보다 사실적이고 현실적인 형태로 변화한다.

노회신 벽화묘 속 주작은 옆으로 돌리지 않고 정면을 바라보는 정방형 형태를 취하고 있는 점이 특징이다. 양 날개를 활짝 펴고 다리는 가슴에 밀착한 형태로 긴 꼬리가 축소된 듯 깃털이 뭉쳐 있고 작은 머리 위에 볏을 표현하였으며 눈과 부리가 정면으로 그려져 사람의 형상처럼 보인다. 사수도 가운데 1757년 이전에 그려진 주작은 봉황의 머리를 연상시키며, 조선후기의 민화에 그려진 봉황과 유사하다. 옆으로 가늘게 늘어진 눈이라든가 짧은 부리 등의 묘사가 그것이다. 이러한 주작은 상상의 동물을 그린 것이라도 도상의 표현에는 공통된 형식의 범주가 있었음을 확인할 수 있다. 산릉도감의궤의 사수도는 일반회화의 모티브와 공유하고 있는 특징이 많다. 특히 부분적이지만 조선후기 민화의 선행 양식을 엿볼 수 있다는 점에서 매우 중요한 단서를 제공하고 있다.

붉은 봉황의 모습으로 무덤이나 관의 앞인 남쪽에 그려져, 현무와 대향하는 주작은 고분벽화 이외에 금동미술품, 관식(冠飾), 와당, 전(磚) 등에서도 찾아볼 수 있다. 백제 무령왕릉에서 출토된 왕비의 두침(頭枕), 금동식리(金銅飾履)의 부분 문양에서도 주작이 사용되었다.

사신 중에서 남방을 맡고 있는 주작은 벽사의 의미로서 고구려 고분벽화에 자유분방한 필치로 표현되었다. 백제, 신라시대가 되면 공예품의 장식으로 사용되었고, 삼국시대 이후에는 삼국 통일이라는 정치적인 이유와 불교의 유입으로 도교가 쇠퇴하면서 고려, 조선의 고분벽화 이외에는 사용되지 않았다.

하지만 남방의 수호신이자 불의 상징, 또는 길조와 장생불사의 의미를 지니고 있는 주작은 현대를 살아가고 있는 우리에게까지 영원한 서조(瑞鳥)로 전해지고 있다.

주작기
조선시대
국립고궁박물관 소장

빛의 전령 | 금계(金鷄)

황금색의 형상을 하고 있으며, 작은 꿩을 닮았고
가슴의 깃털 색은 공작의 날개를 닮았다. 특히
수컷의 날개털은 현란하고 아름답다. 금계는
문(文)·무(武)·용(勇)·인(仁)·신(信)의 다섯 가지 덕을
지니고 있다 하여 고귀존영(高貴尊榮)의 의미를 상징한다.

쌍금계
20세기
가회민화박물관 소장

닭은 상상이 아닌 현실의 동물로서, 주역(周易)의 팔괘 가운데 '손(巽)'괘에 해당한다. 손괘는 동남쪽에 속하며 동남쪽은 해가 뜨는 방향이다. 따라서 어둠을 몰아내고 여명(黎明)이 시작되는 것을 신비한 닭이 담당한다고 믿었다. 『삼재도회(三災圖會)』의 「조수(鳥獸)」 편을 보면, 닭은 독계(獨鷄), 노계(魯鷄), 형계(荊鷄), 월계(越鷄) 등 여러 종류가 있다고 한다. 또한 고려시대에는 우는 시각에 따라 일명계(一鳴鷄), 이명계(二鳴鷄), 삼명계(三鳴鷄) 등으로 나누어지기도 했다.

황계는 금계와 같은 맥락으로 '금계(金鷄)' 또는 '금계(錦鷄)'라고도 한다. 모양은 작은 꿩을 닮았고 가슴의 깃털 색은 공작의 날개를 닮았다. 특히 수컷의 날개털은 현란하고 아름답다. 금계는 문(文)·무(武)·용(勇)·인(仁)·신(信)의 다섯 가지 덕을 지니고 있다 하여 고귀존영(高貴尊榮)의 상징으로도 애호되었다. 금계는 봉황, 공작, 오리 등 상상의 새들이 가지고 있는 길상적 역할만을 모아 만들어졌으며, 황금색의 신령한 형상을 하고 있다.

문헌상의 기록

중국에서 닭은 태양새로 상징되기도 한다. 『삼국유사(三國遺事)』 김알지 탈해왕조에 따르면 "65년(탈해왕 9) 3월에 왕이 밤에 금성(金城) 서쪽 시림(始林) 속에서 닭 우는 소리를 듣고 날이 밝자, 호공(瓠公)을 보내어 살펴보니 금빛의 작은 궤가 나무에 걸려 있고 흰 닭이 그 밑에서 울고 있었다. 왕이 궤를 가져오게 해 열어보자 용모가 뛰어난 사내아이가 들어 있었다."는 내용이 나온다. 신라 건국신화에 의하면 흰 닭은 탄생과 관련된 신령한 존재임을 알 수 있다.

이 밖에도 조선 초 이태조가 도읍을 정하기 위해 계룡시 남선면 일대 지역을 답사하였을 당시 동행한 무학대사가 산의 형국이 금계포란형(金鷄抱卵形: 금계가 알을 품는 형국)이요, 비룡승천형(飛龍昇天形:

유계이(鍮鷄彛)
조선시대
국립고궁박물관 소장

용이 날아 하늘로 올라가는 형국)이라 일컬었는데, 여기서 두 주체인 계(鷄)와 용(龍)을 따서 '계룡산'이라 전해진다는 내용도 있다.

닭은 존재양상의 이중성, 즉 날개가 있지만 날아다니지 않고 지상에서 생활하는 것과 어둠과 밝음을 경계 짓는 새벽을 밝히는 존재로서의 상징성을 함축하고 있다. 또한 빛의 도래를 예고하는 태양의 새이면서 상상의 존재이다.

천지개벽을 다룬 제주도 무속신화 천지왕 본풀이 서두에서 '천황(天皇) 닭이 목을 들고, 지황(地皇) 닭이 날개를 들고, 인황(人皇) 닭이 꼬리를 쳐 크게 우니 갑을 동방에서 먼동이 트기 시작하였다.'라고 하면서 닭의 신령스러움을 강조한다. 이처럼 닭의 태양과 관련한 상징성은 닭의 울음과 함께 개벽이 되었다는 것과 관계가 있다. 즉 혼돈해서 조화로의 이행이라는 우주적 차원의 질서를 예고한 것이다.

장닭이 훼(喙)를 길게 세 번 치고 첫 닭이 울면, 산에서 내려왔던 맹수들이나, 사람들을 공포 속에 몰아넣었던 온갖 잡귀들이 돌아갈 준비를 하게 된다. 새벽녘 닭이 울어 여명이 시작되면 모든 고난 속의 잡것들은 사라지고 새로운 광명의 천지가 펼쳐진다. 닭은 앞으로 다가올 일을 알 수 있는 예지(豫知)의 능력과 함께, 악귀를 쫓아내는 영묘한 힘과 축귀를 쫓아내는 신통한 능력이 있다고 믿어 왔다.

8폭의 대형 민화병풍의 주제는 중심에 그려진 황금색의 닭 한 마리이다. 언제부터 그려졌는지 명확하지 않지만 화면 구성을 살펴보면 황계를 중심으로 우측엔 검붉은 단풍나무 사이로 기러기가 등장하고 새벽 서리에도 꿋꿋이 피어난 국화와 좌측엔 먼 바다에 붉게 물들어 오르는 여명이 표현되었다.

이 그림은 늦은 가을의 계절과 새벽의 시간을 묘사하고 있고, 오방색 중 중앙의 황금색 장닭을 그리고 있는데, 이것이 바로 천상의 문을 넘나드는 벽사용, 친근한 상상의 동물 금계도이다.

황계도
조선시대
개인 소장

지두화조도 8폭 병풍 부분
19세기
가회민화박물관 소장

금계도
18세기 후반
온양민속박물관 소장

월궁에서 약방아 찧는 | 토끼

대개 암수 한 쌍으로 묘사되고 사람처럼 직립하며 손을
사용한다. 그리고 절굿공이로 무엇인가를 찧고 있는 것으로
표현된다. 무병장수(無病長壽)와 장생불사(長生不死),
다산(多産)을 상징한다.

불사약 찧는 월중토
19세기
가회민화박물관 소장

죽음을 상징하는 검은 밤하늘, 그리고 밤하늘에 떠 있는 노란빛의 달은 역경 속에서 찬란히 빛나는 '희망'을 뜻한다. 달의 이칭은 '토월(兎月)'인데, 달의 이지러짐과 만월의 주기가 여성의 생리 현상과 동일하기 때문에 "달=여성=토끼"로 함께 의미를 갖는다. 십이지(十二支) 가운데 네 번째 지지(地支)를 상징하는 영특한 토끼는 한국 설화에 등장하는 대표적인 동물로 무병장수를 의미하며 달과 함께 자주 등장한다. 또한 토끼는 가임기간이 짧은데다 중복임신이 가능하기 때문에 다산을 상징하기도 한다.

달토끼는 대개 암수 한 쌍으로 묘사되고 사람처럼 직립하며 손을 사용한다. 그리고 절굿공이를 가지고 무언가를 찧고 있는 모습으로 표현되는데, 이 절굿공이는 곡식을 찧을 때 사용하는 것이 아니다. 약초를 짓이겨 선단(仙丹, 무병장수를 누릴 수 있는 약)으로 만들기 위한 약절구이다. 신선들은 인간이 감히 접근할 수 없는 달에서 불사(不死)의 약을 만들어야 안심할 수 있다고 생각했을 것이다. 그래서 신선들이 상상의 옥토끼 한 쌍씩을 달로 보내 약방아로 선단을 찧게 했다는 것이다.

이처럼 동화 속에나 나올 것 같은 이야기의 달토끼를 우리는 보름달을 보며 동경해 왔고, 그렇게 어린 시절을 보냈다. 달토끼 이야기는 여기에 그치지 않는다. 〈수궁가〉, 〈별주부전〉 등의 근원설화가 된 구토설화(龜兎說話)도 풍자와 교훈을 내포한 대표적 설화로 전해오고 있다. 토끼가 호랑이를 속인 설화 때문에, 토끼는 의롭고 꾀 많은 동물의 상징이기도 하다. 상상의 동물들 가운데 가장 편안하고 인간미 넘치는 모습이지만, 반대로 연약한 토끼의 성질을 보여주면서 역동적인 모습을 찾을 수 없다.

불사약을 찧는 토끼
조선시대
개인 소장

토끼가 달로 이사를 떠난 사연 | 옛날 산속 작은 마을에 토끼와 여우, 원숭이가 살고 있었다. 이들은 마음을 맞춰 불도를 닦기로 결심하고 몇 년간 계속 공부하였다. 그러던 어느 날 하늘에 있는 제석천(하느님)이 얼마나 불도를 닦

청자칠보투각향로
고려시대
국립중앙박물관 소장

있는지 시험해 보기 위해 이들에게 다가가 배가 고프니 먹을 것을 구해오라고 했다.

얼마 후 여우는 물고기를 잡아오고, 원숭이는 도토리를 가져왔다. 하지만 한참이 지난 후에 나타난 토끼는 마른 나무 몇 개만을 주워 왔다. 토끼가 말하기를 물고기를 잡으려면 살생(殺生)을 해야 하고, 도토리를 가져오면 새싹이 나지 않으니 도저히 할 수 없다고 했다. 그리고는 제석천에게 제 몸을 드릴 테니 익으면 드시라고 말하고는 마른 나무 가지에 불을 피우고 뛰어들었다. 그걸 본 제석천은 토끼의 불심(佛心)이 제일이라고 여겨 토끼를 달에 올려놓았고, 이후 모든 중생들은 토끼를 우러러 보게 되었다고 한다.

문헌상의 기록

달에 도착한 최초의 우주인-항아(嫦娥) 이야기 ㅣ『회남자(淮南子)』「남명훈(覽冥訓)」에 따르면 옛날 하늘에는 태양이 10개 있었다. '태양' 10형제의 어머니는 세상을 밝게 비추기 위해 하루에 하나씩 태양을 하늘나라 수레에 태워 세상에 내보냈다. 이 때문에 세상에는 하루에 하나씩의 태양만 나타났는데, 어느 날 이 형제들이 자기 차례가 올 때까지 기다리지 못하고 10형제 모두가 세상에 나와 버렸다. 그 후 강은 마르고, 논바닥이 갈라져 농사를 지을 수 없자 사람들은 태양을 원망하고 탄식했다. 화가 난 하느님은 활을 잘 쏘는 '예(羿)'를 불러 태양을 다 떨어뜨리라고 명령했다.

아내 '항아'와 함께 땅으로 내려온 '예'는 태양을 하나씩 땅으로 떨어뜨렸는데, 아홉 번째 태양이 떨어지는 순간 세 발 달린 까마귀도 같이 떨어지는 것을 보았다. 예는 하나의 해는 살려 놓고 하늘나라로 다시 올라갔는데, 하느님이 자기의 아홉 아들을 모두 예가 활로 쏘아 죽였다고 하면서 예를 인간 세상으로 추방하였다. 이것은 예와 그의

해와 달, 진파리(眞坡里) 1호분
고구려시대

부인 항아에게 큰 충격이었다. 그들은 이제 사람과 똑같이 질병과 죽음의 고통을 당해야 했던 것이다. 항아와 인간 세상으로 내려와 사람으로 살게 된 예는 힘들게 하루하루를 살아갔다.

그러던 어느 날, 예는 불사약을 구하기 위해 여행을 가서 서왕모를 만났다. 예가 올 것을 미리 안 서왕모는 좋은 일을 하다가 벌을 받고 있는 예에게 불사의 약 두 알을 주었다. 기쁜 마음으로 집에 돌아온 예가 탁자 위에 불사약을 놓고 잠시 집을 비운 사이 부인 항아가 들어와 불사약을 모두 집어먹고 하늘로 올랐다. 하지만 하늘나라에서 그녀를 받아주지 않을 거란 생각에 항아는 잠시 달에 가 있기로 했다. 은빛 세상의 달은 도끼로 찍어도 계속 상처가 아무는 계수나무 한 그루와 쉼 없이 불사약을 찧고 있는 토끼 한 마리가 전부였다.

달에서 남편을 기다리던 항아는 점점 지치고, 남편에 대한 미안함과 슬픔으로 몸이 쪼그라들더니 등이 울퉁불퉁한 두꺼비가 되었는데, 이때부터 달에 두꺼비와 토끼가 같이 살았다는 이야기가 전해 내려온다.

음양설에 따르면 옥토끼는 양(陽), 두꺼비는 음(陰)을 상징하며 달 속에 옥토끼와 두꺼비가 함께 묘사된 것은 음양의 조화라고 한다.

상징과 의미

고분벽화와 민화에 등장하는 방아 찧는 토끼 | 우리는 고구려 고분벽화 천장에서 북두칠성을 포함한 다양한 별자리와 해와 달(日月象)을 볼 수 있다.

진파리 1호분 천장에는 동서남북으로 십자형 인동무늬가 있고 끝 부분에서 연꽃문을 발견할 수 있다. 해와 달 주위에는 화염을 돌려 마치 톱니바퀴가 맞물려 회전하는 듯한 느낌을 주고 있다. 붉은색 원 안에는 세발 달린 새를 그려 해를 표현했고, 흰 색 원 안에는 약방아를 찧고 있는 옥토끼와 두꺼비를 그려 달을 묘사했다.

또 개마총 서벽 천장받침에도 토끼가 방아를 찧고, 그 뒤에 두꺼비가 엎드려 있는 모습이 매우 사실적으로 표현되어 있다. 내리 1호분 현실 서벽의 천장받침에서도 월상문을 살펴볼 수 있다. 굵게 두른 월상문 내부에는 계수나무가 있고, 하단에 약절구와 절구를 찧는 토끼의 발만이 흔적을 남기고 있다.

달토끼와 더불어 어김없이 나타나는 것이 계수나무이다.

이와 관련된 이야기는 이렇다.

중국의 오강(吳剛)이라는 사람이 달나라로 귀양을 갔다. 그는 계수나무를 도끼로 찍어 넘기는 일을 해야 했다. 그런데 그가 계수나무를 찍을 때마다 상처 난 나무 부위에서는 새 살이 돋아 오강의 도끼질은 계속되었다고 한다. 이후 달나라의 계수나무는 베어도 넘어지

불사약을 만드는 모습을 새긴 화상석
한대(漢代)

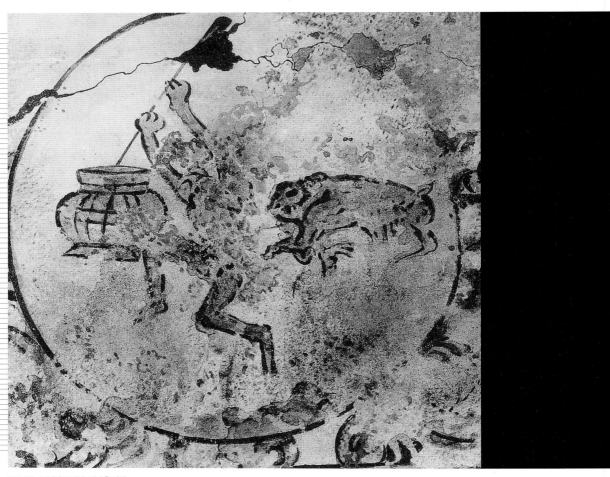

방아 찧는 토끼와 두꺼비, 개마총 벽화
고구려시대

선암사 원통전 꽃창살 조각
조선시대

불사약 찧는 월중토
20세기
가회민화박물관 소장

방아찧는 토끼
조선시대
개인 소장

효제문자도 치(恥)
19세기
김상석 소장

미황사 석조부도 달토끼
조선시대

지 않고 영원히 남아 있다는 이야기가 전해내려 온다. 이로 인해 계수나무는 강인한 생명력을 가진 영생불멸의 나무로 인식되어 왔는지 모른다.

우리나라 역시 『삼국유사』의 「가락국기」에 보면 김수로왕이 신하들에게 계수나무로 만든 노를 저어 바다에 나가 왕비 허황옥(許黃玉)을 궁전으로 모셔 왔다는 내용이 있다.

'푸른 하늘 은하수 하얀 쪽배에 계수나무 한 나무 토끼 한 마리'로 이어지는 윤극영의 동요나 '달 속에 박혀 있는 계수나무를 옥도끼로 찍어 내고 금도끼로 다듬어서 초가삼간 집을 지어 부모님과 함께 천년만년 함께 살고 싶다.'라는 효심 가득한 청양지방민요(靑陽地方民謠)처럼 우리도 둥근 달과 함께 계수나무를 동경해 왔던 것이다.

이렇듯 하늘의 제석천과 항아 이야기, 그리고 오강의 이야기들이 후대에 전해내려 오면서 달에는 계수나무가 있고 방아 찧는 토끼와 두꺼비가 있다는 생각과 함께 그것이 도상으로 전해지는 것이 아닐까 생각된다.

조선 후기 유행한 민화 효제문자도 가운데 '치(恥)'자에도 방아 찧는 달토끼가 등장한다. 문자도 '치(恥)'자는 매화와 월상도가 사당(祠堂)이나 위패(位牌) 등과 어우러져 부끄러움을 아는 생각과 행동을 상징적으로 표현한다. 이는 백이숙제(伯夷叔齊)고사에 따른 것이다. 은(殷)나라의 제후 고죽군(孤竹君)의 첫째와 셋째 아들인 백이, 숙제는 그들 나라가 망하자 나라를 위한 절개를 지키기 위해서 수양산(首陽山)에서 고사리를 캐 먹으며 자연과 더불어 살다가 굶어 죽는다. 두 사람이 죽은 뒤 해마다 매화꽃이 피고 달빛이 밝게 비추었다는 일화가 있다. 이에 따라 '치(恥)'자에는 백이와 숙제의 '수양매월 이제청절(首陽梅月 夷齊淸節)'을 그리기 위해 달과 매화나무를 그려 넣었다. 달은 자연을 더불어 살아가는 이들에게는 좋은 벗이었으며, 매화는 수많은 은일처사(隱逸處士)들에게 사랑을 받았던 정절과 고고함의 상징이었던 것이다. 민화 문자도에 보이는 달토끼는 월상문 내

도석인물도
조선시대
선문대학교 박물관 소장

부에 계수나무가 있는 것도 있고 생략된 것도 있다. 그러나 자세히 들여다보면 상당수가 진파리 1호분의 고분벽화에서처럼 주변을 화염문(火焰文)이나 빛이 뿜어져 나오는 것처럼 처리하였다. 신성한 달을 강조하기 위한 것으로 보인다. 그림을 한참 들여다보면 달 속의 계수나무는 무럭무럭 자랄 것도 같다. 선암사 원통전 꽃창살 문짝 아래 새겨진 떡방아 찧는 토끼나 미황사 부도에도 방아 찧는 달토끼가 재미있게 조각되었다. 한편 달토끼는 수성노인과 함께 그려져 장생불사를 두 배로 염원하고 있는 민화도 있다. 2단 구도의 이 수성노인도는 적, 녹, 청의 화려한 색상으로 채색한 하단부의 수성노인과는 대조적으로 수묵으로만 채색하고 매우 사실적으로 토끼를 표현했다. 한마디로 유물 속의 달토끼는 인간들이 막연하게 꿈꾸며 동경했던 달 속에 큰 염원인 장생불사의 뜻을 담아 그들 곁에 두고자 했던 것이다.

형상을 나누지 않는 | 비익조(比翼鳥)

비익조는 암컷과 수컷의 눈과 날개가 하나씩이어서 짝을
짓지 아니하면 날지 못한다는 상상의 새로 부부 사이의 둘이
있을 수 없는 아름다운 사랑을 의미한다. 그리움, 애틋함,
우정을 상징하기도 한다.

비익조
20세기
목인박물관 소장

상주 남장사 대웅전 불탁
조선시대
직지사 성보박물관 소장

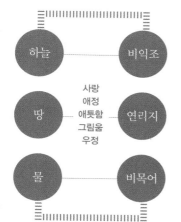

하늘엔 비익조(比翼鳥), 땅에는 연리지(連理枝), 물속에는 비목어(比目魚)가 있는데 이는 애정·사랑·그리움·애틋함·우정의 대명사를 한 마디 용어로 비유한 데서 만들어진 상징물들이다. 비익조는 암컷과 수컷의 눈과 날개가 하나씩이어서 짝을 짓지 아니하면 날지 못한다는 상상의 새이다. 이는 부부 사이의 아름다운 사랑을 비유적으로 드러내고 있다.

상주 남장사(南長寺) 대웅전(大雄殿) 불단(佛壇) 목조각 가운데 두 마리 새가 한 몸으로 결합된 형상이 있다. 의성 환성사(環城寺) 대웅전 불단 목조각에는 상사화(相思花) 나무 아래 날개 하나씩만 있는 암수 한 쌍의 새가 조각되어 있다. 이들을 모두 비익조라 볼 수 있다. 현재는 불법당에서 본연의 참배보다는 연인들의 증표로 사진촬영의 모델이 되고 있다. 언제부터인가 누가 불단의 목각을 보고 비익조라 했는지는 알 수 없다. 양측 다 엄격하게 따지면 비익조라 단정하기는 쉬운 일이 아니지만 그 가능성은 찾아볼 수 있다. 대웅전의 불단을 수미단(須彌壇)이라 하는데 불가(佛家)에서 수미단은 아미타극락세계(阿彌陀極樂世界) 아래 있는 무한대의 깊고, 넓은 바다와 무한대의 높은 산을 뜻한다. 수미단의 장식은 대체로 구름 문양 속의 용을 비롯하여 아름다운 기화요초(琪花瑤草)와 상상의 동물들이 등장한다. 수미단의 상징성을 함축한 이러한 소재들이 조선시대 후기 불단에 나타나고 있어 남장사와 환성사 대웅전 수미단에 표현된 새가 상상의 새인 비익조일 가능성이 있는 것이다.

함축된 상징물들은 동양문화 속, 특히 인도와 중국의 신화나 설화 등에 등장하는 기이하고 경이로운 상상의 동물들로 구성된다. 비익조는 아름다운 상징성에 비해 문헌 속에 제시되는 그림이나 눈으로 확인 할 수 있는 형상 자료가 없어 각기 다른 상상력이 더욱 신비를 키우고 있다.

문헌상의 기록

중국 명나라 때 만들어진 백과사전인 『삼재도회(三才圖會)』에 "비익조는 결흉국(結匈國)이라는 남쪽 나라에 있으며 이 새들은 쌍이 같이 있지 않으면 날지 못하고 이름은 겸겸(鶼鶼)이다. 청적색의 새로 눈과 날개가 하나씩 나누어져 있기 때문에 두 마리가 같이 있어야 날 수 있다. 만약 통치자가 현명하여 덕재(德才)로 천하를 통치하면 비익조가 날아온다."하였다. 또 금석문에 관하여 적은 『금석소(金石素)』에 "자웅이 다 함께 눈과 날개가 하나로 언제나 깃을 맞대고서야 하늘을 나는 새."라 하였다.

『산해경』의 비익조

한편, 『산해경(山海經)』「서산경(西山經)」에는 비익조에 대해 다음과 같이 기록하고 있다. "만만(蠻蠻)은 즉 비익조(比翼鳥)로, 붉고 푸른 빛깔이며 두 마리가 나란히 붙어 있지 않으면 날 수 없다." 『이아(爾雅)』에는 겸겸조라고 하였고 옛사람들은 비목어(比目魚), 비익조(比翼鳥), 비견수(比肩獸) 등으로 부르기도 했다. 이 새는 두 마리가 합체하지 않으면 날아다닐 수 없는데, 짝을 지어 날아다니는 것을 상서롭게 여겨 길상(吉祥)과 관련된 중국의 문화에서 중요한 부분을 차지한다.

환성사 대웅전 수미단
조선시대

『서응도(瑞應圖)』에는 왕의 덕이 높고 아득히 먼 곳까지 미치게 되면 비익조가 이른다는 기록이 있다. 『습유기(拾遺記)』에는 다음과 같은 기록이 있다.

주(周)나라 성왕(成王) 6년에 연구(燃丘)라는 나라에서 비익조를 암수 한 마리씩 바쳤다. 비익조는 힘이 세고 생김새는 까치와 비슷하다. 남해의 붉은 진흙을 물어다 곤륜산[昆侖山]의 항목(亢木)에 둥지를 튼다. 성군이 나타나면 모여드는데, 주공(周公)이 성군이 될 상서로움을 나타냈다.

『박물지(博物志)』에 이르길, "숭구산(崇丘山)에 어떤 새가 사는데 다리, 날개, 눈이 하나씩 있어서 두 마리가 합체해야만 날 수 있는데 맹(蜢)이라고 부른다. 이 새를 보면 상서롭고 그것을 타면 천살까지 장수한다."고 하였다. 또한 『박물지여(博物志餘)』에는 "남방에 비익봉(比翼鳳)이 있는데, 날다가 먹이를 먹으려고 멈춰도 둘이 서로 떨어지지 않는다. 또 죽었다가 다시 소생하면 반드시 한 곳에서 산다."는 기록이 있다. 이 비익봉 역시 비익조의 일종이다.

곽박(郭璞)의 『산해경도찬(山海經圖讚)』에 따르면 "비익조는 물오리와 비슷하고 붉고 푸른 빛이라네. 비록 하나처럼 보인지만, 기(氣)는 동일하나 몸은 나뉘어 있다. 목을 늘리면 새가 떨어지고, 깃을 합체하여 이리저리 날아다닌다."고 쓰여있다.

상징과 의미

재천원작비익조 재지원위연리지(在天願作比翼鳥 在地願爲連理枝)
하늘에서는 비익조가 되기를 원하고 땅에서는 연리지가 되기를 원하네 문헌 기록들을 통해 비익조는 암수의 눈과 날개가 각각 하나씩이어서 항상 짝을 지어야 날아다닐 수 있다는 공통점이 있다. 그러나 한편으로는 이름, 색깔, 상징성 등에서 약간씩의 차이를 보여 명확한 형상을 찾기가 쉽지 않다.

비익조를 사랑의 증표로 공유한 내용들 가운데는 당나라 시인 백낙천(白樂天)이 쓴 장편시 장한가(長恨歌)에 당현종과 그의 애첩(愛妾) 양귀비(楊貴妃)와의 사랑 내용이 있다.

하늘에서 태어나려면 비익조가 되고
땅에서 태어난다면 연리지(連理枝)되리.
비록 하늘과 땅이 다한다 해도
우리 맺힌 한이 끊어질 날 있을까.

초자연적이고 신비한 사랑의 힘을 가진 비익조는 남녀 화합과 부부애의 대명사가 되었고 연리지 또한 나무의 상접(相接)을 남녀의 화합으로 유감(類感)시켜 주격을 얻는 유감주술로 풀이할 수 있다.

비익조(比翼鳥)와 연리지(連理枝)란 용어는 중국과 일본 등에서도 아름다운 사랑의 상징으로 즐겨 사용하였다. 조선후기 민화에서도 이러한 비익조를 표현한 작품이 있는데 역시 부부의 사랑을 상징한다.

화조도 10폭 병풍 부분
조선시대
가회민화박물관소장

반가운 사자(使者)의 표상 | 파랑새(靑鳥)

얼굴은 사람, 몸은 새의 형상인 신조(神鳥)이자, 서왕모의
사자(使者)로 '온다는 연약'과 '믿음'을 상징하는 새이다.

파랑새
20세기
가회민화박물관 소장

파랑은 기쁨과 희망, 믿음을 상징한다. 파랑의 느낌은 매우 경쾌하고 밝다. 파란색의 맑은 가을 하늘과 드넓은 바다는 소망을 뜻하고, 청년(靑年), 청춘(靑春)이란 단어에서도 알 수 있듯이 젊음을 의미하기도 한다.

고대 동양에서 '파랑새[靑鳥]'는 영조(靈鳥)이자 길조(吉兆)를 상징해 왔고, 서양에서도 행복을 부르는 새로 널리 알려져 왔다. 우리나라에서는 옛 소설이나 노래에 파랑새가 종종 등장해 기쁨과 희망을 상징한다.

벨기에 문학자 마테를링크가 쓴 '파랑새' 동화를 보면 가난한 나무꾼의 두 남매가 마법사 할머니로부터 파랑새를 찾아 달라고 부탁받는 꿈을 꾸고, 이를 찾기 위해 먼 여행을 떠난다. 죽음의 나라, 과거의 나라를 돌아다니며 살펴보지만 그 어디에서도 행복의 파랑새는 찾을 수 없었다. 그러다 집에 돌아온 남매는 집 안에 있는 새장에서 파랑새를 찾게 된다. 행복은 먼 곳이 아닌 바로 우리 곁에 있음을 알려준 이야기다. 또 한센병을 앓던 한하운(1920~1975) 시인이 쓴 '파랑새'(1955)라는 시(詩)를 보면 좌절과 절망이 반복된 그의 삶 속에서 희망으로 나타난 파랑새가 등장한다.

나는 나는 죽어서 파랑새 되어
푸른 하늘 푸른 들 날아다니며
푸른 노래 푸른 울음 울어 예으리
나는 나는 죽어서 파랑새 되리

이 글에는 현실에서 이룰 수 없지만 죽은 후 파랑새가 되어 그 자유를 만끽하겠다는 애절함이 담겨 있다. 이렇듯 동서양을 막론하고 희망의 대명사로 일컬어진 파랑새는 원래 상상의 새는 아니다. 실존하는 파랑새는 몸빛이 선명한 청록색이고 머리와 꽁지는 검은색, 부리와 다리는 붉은색이며 날개 가운데에 푸르고 흰무늬를 가지고 있다. 또한 여름 철새로 한국, 동시베리아, 일본, 중국 등지에서 번식하고 열대 지방에서 겨울을 지낸다. 그렇다면 우리에게 파랑새가 상상의 동물로 인식되어 온 것은 왜일까? 『한무고사(漢武故事)』를 보면 그 해답을 얻을 수 있다.

문헌상의 기록

7월 7일, 한무제가 승화전(承華殿)에서 제사를 지냈다. 정오가 되자 파랑새 한 마리가 서방에서 날아왔다. 한무제가 동방삭에게 묻자, 동방삭이 말했다. "이것은 서왕모가 오려는 조짐입니다." 조금 있자 서왕모가 도착했다.

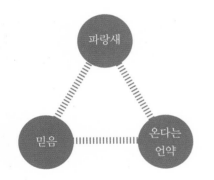

이렇듯 서왕모가 나타날 징조로 파랑새가 출현했다고 하는데, 이에 따라 파랑새는 '온다는 언약'과 '믿음'을 상징하는 새가 되었다. 때문에 파랑새는 서왕모의 사자(使者)로 표현되어 얼굴은 사람, 몸은 새의 형상인 신조(神鳥)로 그려지게 된 것이다.

『산해경』에 의하면 삼위산(三危山)에는 삼청조(三靑鳥)가 산다고 하였다. 지금 돈황(燉煌) 지방인 삼위산의 삼청조가 세 종류의 파랑새인지, 세 마리의 파랑새인지 확실히 알 수는 없다. 하지만 전설에 서왕모의 심부름(주로 음식을 조달하는 일)을 한 새가 세 마리인 것을 볼 때 세 종류의 파랑새가 아닐까 싶다.

상징과 의미

관음보살의 현화(現化), 청조(靑鳥) ｜ 불화에는 종종 청조가 나타난다. 우선 전남 강진 무위사 극락전의 백의관음도(無爲寺極樂殿 白衣觀音圖, 보물 1314호)에 청조가 등장한다. 관음보살을 향해 무릎을 꿇은 채 두 손을 벌려 손뼉을 치고 있는 듯한 자세의 노비구(老比丘) 어깨 위에 머리를 뒤로 돌려 관

백의관음도
조선시대
통도사 성보박물관 소장

백의관음도 부분

문자도 신(信)
조선시대
가회민화박물관 소장

음보살을 쳐다보고 있는 청조 한 마리가 앉아 있다.

또 범어사 관음전 관음불상의 뒤에 있는 백의관음보살도(白衣觀音菩薩圖, 1882년)에도 청조가 나온다. 이 불화는 크기가 2미터가 넘는데, 비단 7폭을 연결해 한 화폭을 이루고 있고, 관음보살의 왼쪽 뒤편에 청조 한 마리가 날고 있는 장면이 있다.

한편 내소사(來蘇寺) 창건설화에도 파랑새가 등장한다. 내소사 법당을 건립한 후 단청(丹靑)과 벽화를 그릴 사람을 찾지 못하던 어느날 한 노인이 나타났다. 자신이 법당에 벽화를 그릴 테니 대신 100일동안 아무도 들어오지 말라는 것이었다. 여러 날이 지나도 안에서 기척이 없자 99일째 되는 날, 이 절의 상좌(上左)가 궁금함을 이기지 못하고 문틈으로 들여다보았는데 놀랍게도 파랑새가 붓을 들고 날아다니면서 그림을 그리고 있었다. 하지만 상좌가 엿보는 것을 알아챈 파랑새는 법당의 벽화를 완성하지 못하고 날아가 버렸다고 한다. 이 때문인지 지금도 대웅전 동쪽 도리는 바닥만 채색되어 있고 덧그림이 빠져 있다. 이처럼 불교에서는 청조가 관음보살의 현화(現化)로 나타나기 때문에 불화나 불상에 종종 등장한다.

믿음의 화신, 청조(靑鳥) | 청조가 옛 소설이나 노래에 자주 등장하는 것에 비해 미술작품에 나오는 경우는 흔치 않다. 다만 조선후기 효제문자도 가운데 믿을 '신(信)' 자에는 대부분 청조가 등장한다. 여기에는 일반적으로 두 마리의 새를 그리고 있다. 요지춘궁(瑤池春宮)으로부터 서왕모가 온다는 소식을 전하는 청조가 인수조신(人首鳥身)의 모습으로 나오고, 상림(桑林)에서 편지를 물고 온 흰기러기가 그려져 있다. 이에 따라 '신(信)' 자에는 '요지벽도(瑤池碧桃)', '요지춘궁(瑤池春宮)', '상림춘풍(上林秋風)', '청조애남(靑鳥哀喃)', '청조애명(靑鳥哀鳴)', '청조전어(靑鳥傳語)' 등의 화제도 쓰인다.

청조
조선시대
통도사 소장

신선(神仙)들의 벗 | 선학(仙鶴)

밤과 낮으로 12번 울며 60년에 큰 털이 빠지고 뭇 털이 무성해진다. 깃털은 눈같이 희어서 진흙탕에도 더럽혀지지 않는다. 160년에 암수가 서로 만나 눈을 마주쳐 주시하면 잉태한다. 1,600년 동안 물을 마시지만 먹이는 먹지 아니한다. 날개 달린 동물의 우두머리이며, 선인이 타고 다닌다. 신선들과 벗하고 사는 동물이라 하여 선학(仙鶴) 또는 일품조(一品鳥)라 불리고, 2,000년을 산다하여 장수를 상징하고, 그 고고함과 청초함에 높은 관직을 뜻하기도 한다.

청학
20세기
가회민화박물관 소장

학을 일컫는 데는 고고, 청초, 단아, 우아 같은 낱말들이 쓰인다. 그래서 학을 가리키는 표현들은 하나같이 품격이 있다. 조선시대 선비들은 학의 기품과 기상을 닮고자 했고, 평소 입는 옷도 학의 모습을 본떠 만들었다. 학은 두루미의 다른 이름으로 천연기념물 제202호로 지정된 국제적 희귀종이다. 실재하는 새임에도 불구하고, 옛사람들은 학을 매우 신비한 존재로 인식하였고 상상적 이미지를 더해 상상의 동물 선학(仙鶴)을 탄생시켰다. 신성한 학 선학은 선계(仙界)의 날짐승이어서 신선의 탈것으로 등장하거나 신선이 사는 집 마당에서 노닐고 있는 모습으로 등장한다.

고구려 고분 중 통구 사신총(通溝 四神塚) 천장 벽화에는 여러 신선이 각각 상서로운 동물을 타고 나는 모습이 환상적인 표현으로 그려져 있다. 그중에서 학을 탄 신선의 모습도 보인다. 학을 탄 선인도[乘鶴仙人圖]는 신선과 학이 매우 자연스럽게 조화를 이룬다. 신선은 오른손으로 학을 쓰다듬고 왼손으로는 고삐를 쥐듯 오므리고 학을 잡고 있다. 다리는 구부린 채 학에 고정하고 있고 신선의 옷은 바람에 날리듯 물결치고 있다. 이러한 섬세한 묘사들은 날고 있는 상황을 생동감 있게 표현한다.

한편, 학은 장수하는 영조(靈鳥)로 인식되어 날짐승 중 유일하게 십장생의 하나를 이룬다. 『상학경기(相鶴經記)』에는 학에 대해 다음과 같이 기록하고 있다. "학은 양(陽)의 새이다. 금기(金氣)에 인하여 화정(火精)에 의지하니 화(火)는 7이요 금(金)은 9이다. 16년에 소변(小變)하고 60년에 대변(大變)한다. 1,100년에 모양이 넓어지고 흰색으로 된다. 2년에 잔털이 떨어져 검은 점으로 변하고 3년에 머리가 붉게 변한다. 7년에 은하수를 치고 날며 또 7년에 춤을 배우고, 다시 7년에 절도를 터득한다. 밤과 낮으로 12번 울며 60년에 큰 털이 빠지고 뭇 털이 무성해진다. 깃털은 눈같이 희어서 진흙탕에도 더럽혀지지 않는다. 160년에 암수가 서로 만나 눈을 마주쳐 주시하면 잉태한다. 1,600년 동안 물을 마시지만 먹이는 먹지 아니한다. 물을 먹기 때

학을 탄 선인도
통구사신총(通溝 四神塚) 천장 벽화
고구려시대

구름 위로 백학이 바람을 일으키며 긴 다리를 뒤로 힘차게 내젓고 있다. 학은 우리 문학사에서 신선들의 세계와 밀접한 관련이 있는 소재다. 고구려 벽화에서는 그러한 백학이나 청학을 타고 달세계로도 가고 구름 위로도 노닌다. 도교의 신선 사상적인 세계관이 짙게 깔려 있음을 알 수 있다.

문에 부리가 길며 앞은 흰칠하고 뒤는 짧다. 땅에 깃들기 때문에 다리가 길고, 꼬리는 추레하다. 구름 위를 날기 때문에 털은 풍성하나 몸은 깡말랐다. 갈 때는 물가에 의지하며, 그칠 때는 반드시 수풀에 모인다. 날개 달린 동물의 우두머리이며, 선인이 타고 다닌다."

이러한 일설로 인해 옛 사람들은 하늘 높이 비상하는 학을 매우 성스러운 존재로 인식했고 천년을 사는 장수의 상징으로 알려졌다.

문헌상의 기록

최표(崔豹)의 『고금주(古今注)』에 의하면 "학이 천 년이 되면 빛깔이 푸르게 되고, 또 천년이

창덕궁 대조전 백학도 부분
20세기

도석화 8폭 부분
조선시대
개인 소장

화조 8폭 병풍 부분, 홍학을 탄 천여동자도
20세기
가회민화박물관 소장

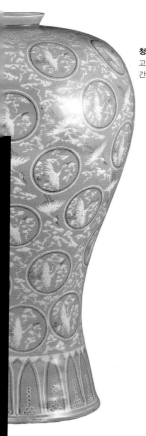

청자상감운학문매병 (국보 68호)
고려시대
간송미술관 소장

지나면 검게 변하는데, 그것이 이른바 현학(玄鶴)이다."라고 하였다. 즉, 2000년을 살면 현학(玄鶴)이 되는데 늙지도 죽지도 않는 불사조(不死鳥)가 된다고 믿었던 것이다. 그러나 학, 즉 두루미의 실제 평균 수명은 30~50년으로 알려져 있다.

고려시대에는 운학(雲鶴) 무늬가 상감청자(象嵌靑磁)에 많이 등장하고, 조선시대에는 청화백자(靑華白磁)와 자수품 등 각종 민속 공예품이나 건축 의장, 민화 등에서 십장생의 하나로 등장한다. 그림에 나오는 학은 대부분 구름 속을 날고 있거나 소나무를 배경으로 다른 장생물들과 함께 그려진다. 그림에서 소나무와 학의 관계는 기러기와 갈대, 백로와 연의 관계처럼 거의 하나의 틀로 정형화되어 있다. 학이 소나무와 함께 그려져 장수를 표현하는 그림일 경우에는 '학수송령도(鶴壽松齡圖)'라 불리며 '학수천세(鶴壽千歲)'를 기원하였다.

상징과 의미

학은 벼슬이나 관직과 연관되어 입신출세를 상징하는 것으로도 해석할 수 있다.

학과 소나무가 함께 그려지면 장수 외에 높은 벼슬을 기원하는 의미도 가진다. 학과 소나무를 그린 그림에 '일품대부(一品大夫)'라는 화제가 붙어 있는 것을 볼 수 있는데, '일품'이라는 말은 조선시대 벼슬의 가장 높은 품계를 이른다. 학이 다른 날짐승과 달리 청초하고 깨끗하여 외진 곳에서 조용히 은거하면서 유유하고 점잖게 사는 모습이 은둔하는 군자의 모습과 닮았다. 이런 점 때문에 새들 중에서 가장 높은 품계를 지니는 일품의 새로 우러렀다. 그래서 고고한 선비로 일컬어졌던 학은 문관 일품(一品)의 관복 흉배에 쓰이기도 했다. '대부'는 사품(四品) 이상에 붙이는 호칭으로 진시황이 사냥을 나갔다가 비를 만났는데 비를 피해 머문 곳이 어떤 소나무 아래였고 비를 피하게 해준 이 소나무를 고맙게 여겨 '대부'라는 품계를 내렸다고 한

쌍학흉배
조선시대
한상수자수 박물관 소장

다. 속리산의 정이품송(正二品松)도 조선시대 세조(世祖)가 '정이품 정
헌대부(正憲大夫)'라는 관명을 내렸다고 한다.

학과 파도가 함께 그려진 것 또한 벼슬과 관련된 그림으로 볼 수
있다. 파도치는 바다에 서 있는 학을 그린 그림으로 '일품당조(一品當
朝)'라는 것이 있다. 조수를 뜻하는 '조(潮)'를 독음이 같은 '조(朝)'로
바꾸어 '당조(當朝)'라 하면 '조정에 들어간다.'라는 뜻이 된다. 그래서
'일품당조(一品當朝)'는 "조정에 들어가 관직이 일품에 오른다."는 뜻
이다.

이렇듯 학은 신선들과 벗하고 사는 동물이라 하여 선학(仙鶴) 또
는 일품조(一品鳥)라 불린다. 그리고 2천 년을 산다 하여 장수를 상징
하고, 그 고고함과 청초함에 높은 관직을 뜻하기도 하면서 옛 그림과
공예품에 무수하게 등장하여 일상생활에서 매우 친숙한 영조로 인
식되었다.

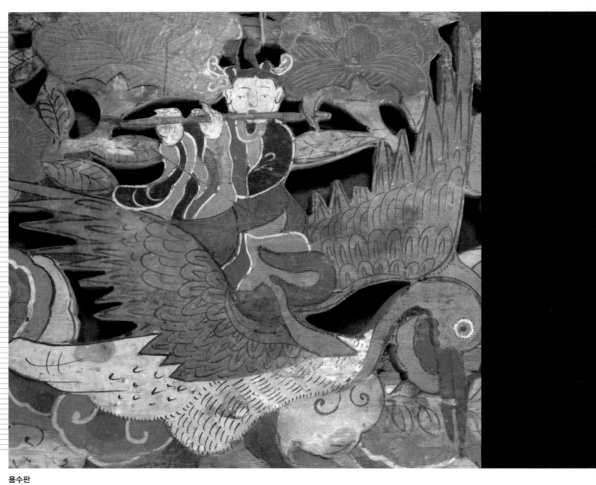

용수판
조선시대
가회민화박물관 소장

경복궁 담장에 새겨진 십장생 학부분
조선시대

태양 속에 살고 있는 | 삼족오(三足烏)

태양에 산다는 세 발 달린 검은 새 또는 까마귀. 금오(金烏),
준오(踆烏), 흑오(黑烏), 적오(赤烏)라고도 불린다. 태양
안에 살면서 천상의 신들과 인간세계를 연결해주는 신성한
상상의 길조(吉鳥)이다.

태양에 산다는 세 발 달린 검은 새 또는 까마귀를 삼족오(三足烏), 금오(金烏), 준오(踆烏), 흑오(黑烏), 적오(赤烏)라고도 부른다. 삼족오는 다리가 셋인데, 한(漢)나라 때 책인 『춘추원명포(春秋元命包)』에 태양이 양(陽)이고 3이 양수이므로 태양에 사는 까마귀는 발이 셋이라 풀이한 것에서 기인한다. 또한 주역의 팔괘에서 음은 곤(坤)이고, 양은 건(乾)이기 때문에 발이 셋이라는 설도 있다.

문헌상의 기록

『삼국유사(三國遺事)』 「기이(紀異)」편에 따르면

연오랑과 해오녀는 해와 달의 정(精)인데, 영일만 언덕에 제단을 만들고 비단을 제물로 제사를 올려 해와 달이 전과 같이 하늘에 떠올랐다.

는 기록이 있다. 영일군 동해면 석동에 있는 일월지(日月池)는 일월신에게 제사를 지내던 곳이다. 여기에서 일월신은 연오랑과 세오녀를 가리킨다.

태양이 하늘을 건너기 때문에 하늘을 나는 새 가운데 까마귀와 관련된 설화가 국가를 상징하는 대목이 있다. 『삼국사기(三國史記)』 권14 고구려본기에 다음과 같은 이야기가 있다. 고구려 대무신왕은 북부여와 한창 전쟁 중일 때, 어느날 북부여의 대소왕이 머리 하나에 몸이 둘인 붉은 까마귀를 얻었다. 이것을 본 신하가 "까마귀는 검은색인데 붉은색으로 변하였고, 머리 하나에 몸이 둘이니, 이것은 나라가 합병될 징조이므로 왕께서 고구려를 정복하였습니다."라고 말했다. 이에 왕이 기뻐서 까마귀를 고구려로 보냈고, 이를 받아본 고구려왕은 "검정은 북방의 빛인데 남방의 빛인 붉은 색으로 되었다. 붉은 까마귀는 상서로운 것이다."라고 하며 오히려 기뻐하였다.

여기서 붉은 까마귀는 곧 고구려를 상징한다. 고조선의 뒤를 이은 고구려인들이 자신들은 가장 위대한 태양의 후손이라는 뜻에서 원형의 태양 속에 삼족오를 그려 넣어 자신들의 문양으로 삼았다. 국가의 상징인 삼족오는 지배인들의 전쟁도구장식, 깃발 등으로 사용되었을 것으로 보인다.

상징과 의미

상상의 동물인 삼족오는 태양의 광명사상, 맑고 순수한 정신으로 살고자 했던 정신이 깃들어 있어 동서양은 물론 많은 지배계층들에게 있어서 공통적인 이상세계의 꿈이었다. 까마귀는 생명을 잉태하는 태양의 상징뿐만 아니라 흉조(凶鳥)로서 저승새, 길흉을 예보하는 새로도 알려져 있으며, 유교의 인식하에서 까마귀는 간신이나 사악한 무리를 의미하기도 한다.

그러나 한민족의 역사적 정신 속에 살아있는 삼족오는 고구려 고분벽화에서 태양 안에 살면서 천상의 신들과 인간세계를 연결할 수 있는 신성한 상상의 길조이다.

특히 대하 역사드라마 주몽에서 신격화된 삼족오가 고구려인들에게 통치철학의 이념처럼 강조되면서 해의 정령신인 삼족오는 우리 문화의 구심점으로 인식되고 있어 아름다운 현실문화 속에 자리매김하고 있다.

진파리 7호분 금구(金具)의 세발까마귀 해 장식
고구려 시대

평양시 진파리 7호분에서 출토된 금장식 한가운데 조각된 해 장식이다. 둥근 바퀴 속에 세발까마귀를 표현하였다. 태극 무늬처럼 휘돌아 나가는 곡선의 처리가 고구려 장인의 높은 금속 공예 수준을 보여준다. 안팎의 두 바퀴 사이로 구슬같은 바퀴살이 표현되어 있어 안쪽의 태양 바퀴가 쉴 새 없이 돌아갈 것 같은 느낌이 이채롭다.

삼재소멸 | 삼두일족응(三頭一足鷹)

매의 형상에 두 개의 머리를 추가하고, 다리는 하나로
합쳐 상상의 새로 등장한다. 또한 매의 사나운 주둥이와
날카로운 발톱이 유난히 강조되고, 큰 날개와 힘있는 꼬리는
위협적으로 보여 강한 주술적 힘을 상징하고 있다. 인간의
눈에 보이지 않는 액운을 높은 곳에서 찾아내 세 개의
부리로 삼재를 쪼아 없애준다고 믿었다.

삼재부적
20세기
가회민화박물관 소장

옛날부터 우리 조상들은 복을 불러들이고, 액운(厄運)을 물리치기 위해 부적(符籍)을 사용하였다. 부적을 집안에 붙이거나 몸에 지녀 백운을 수호하려는 믿음에서 비롯된 것이다. 민간신앙과 예술이 공존하고 있는 부적에는 평범하면서도 주술적 신비가 담겨 있다.

다양한 종류의 부적 중에서 회화성, 예술성을 보이고 있는 것이 삼재부(三災符)이다. 그리고 삼재부에서 가장 많이 볼 수 있는 도상이 머리가 세 개에 다리가 하나 달린 매(三頭一足鷹)이다.

삼재부적 삼두일족응
20세기
가회민화박물관 소장

삼재부는 사람이 살아가는 동안 겪게 되는 세 가지 재난인 도병재(刀兵災)·질역재(疾疫災)·기근재(饑饉災) 또는 화재(火災)·수재(水災)·풍재(風災)를 막아주는 부적이다. 또한 사람은 9년마다 주기적으로 삼재를 맞이하게 되는데, 삼재운이 든 첫해를 '들삼재', 둘째 해를 '누울삼재', 셋째 해를 '날삼재'라 부른다. 이 중에서 가장 나쁜 것은 '들삼재'이고 그 다음이 '누울삼재', '날삼재'의 순서로 액운이 따른다고 한다.

우리 생활 속에서 삼재팔난(三災八難)이라는 말을 많이 사용하는데, 삼재는 수재(水災), 화재(火災), 풍재(風災)이고, 여덟 가지 재난은 배고픔, 목마름, 추위, 더위, 물, 불, 칼, 병난을 말한다. 사람들은 삼재 액운이 든 해에 글씨부적뿐만 아니라 머리가 셋 달린 매를 경면주사(鏡面朱沙)로 그려내거나 찍어서 출입하는 방문 위에 붙였다.

실제로 존재하는 매의 형상에 두 개의 머리를 추가하고, 다리는 하나로 합쳐 상상의 새로 나타낸다. 또한 매의 사나운 주둥이와 날카로운 발톱이 유난히 강조되고, 큰 날개와 힘 있는 꼬리는 위협적으로 보여 강한 주술적인 힘을 상징하고 있다. 인간의 눈에 보이지 않는 액운을 높은 곳에서 찾아내 세 개의 부리로 삼재를 쪼아 없애준다고 믿었던 것이다.

문헌상의 기록

이와 같은 삼재부적을 많은 사람들이 사용한 기록이 홍석모가 기록한 『동국세시기(東國歲時記)』에 나와 있다.

일반 백성들은 바람벽에 닭 그림과 호랑이 그림을 붙여 액을 물리친다. 후한시대 학자인 동훈(董勛)의 『문례(問禮)』에 "세속에 초하룻날 닭을 그린다."고 했다. 생각건대 『형초세시기』에 "정월 초하루에 닭을 그려 창호 위에 붙인다."고 하였는데, 지금의 풍속이 여기에서 비롯된 것으로 호랑이를 그리는 것은 인월, 즉 호랑이달이란 뜻이 있는 듯하다. 남녀 모두 나이가 삼재에 든 자는 매 세 마리를 그려 문 상방에 붙인다.

매는 용감한 기상과 속성으로 인해 용맹함과 벽사(辟邪)의 의미를 지니고 있었으며, 이규경의 『오주연문장전산고(五洲衍文長箋散稿)』에서 언급한 부분을 보면, 청대 실학자 왕사정(王士禎, 1634~1711)의 『지북우담(池北偶談)』에 실린 우화를 인용한다. "옛날 중국 무창 장씨집 며느리가 휘종황제의 친필 매 그림을 보고 마당에 나둥그러지면서 여우의 본색으로 돌아갔다."는 이야기에서 비롯되어 매 그림이 액막이로 쓰이게 되었다는 것이다. 삼재가 드는 해에 삼두일족응을 그려 붙이는 풍속에 대해, 이규경은 고려의 풍속에서 비롯된 것 같다고 하면서 매의 후려치기와 위세에서 삼재 액운을 물리치는 벽사의 힘을 찾았다.

"생각하건대, 매는 사나운 새 중에서도 후려치기를 잘하고 위세있게 허공을 날므로 주(周)의 태공(太公)을 나는 매에 비유한 것도 그만한 까닭이 있어서이다. 지금 재앙을 물리치는데 으레 매를 그려 붙이고 액막이를 하는데, 어떤 이는 '왜 범을 그려 붙이지 않느냐' 한다. 그러나 이는 모르는 말이다. 범이 언제 허공을 날고 가느다란 털을 관찰한 것이 있었던가. 옛적의 이름난 그림이 가끔 영험을 보였다는 말은 이전의 기록에 흔히 보이고 있으니, 도군(道君)의 매 그림도 그런 영험이 있게 마련이다. 우리나라 세속에 전해 오는 고담에도 매 그림이 산 여우를 박살시켰다는 말이 있었다."

- 〈점화응변증설(黏畵鷹辨證說)〉, 「경사편(經史篇)·풍속(風俗)」
『오주연문장전산고』

또한 중국 최초의 신화집인 『산해경(山海經)』의 서차삼경과 북차삼경을 보면, 익망산(翼望山:천산 서쪽)에 기여(鶺鴒)라고 하는 까마귀 모양의 새는 세 개의 머리와 다섯 개의 꼬리를 가지고 있다고 한다. 이를 먹으면 가위도 눌리지 않고 흉한 일도 막을 수 있다고 한다.

천상의 세계와 인간을 연결시켜 주는 역할을 한다고 믿었던, 실제로 존재하는 새에다가 용맹한 속성이 더해지고, 거기에 인간의 상상력이 가미되면서 새로운 상상의 새인 삼두일족응이 만들어지게 된 것이다. 이는 인간의 나약함과 한계성을 극복시켜주는 주술적인 힘을 지닌 새로 여겨져 많은 사람들에게 두루 사용되었던 것이다.

삼재부적
20세기
가회민화박물관 소장

노래하는 새 | 가릉빈가(迦陵頻伽)

히말라야 설국(雪國)에 사는 인두조신(人頭鳥身)의
일종으로 머리와 팔은 사람의 형상을 하였고 몸체에는
비늘이 있으며 머리는 새의 깃털이 달린 화관을 쓰고 있다.
알 속에서 나오기도 전에 소리를 내며 인도의 음악신인
간다르바[乾達婆, Gandharva]도 흉내 내지 못하는 천상의
소리를 낸다고 한다.

天 노래하는 새 | 가릉빈가[迦陵頻伽]

가릉빈가(迦陵頻伽)는 히말라야 설국(雪國)에 사는 인두조신(人頭鳥身)의 일종이다. 극락정토에 깃들이며 자태가 매우 아름답고 우는 소리 또한 묘하여 묘음조(妙音鳥)·호음조(好音鳥)·미음조(美音鳥)·극락조(極樂鳥)·선조(仙鳥) 등의 다양한 이름이 있다. 머리와 팔은 사람의 형상을 하였고 몸체에는 비늘이 있으며 머리는 새의 깃털이 달린 화관을 쓰고 있는 모습이다.

가릉빈가는 알 속에서 나오기도 전에 소리를 내는데, 인도의 음악신인 간다르바[乾達婆, Gandharva]도 흉내 내지 못하는 천상의 소리를 낸다고 한다. 가릉빈가의 소리는 시방세계(十方世界) 어느 곳이나 미치지 않는 곳이 없어서, 부처의 음성을 가릉빈가 소리에 비유해, 법음을 널리 펴기 위해 화현(化現)한 새라고도 한다.

가릉빈가의 형상은 원래 봉황으로부터 발전된 것으로 여긴다. 히

은해사 백흥암 극락전 수미단 부분 (보물 790호)
조선시대

말라야 야산 기슭에 산다는, 불불조(bulbul鳥)로 불리는 공작의 일종이라는 설도 있다. 이러한 반인반수(半人半獸)의 모습은 여러 지역과 각 시대마다 조금씩 다르게 묘사되고 있다. 그 형상을 종합적으로 비교해 볼 때 영적인 인격신으로서 동물을 의인화하고 있는 공통점을 찾아볼 수 있다. 이는 모든 상상의 동물 속에서 찾아볼 수 있는 공통점이기도 하다.

은해사 백흥암 극락전(銀海寺 百興庵 極樂殿) 수미단(須彌壇)에도 무수히 많은 상상의 동물들이 등장하는데 특히 인면조신 가릉빈가

가 눈에 띈다. 날개 달린 새의 몸에 여성의 얼굴을 하고 있으며 손에
는 복숭아잎 모양 받침에 붉은색, 청색의 천도복숭아 두 개를 받쳐
들고 있다. 일반적으로 불교공예 속에 나타나는 가릉빈가는 반드시
다양한 악기를 연주하는 모습으로 나타난다. 이에 비해 은해사 수미
단의 가릉빈가는 장수를 상징하는 천도복숭아를 공양물로 들고 있
어 불교와 도교가 습합된 것으로 여겨진다. 가릉빈가 조각은 지금은
우측면 하단에 위치하고 있는데, 상단의 거꾸로 박힌 기린(麒麟)과
중수 때 자리가 뒤바뀐 것으로 보인다.

  불단에 나타나는 가릉빈가는 성주 환성사 대웅전(環城寺 大雄殿)
수미단에서도 볼 수 있다. 새의 날개가 달린 몸에 춤추는 여성의 모
습이다. 또한 여기에 등장하는 상상의 동물들은 본래 인도나 중국
등의 설화에서 전래되지만 한국에서는 문화적 환경 변화에 따라 한
국적이고 독특한 아름다움으로 변화된다.

봉암사 지증대사 적조탑 부분 (보물 137호) (좌)
통일신라시대
통도사 취운암 아미타불화 부분 가릉빈가 (우)
조선시대

환성사 대웅전 수미단 부분
조선시대

문헌상의 기록

가릉빈가 이외에도 이와 유사한 반인반수 동물들의 기록이 있다. 『산해경(山海經)』 「서산경(西山經)」에 다음과 같이 기록되어 있다. "부혜(鳧徯)는 사람 얼굴에 새의 몸을 한 기이한 새로서, 흉조(凶兆)의 상징이다. 옛날 사람들은 부혜를 매우 불길한 새로 여겼다. 오임신(吳任臣)은 사람 얼굴을 한 새는 아주 길하지 않으면 아주 불길한데, 길한 것으로 빈가(頻迦)가 있고 불길한 것으로 부혜(鳧徯)가 있다고 하였다." 여기서 길한 빈가란 가릉빈가를 말한다.

상징과 의미

중국의 천문, 지리, 인문 백과사전인 『삼재도회(三才圖會)』에서도 불교 속의 기이한 동물이 습합되었음을 알 수 있다. 『삼재도회』 조수편에서 "주(鵨)는 장설산(長舌山)에 있는 새로서, 생김새는 매와 같고 사람과 같은 얼굴에 다리는 사람의 손과 같다. 지저귀는 소리가 자신의 이름과 같다. 이 새를 보면 마음이 군자처럼 되고 동시에 나라의 많은 사대부가 귀양을 가게 된다."고 하였다.

　　수미단을 구성하는 상서로운 동물을 통해 인도 힌두교나 불교의 신화적 동물들이 우리나라로 전래되면서 시대적·종교적 변천에 따라 변화했음을 볼 수 있어 더욱 흥미롭다.

지붕 위의 수호신 | 잡상(雜像)

잡상(雜像)은 목조건물의 추녀마루 위에 장식하는 작은
짐승의 형상을 일컫는다. 궁궐의 안정과 각종 재화(災禍)를
없애고, 이 전각에서 정사를 돌보는 임금의 공정무사를
기원하는 의미를 지니고 있다.

잡상
조선시대
관문사 성보박물관 소장

잡상(雜像)은 목조건물의 추녀마루 위에 장식하는 작은 짐승의 형상을 이르는 말이다. 법상·신선(神仙)·기린(麒麟)·용(龍) 등 다양한 형상으로 제작되며, 조선 초기부터 궁궐이나 관아건물에 장식하여 그 건물의 위엄을 더하고 화재나 액을 막아 준다는 뜻을 지니고 있다.

문헌상의 기록

조선시대에는 기와를 제작하는 기관인 와서(瓦署) 그리고 기와 만드는 기술자인 와장(瓦匠)이 있었다. 이외에도 특별히 잡상장(雜像匠)이라는 직책을 두어 잡상을 제작했음을 『경국대전(經國大典)』, 『대전회통(大典會通)』의 기록에서 찾아볼 수 있다.

> 京工匠 瓦署 '雜像匠 四'
>
> > -「工典」『經國大典』
>
> 京工匠 瓦署 '瓦匠 四十 雜像匠 四'
>
> > -「工典」『大典會通』권6

현재 우리나라에 남아있는 잡상은 거의 19세기 이후의 것이다. 중국에서는 궁궐(宮闕)·문루(門樓)·관아(官衙)·능사(陵寺)·사찰(寺刹)의 지붕 위에 모두 잡상을 놓았다. 이에 비해 조선은 최대의 왕실 사찰이었던 회암사(檜巖寺)를 제외하고는 사찰에서는 잡상을 거의 사용하지 않은 것이 특징이다.

이능화의 『조선도교사(朝鮮道教史)』에 의하면, 궁궐의 전각과 문루의 추녀마루 위에 놓은 열 개의 신상을 잡상이라고 하는데, 이는 소설 『서유기(西遊記)』에 나오는 인물 및 토신을 형상화하고 벌여놓아 살을 막기 위함이라고 하였다. 『어우야담(於于野談)』에 의하면, 신임관(新任官)이 선임관들에게 첫인사를 할 때 반드시 대궐문루 위의 이

10신상 이름을 단숨에 10번 외워야 받아들였다고 한다. 그만큼 잡상은 건축물의 중요한 역할을 담당하는 것이었다고 할 수 있겠다.

또한 잡상이 있는 건물에 따라 그 수에 차이가 있으며, 일반적으로 홀수인 3개, 5개, 7개, 9개, 11개 등으로 설치되었다. 숭례문은 9개, 창경궁 홍화문은 5개, 창덕궁 돈화문은 7개, 수원 팔달문은 4개, 창덕궁 인정전은 9개, 경복궁 경회루는 11개, 경복궁 동십자각은 5개, 덕수궁 중화전은 10개, 경복궁 근정전은 여덟 개소의 처마 마루에 7개로 지붕 한쪽에 올려놓은 수가 4~11개이다. 여기에서 잡상의 수를 기준으로 건물의 등급을 매긴다면, 근정전은 다른 전각들보다 많은 수의 잡상이 있어야 한다. 특히 조선시대 청나라 사신들을 위해 연회를 베풀었던 경회루에 열한 개의 잡상이 있는 것이 특이하다. 이것은 전각의 등급에 따라 잡상의 크기와 숫자가 조정되던 중국과는 달리 우리나라의 경우는 잡상의 수에 대해 별로 신경을 쓰지 않았던 것으로 보인다.

이러한 잡상을 근정전의 높은 처마 마루에 올리는 것은 앞에서도 언급했듯이 궁궐의 안정과 각종 재화(災禍)를 없애고, 이 전각에서 정사를 돌보는 임금의 공정무사를 기원한다는 의미라고 할 수 있다. 근정전뿐만 아니라 서울의 각 궁궐 내의 모든 전각에도 잡상이 안치되어 있다. 궁궐이 아니더라도 왕과 관련되는 건축물인 왕릉의 전각이나 도성의 문에서도 잡상을 볼 수 있다.

상징과 의미

잡상의 종류를 살펴보면, 대당사부(大唐師父)는 삼장법사(三藏法師) 현장(玄奘)이고, 손행자(孫行者)는 손오공, 사화상(獅畵像)은 사오정으로, 바로 서유기의 등장인물이자 중국 토신(土神)의 이름이다. 『전율통보(典律通補)』에도 지붕 위에 손행자 등의 귀물을 만들어 놓는다고 적고 있다. 이들 잡상이 기와지붕 위에 놓인 것은 『서유기』와 관련이 있다. 당나라 태종의 꿈속에 밤마다 나타나는 귀신이 기와를 던지며 괴롭히자 문관, 무관을 내세워 전문(殿門)을 수호하게 했다는 내용이다. 아울러 불법 홍보 등의 방편에서 당나라 이후에 와서야 비로소 채택한 것으로 여겨진다. 이외에 이귀박(二鬼朴), 이구룡(二口龍), 마화상(麻和尚), 삼살보살(三煞普薩), 천산갑(穿山甲), 나토두(羅土頭)가 추가되어 10개의 잡상이 완성되는 것이다. 이귀박의 생김새는 머리의 앞과 뒤에 뿔이 난 짐승으로 형상화되며, 이구룡은 머리에 두 개의 귀가 있고 입이 2개가 있다. 또한 마화상은 말의 형상을 한 서유기의 혼세마왕(混世魔王)이며, 삼살보살은 재앙을 막아주는 보살의 의미를 지녀 대당사부와 같이 인물상으로 표현된다. 천산갑은 머리 뒤통수에 뿔이 돋았고 등이 다른 잡상보다 울퉁불퉁 튀어나와 있으며, 나토두는 작은 용의 형상 또는 검붉은 곰의 형상으로 표현된다.

이와 같은 잡상은 궁궐의 안정을 기원하는 동시에 그 안에 기거하는 사람들을 모든 잡되고 악한 것들로부터 수호해주는 역할을 하는 것이다.

나토두(羅土頭)
작은 용의 형상, 혹은 검붉은 곰의 형상

천산갑(穿山甲)
머리 뒷통수에 뿔이 돋고 등이
울퉁불퉁 튀어나온 짐승

삼살 보살(三煞普薩)
재앙을 막아주는 보살의 의미

마화상(麻和尚)
말의 형상을 한 서유기의 혼세마왕

이구룡(二口龍)
머리에 귀가 두 개, 입이 두 개인 짐승

이귀박(二鬼朴)
머리의 앞과 뒤에 뿔난 짐승

사화상(獅畫像)
사오정

손행자(孫行者)
손오공

대당 사부(大唐師父)
삼장법사

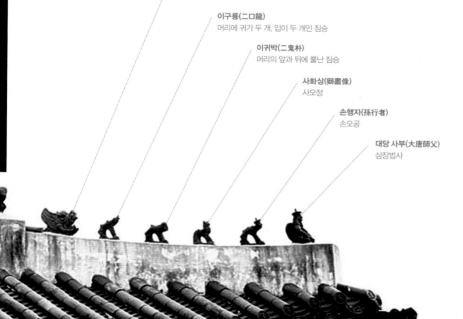

숭례문의 잡상 (국보 1호)
조선시대

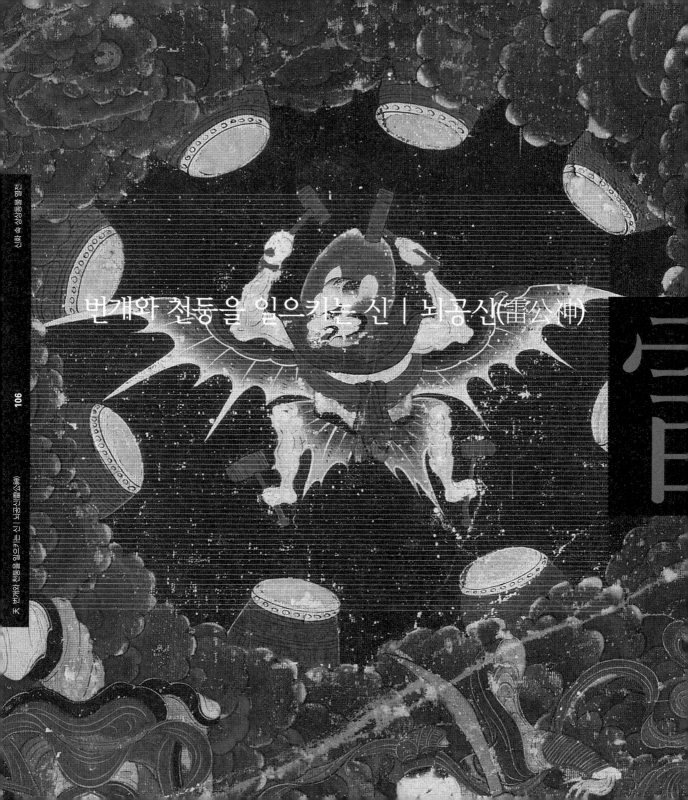

번개와 천둥을 일으키는 신 | 뇌공신(雷公神)

뇌신은 곧 용신으로서 머리는 사람과 같은 모양을 하고 있는데, 그 배를 북처럼 울려서 천둥을 치게 한다. 번개와 천둥을 일으키는 신이다.

뇌공신
통도사 영상전 팔상도 부분
(보물 1041호)
조선시대

뇌공신(雷公神)은 번개와 천둥을 일으키는 신이다. 천지가 진동하는 소리는 귀신들이 가장 싫어하는 것 중 하나이다. 뇌공신이 구름 속에서 북을 두드리면 귀신들은 모두 도망을 가고 죄지은 나쁜 사람들도 두려움에 떤다. 번개는 천둥보다 빠르기 때문에 먼저 밤하늘을 밝혀 귀신들에게 경고를 한다. 천둥의 북소리에도 도망가지 않는 잡귀가 있다면 번개가 순간적으로 발생시키는 엄청난 기운으로 하늘도 놀랄 만큼 강한 파괴력을 보인다.

문헌상의 기록

우리나라의 경우 뇌공신은 주로 불화에 등장하지만, 그 기원을 거슬러 올라가면 고대 신화 지리서인 『산해경(山海經)』 「해내동경(海內東經)」에서 그 모습을 볼 수 있다.

> "뇌신은 곧 용신(龍神)으로서 머리는 사람과 같은 모양을 하고 있는데, 그 배를 북처럼 울려서 천둥을 치게 한다."

이처럼 뇌신의 모습을 최초로 형상화한 『산해경』을 통해 불교 전파 이전부터 벼락과 천둥을 관장하는 신이 존재하였음을 알 수 있다. 한편 당나라 때 고금(古今)의 일화를 모아 엮은 책 『운선잡기(雲仙雜記)』에도 "우레(천둥)를 천고(天鼓)라고 하며, 그 신을 뇌공(雷公)이라 한다."는 기록이 있다. 동양뿐 아니라 그리스·로마 신화에서도 그 최고 신인 제우스나 유피테르가 우레를 일으키게 하는 천공(天空)의 신으로 등장하여, 손에는 그의 주 무기인 뇌정(雷霆, 천둥)과 왕홀(王笏)을 가진 모습으로 표현되고 그의 신성(神性)에 거슬렸을 때의 응징을 우레로 나타내었다. 이처럼 고대인들은 동서양을 막론하고 천둥·번개·비·바람 같은 기상현상(氣象現象)을 신의 조화라고 생각했다.

또한 1457년 『세조실록(世祖實錄)』에는 '의금부에 요망한 말로 군중을 현혹한 학생 박신을 추국토록 하다.'는 내용으로 박신이 스스로 말하기를, "군기감 앞에 홀연히 40명가량의 융행(戎行, 군대의 행렬)이 나타났는데, 이는 난신인 성승·성삼문 등이었다. 모두 말에서 내려 무릎을 꿇었는데, 조금 있다가 또 한 사람이 푸른 포대를 메고 뒤따라 이르러 꿇어앉아서 말하기를, '뇌공신의 아버지를 보지 않기를 원했는데, 불행히 만났습니다.' 하였다."(信自言 於軍器監前 忽見戎行四十許人 乃亂臣成勝成三問等也 皆下馬跪 俄而又見一人擔靑帒後至 又跪曰 願不見雷公神之父 不幸得逢)고 기록하고 있다.

상징과 의미

동양에서의 뇌신은 불교의 전파에 따라 중국, 한국, 일본에 모두 나타나는데 각국에서 나타나는 도상은 모두 다르다. 중국의 경우 동물의 모습을 하고, 날개가 없으며 여러 개의 북을 원형으로 연결한 연고(連鼓)를 두드리며 등장한다. 우리나라의 경우 사람 몸에 날개를 단 새의 형상을 하고 있다. 또한 박쥐처럼 큰 귀에 새 부리모양을 하고 있으며 대개 구름 속에서 8개의 연고를 주위에 두르고 있다. 일본의 경우 전체적인 형태는 중국의 도상과 비슷하게 나타나지만 새의 형태가 아닌 수호신의 얼굴을 하고 있다. 이렇게 뇌신이 북을 두드리는 것은 천둥과 번개를 일으키기 위한 행동임과 동시에 인간들에게 번뇌(煩惱)와 망상(妄想)을 일깨우기 위한 행동이라고 한다.

불교의 경전 내용을 그림으로 표현해서 교리의 이해를 돕고 나아가 감동을 불러일으켜 교화하는 데 도움을 주는 불화에도 뇌공신은 종종 등장한다. 고려시대에는 관세음보살이 재난을 당하는 중생들을 구해주는 관세음보살(觀世音菩薩) 보문품(普門品)의 내용에서 뇌공신이 묘사되고 있다. 중생들이 당하는 여러 고난 가운데 천둥과 번

북을 울리면서 돌고 있는 뇌공신
조선시대
개인 소장

뇌공신
20세기
에밀레박물관 소장

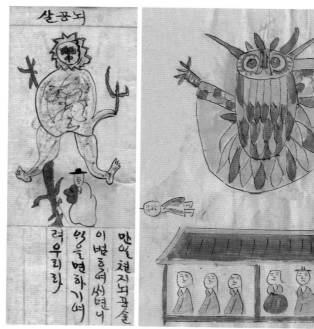

뇌공살, 당사주책
20세기
가회민화박물관 소장

개 등이 포함되어 있는 장면이다. 수월관음도(水月觀音圖)의 아랫부분에도 뇌공신이 북을 두드리는 모습이 그려지고 있다.

　한편 조선시대의 뇌공신은 부처님의 일대기를 담은 팔상탱화(八相幀畵)와 지옥에 빠진 중생을 극락으로 인도해주고, 죽은 영혼을 위로하는 영가천도(靈駕遷度)를 목적으로 제작되어진 감로탱화(甘露幀畵)에 주로 등장한다.

　팔상도 가운데 수하항마도(樹下降魔圖)에는 마왕이 석가모니의 성도(成道)를 방해하려고 뇌신을 이용해 천둥을 치게 하는 장면이 있는데 여기에는 번개의 여신 전모(電母), 우사(雨師)와 함께 그려진다. 송광사(1725) 팔상탱, 갑사(1910) 팔상탱, 해인사(1892) 팔상탱 등에 뇌공신이 나타나는데 모두 박쥐와 같은 날개를 지니고 있는 것이 특징이다. 특히 갑사, 흥국사 팔상탱의 수하항마도는 도안화된 구름이 연고(連鼓)를 둘러 싸고 있는 것이 특징이다.

한편 감로탱(甘露幀)에 등장하는 뇌신은 구름 속에서 연고(連鼓)를 그 주위에 두르거나 연고 없이 북채만을 쥐고 있는 모습, 그리고 연고와 북채를 동시에 들고 있는 모습 등으로 다양하게 나타난다. 대표적으로 선암사 감로탱에 나타난 뇌신은 푸른 구름에 둘러 싸여 두 손에 북채를 쥐고 사람 몸에 짐승의 얼굴을 하고 있다. 또한 큰 귀, 새 부리 모습을 한 입이 특징이다. 원래 감로탱의 뇌신은 하단부에 귀신들과 함께 그려져 벼락 맞아 죽은 사람을 표현하는데 쓰이기도 했다. 하지만 시대가 지날수록 위쪽으로 올라가 불보살들 옆에 자리 잡음으로 감로를 의지할 곳 없이 떠돌아다니는 외로운 넋, 고혼(孤魂)들에게 전달하는 매개자로 묘사하였다.

이 무시무시한 뇌공신은 뇌공살(雷公殺)이라는 이름으로 등장해 "만일 천지 뇌공살이 들게 되면 액을 면하기 어렵다."고 전해진다. 이 살이 들게 되면 지뢰, 폭탄의 뇌관, 전기 감염, 벼락 등을 주의하여야 한다. 한마디로 뇌공살이 들면 벼락 맞을 일이 생긴다는 뜻이다. 이러한 뇌공살은 당사주(唐四柱) 책에 종종 그림과 함께 등장한다.

뇌공신과 같은 의미로 무속에서는 벼락장군이 나타난다. 벼락장군은 화재를 일으키거나 인간을 사망시키기도 하는 낙뢰(落雷)의 위력을 빌려 자연재앙이나 이변에 대한 두려움을 극복하기 위해 모셔지는 신이다. 벼락장군은 불, 비, 벼락을 다스리며 벼락을 쳐서 비를 오게 하기 때문에 기우제를 지낼 때 특별히 모셔지기도 한다.

사람과 소통하는 새 | 앵무(鸚鵡)

인면조신(人面鳥身)의 형태를 띠고 있으며, 푸른 날개에
붉은 부리를 가지고 있다. 네 발가락 가운데가 나뉘어져
있고, 다닐 때 부리를 사용한다. 혀가 어린아이와 비슷하여
소리를 흉내 내어 사람처럼 말을 할 수 있다.

鸚鵡

앵무
20세기
가회민화박물관 소장

앵무(鸚䳘)는 앵무(鸚鵡)라고도 한다. 색이 곱고 아름다워 세계 여러 나라에서 많이 길들여지고 있으며, 계산능력과 찾기능력도 갖춘 머리가 좋은 새이다. 과학자들 사이에서 많이 연구되고 있는 앵무새의 혀는 사람의 혀와 비슷하여 사람의 말을 따라하는 능력을 가지고 있다. 이러한 이유로 앵무새는 실존하는 동물이지만 고대부터 영험한 상상속의 새로 인식되어 왔다. 도상이 나타나는 옛 문헌기록에 보면 대부분 인면조신(人面鳥身)의 형태를 띠고 있는 것이 특징이다.

문헌상의 기록

곽박(郭璞, 276~324)의 『산해경도찬(山海經圖讚)』에 "앵무는 영리한 새로, 푸른 날개에 붉은 부리를 가지고 있다. 네 발가락 가운데가 나뉘어져 있고, 다닐 때 부리를 사용한다. 스스로 그 둥지를 남기고 깊숙이 가지에 앉아 있는 게 보인다."고 하며 앵무의 혀가 어린아이와 같다고 하였다. 또한 중국 명나라 말기의 약학자인 이시진(李時珍, 1518~1593)은 『본초강목(本草綱目)』에서 "앵무는 갓난아기가 말을 배우는 것과 비슷하기에 그 글자가 영(嬰)과 모(母)를 따른다."고 하였다.

나원(羅愿)이 저술한 『이아익(爾雅翼)』을 보면 "앵무새는 혀가 어린아이와 비슷하여 소리를 흉내 내어 사람처럼 말을 할 수 있다. 날짐승 중에 사람처럼 말을 할 줄 아는 것들은 사람의 신체 모습의 일부를 갖고 있다." 라고 한다. 이로 인해 금수(禽獸)가 사람의 어떤 특성을 가지고 있는 것은 대부분 생물학상의 유사함에 근거하는 것임을 알 수 있다.

세조 13년 정해년(1467년), 유구 국왕(琉球國王)이 승려 동조(同照)·동혼(東渾) 등을 보내어 와서 앵무(鸚鵡)새·큰 닭[大雞]·호초(胡椒)·서각(犀角)·서적(書籍)·침향(沈香)·천축주(天竺酒) 등의 물건을 바쳤다(琉球國王遺僧同照 東渾等 來獻鸚鵡 大雞 胡椒 犀角 書籍 沈香天竺

酒等物)는 기록이 있어 앵무가 진상품으로 올릴 만큼 상당히 귀중한
새로 여겨졌음을 짐작할 수 있다.

상징과 의미

책가도
조선시대
가회민화박물관 소장

　한 쌍의 앵무새는 부부금슬을 상징하고, 기쁨과 양심을 상징하기
도 한다. 반면에 자신의 목소리를 제대로 내지 못하고 남의 것을 그대
로 따라하는 좋지 않은 의미로 해석하기도 한다.

　『삼재도회(三才圖會)』에 따르면 『산해경도찬(山海經圖讚)』에 나오는
앵무와 너무도 유사하게 생긴 새가 등장한다. 녹태산(鹿台山)에 있는
이 새의 이름은 '부계(鳧溪)'인데, 이 새가 출현하면 천하에 전란이 발
생한다고 하는 기록이 있다. 한편 민화 책가도에는 '백년조(百年鳥)'
라는 말을 하는 새가 등장한다. 그림의 화제에 따라 '한 마리의 거북
이가 있으니 상서로운 기운이 서갑에 가득하고, 서갑 뒤에는 꽃 한동
이가 가득하게 꽂혀 있다. 봄바람의 향기가 그 안에서 자라나고 한
쌍의 백련조는 사람들에게 능숙하게 말한다(有一隻龜瑞氣濃書匣而匣
後置花盎 香動春風基內養 一雙百年鳥向人能言語).'고 기록하고 있다.

地
땅

백호

해태

사자

불가사리

기린

말

백록

천구

소

박

흰 코끼리

도깨비

오두귀신

서방의 수호신 | 백호(白虎)

백호는 호랑이에 바탕을 둔 상상의 동물로 청룡(靑龍),
주작(朱雀), 현무(玄武)와 함께 사신(四神)을 이루어
신격화되었다. 최근 털이 흰 호랑이를 백호라 부르기도
하지만 본래 백호는 동양권의 신화나 설화에 나오는
상상의 동물을 의미한다.

기이한 상서(祥瑞), 백(白) | 예부터 단군신화를 비롯하여 호랑이를 주제로 한 설화들이 무수히 많이 전해 내려오고 있다. 백호는 호랑이에 바탕을 둔 상상의 동물로 청룡(靑龍), 주작(朱雀), 현무(玄武)와 함께 사신(四神)을 이루어 신격화되었다. 최근에는 털이 흰 호랑이를 백호라 부르기도 하지만 본래 백호는 동양권의 신화나 설화에 나오는 상상의 동물을 의미한다. 중국 지리서 『산해경(山海經)』에 따르면 백호는 오백 살이 되면 털빛이 하얗게 변하고 천 살이 되면 백호가 되어 천수를 누리는 동물이다. 근래에 동물원에서 볼 수 있는 흰 호랑이는 돌연변이 개체를 가지고 태어난 희귀종으로, 동물학자들의 분석에 의하면 그 확률이 백만분의 일 이라고 한다.

**해방직전에 잡힌
한국 백호**
매일신문 제공

문헌상의 기록

예부터 우리 문화 속에서는 백호(白虎)를 비롯하여 백우(白牛), 백치(白雉), 백작(白鵲)처럼 하얀 것의 출현을 상서로운 현상으로 여겼다. 『조선세조실록(朝鮮世祖實錄)』에는 상서로운 새 백작을 명(明)나라에 바친 기록이 남아있는데 내용은 다음과 같다.

호조 참의(戶曹參議) 김영유(金永濡)를 보내어 명나라에 가서 성절(聖節: 성인이나 임금의 생일을 경축하는 명절)을 하례(賀禮)하게 하고, 겸하여 백작(白鵲)을 바치게 하였다. 백작을 바치는 표문(表文)은 이러했다.

"천자(天子)께서 등극하시니 창성한 시기를 밝게 열었으며, 천지(天地)에 화기(和氣)가 모이어 공경하게도 빛나는 상서를 주었습니다. 큰 아름다움이 더욱 이르게 되니 자라의 기뻐함이 모두 균일(均一)하였습니다. 가만히 보건대 큰 모유(謨猷, 원대한 꾀)가 융성할 적에는 반드시 별다른 상서(祥瑞)의 출현이 있게 마련입니다. 창희(蒼姬)는 천년(千年)의 시운(時運)에 따르게 되고, 백치(白雉)는 구역(九譯)을 거듭해서 이르게 되었으니, 다만 진헌(進獻)하는 정성을 보일 뿐만 아니라 또한 태형(泰亨)의 응험(應驗)을 증거할 만합니다. 생각하건대 기이한 상서(祥瑞)가 어찌 태평한 세상에 아끼겠습니까? ……. 미래(未來)를 알아내는 데에 뛰어났으니 성질은 다시 유순해서 사랑스러우며, 흰 것으로 바탕을 삼았으니 빛깔은 또 희고 깨끗하며 평범한 새가 아닙니다……."

○遣戶曹參議金永濡, 如大明賀聖節, 兼獻白鵲。 白鵲表曰:

一人御極, 蔚啓昌期; 兩儀委和, 式昭景貺。 鴻休滋至, 驚忭悉均。 竊觀大猷之隆, 必有殊禎之現。 蒼姬撫千齡之運, 白雉重九譯之臻。 非特見享獻之誠, 亦足徵泰亨之應。 念惟異瑞, 豈靳熙朝?…… 素以爲質, 色又皎潔而不凡。……

기록에 의하면 백작(白鵲)을 '빛나는 상서', '기이한 상서'라 쓰며 신성하고 길상적인 존재로 표현하고 있다. 이처럼 백호, 백작처럼 일종의 돌연변이들은 실제로 존재했으나, 그 희귀함을 기이하고 신령스럽게 여겨 일종의 상상 속 동물로 받아들인 의미가 더 크다.

상징과 의미

무덤의 수호신 │ 백호는 사신(四神) 중 유일하게 살아있는 현실 동물이라고 알려져 있지만, 사람들은 이것을 강력한 힘을 가진 영물 가운데 하나로 서방을 수호하는 상상의 동물 역할을 한다고 믿었다. 백호가 지키는 서쪽에는 하늘의 28수(宿) 가운데 규(奎), 루(婁), 위(胃), 묘(昴), 필(畢), 자(觜), 삼(參) 7개의 성좌(星座)가 있다. 고구려 고분벽화 사신도 가운데 백호의 형상은 일반적으로 용과 달리 머리에 뿔이 없고 몸에는 비늘 대신

**우현리중묘(遇賢里中墓) 벽화
현실 서벽 백호도**
고구려시대

호반(虎班, 호랑이 등에 있는 무늬)이 묘사된다. 실제 우리나라 옛 신화나 설화, 민담에 나오는 친숙한 호랑이를 신격화한 것이다. 대체적으로 질주하는 듯한 역동적인 동작을 취하고 있으며, 갈기가 있어 신령스러운 기운이 가득한 존재로 그려졌다. 『시경(詩經)』은 백호를 의로운 짐승으로 보고 있는 반면, 『인원비광경(人元秘框經)』은 흉신(兇神)으로 기록하고 있다.

　우현리(遇賢里) 중묘(中墓) 현실서벽(玄室西壁) 백호도(白虎圖)를 보면, 백호의 형상은 머리에 갈기가 있는 청룡(靑龍)의 얼굴과 같다. 목부터 꼬리까지 이어지는 몸통은 지나치게 길게 표현되어 마치 뱀과 같고, 움직임이 역동적으로 표현되어 있다. 전체적으로 용과 흡사하

서쪽 −삼벌육성과 백호
고구려시대
약수리 고분 벽화

서쪽의 수호신은 백호이고
서쪽을 가리키는 별자리는 삼벌
육성이다. 삼벌육성은 삼수 세별,
별성 세별로 이루어진 여섯 개
짜리 별자리이다. 이 별자리는 서양
오리온자리의 일부에 해당한다.
위 그림에서 왼쪽 세 별이 삼수에
오른쪽 세 별이 별성에 해당한다.
동양에서는 삼벌육성이 하늘의
장군 별자리 또는 북방 민족을
수호하는 별자리로 여겼다.

석관의 백호상
고려시대
국립중앙박물관 소장

게 표현하여 용과 함께 영물(靈物)로서 신성시하였음을 알 수 있다.
그러나 백호는 머리에 뿔이 없고 목과 등 부분에 비늘 대신 줄무늬
를 그려 호랑이를 상징화하였다. 뱀과 같이 길게 그려지는 양식은 한
대(漢代) 화상석(畵像石)에서 처음 나타나 고구려 고분벽화에서 크게
성행하여 조선시대까지 나타난다. 하지만 수렵생활에 가까운 하류
계층의 삶 속에서 백호가 어떻게 표현되었는지 또 어떤 존재로 여겨
졌는지는 남아있는 자료가 없어 자세히 알 수 없다.

백호를 비롯한 사신도는 주로 고분벽화에서 찾아볼 수 있다. 고구
려시대 크게 성행하던 고분벽화는 벽화를 묘제로 사용하지 않던 신
라가 삼국을 통일하면서 급속히 사라졌다. 이후 고려시대가 되면서
다시 등장하긴 하지만 사신도보다는 인물이나 십이지신상이 주를
이루기 때문에 고구려 이후 남아있는 작품이 많지 않아 백호 자료 역
시 드물다.

한편 백호가 등장하지는 않지만 김유신 묘에 십이지신상군 가운
데 하나인 호랑이 신상(寅神像)이 등장하여 백호의 현세적인 존재인
호랑이의 형태를 통해 그 변화를 살펴 볼 수 있다. 김유신 묘에 부조
로 표현된 이 호랑이는 문관복에 검을 들고 몸 전체를 유연하게 S자
형 곡선으로 표현해 인간 모습을 취하고 있다. 가슴이 앞으로 돌출되
어 탄력 있게 보이며 의복이나 신체의 표현을 부조의 강약에 의해 표

현한 능숙한 조형 감각을 보여주는 조각 예술품이다. 흥덕왕릉(興德王陵) 십이지신상이나 황복사지(皇福寺址) 출토 십이지신상 등에서도 같은 형태로 나타나고 있다.

고려시대 호랑이 자료 역시 풍부하지는 않다. 고려시대는 도참사상(圖讖思想)의 발전과 분묘(墳墓)의 변화에 따라 사람이 죽으면 화장하여 부장품과 함께 석관에 넣어 묻는 것이 일반화되었다. 석관(石棺) 내부에는 성수도를, 외부에는 사신도를 조각하여 사후세계를 생각했는데, 대표적인 예가 국립중앙박물관 소장 〈허재묘지명 석관(許載墓誌銘 石棺, 1144)과 〈홍규 처 김씨 석관(洪奎 妻 金氏 石棺, 1339)의 사신도이다. 〈허재묘지명 석관〉의 경우 석관의 바깥쪽에 각 면마다 사신과 십이지신상을 함께 새겨 놓았다. 청룡과 백호의 긴 몸체와 동세는 언뜻 서로가 구분되지 않을 정도로 비슷하지만, 백호의 호피 무늬와 청룡의 비늘 등 세부묘사에 각각의 특징을 반영하였다. 이처럼 청룡과 백호의 동세가 비슷하게 묘사된 것은 고구려 고분벽화에서도 발견되는 요소이다. 또한 〈홍규 처 김씨 석관〉에는 석관의 동쪽 판석 안에 백호가 간략한 형태로 새겨져 있다. 국립중앙박물관에서 소장하고 있는 또 다른 석관의 백호상을 보면 긴 몸체가 변화되어 기어 다니는 벌레 형상으로 축소되었지만 얼굴 표정은 용과 호랑이를 합성시켜 놓은 모습으로 표현되었다. 이러한 도상을 통해 사신도 속의 백호 형상의 전통이 고려 말기까지 꾸준히 지속되고 있음을 보여준다.

2009년 발굴·조사된 원주 동화리 벽화묘는 고려시대에서 조선으로 넘어가는 과정의 백호 형태가 반영된 사신도라는 점에서 주목할 만하다. 동화리 벽화묘는 묘비의 기록에 따르면 1457년 3월에 조성된 조선 전기 무덤이다. 묘주는 1415년(태종 15) 출생하여 1456년(세조 2) 41세에 사망한 교하 노씨 15대 손으로 여흥도호부사(驪興都護府使) 겸 권농병마단련부사(勸農兵馬團鍊副使, 종3품)를 역임한 노회신(盧懷愼)이다. 묘는 지표면에 노출된 하나의 봉분에 두 개의 석실을

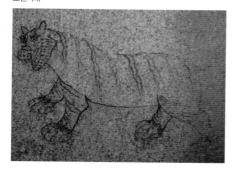

원주 동화리 벽화묘 2호석실
북벽 백호도
조선시대

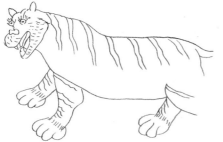

갖춘 합장묘의 형태로 각각의 석실 안쪽 4면에 벽화가 그려져 있다. 1호 석실(북쪽 석실)은 묘주(墓主) 노회신이 묻혔던 곳이다. 1호 석실의 네 벽면에는 사신도와 12인의 인물상, 개석의 하면(下面) 중앙에 성좌도를 그려 넣었고 2호 석실은 네 벽면에 사신도와 천장에 성좌도(星座圖)만을 그려 넣었다. 사신도와 12인의 인물상이 같이 그려진 점으로 보아 고구려 고분벽화의 중·후기 양식과 유사한 것으로 보인다.

노회신 벽화묘의 발굴은 15세기 사신도 형태의 전형과 이전에 비해 형식적 변화를 단적으로 보여준다. 이전의 사신도와 비교해보면, 사자의 무덤을 수호한다는 의미는 변함없이 지속되나 신으로서의 신비함과 추상성이 탈피되고 보다 현실성이 가미된 모습으로 표현되었다. 이러한 변화는 특히 백호에서 두드러지는데 백호를 묘사하는 데 있어, 가장 현실적인 동물인 호랑이의 형상을 차용하여 그리게 된 것이라 할 수 있다. 등줄기의 화염문 갈기는 사라지고, 고구려 고분벽화 속 백호에서 느껴지는 영험한 분위기는 전혀 찾아 볼 수 없으며 온순한 호랑이의 모습이 해학적이기까지 하다. 이러한 현실적이며 해학적인 백호의 형태는 조선 전반에 걸쳐 유행하며 민화에까지 영향을 미친 것으로 보인다.

조선왕조(朝鮮王朝)의 백호 ｜ 백호는 상상의 동물로서 수호신 역할을 담당했다. 이것을 비롯한 사신도는 조선왕조 사대부가의 상장례에서는 볼 수 없지만, 왕실의 국장(國葬)과 관련된 도상으로 전승되었다. 한국학중앙연구원 윤진영이 2007년 발표한 조선왕조 산릉도감의궤(山陵都監儀軌) 연구를 통해 백호의 표현 양식 변화를 살펴보면 17세기 전반기의 백호는 앉아있는 자세를 취하고 있긴 하나 얼룩무늬에 화염문 갈기를 단 비교적 이전 시기와 유사한 형태를 취하고 있다. 고구려 고분벽화에서 나타난 용의 형상과 유사하게 뱀과 같이 긴 몸통에 줄무늬와 화염문을 띤 신비화된 백호로 표현되었다. 그러나 17세기 중반 제작된 『인조장릉 산릉도감의궤(仁祖長陵 山陵都監儀軌, 1649)』를 보면 백호가 현실적

右白虎

17세기 초반
신비화된 백호의 도상으로
뱀과 같이 긴 몸통에
줄무늬와 화염문을 띤 백호

17세기 중반
현실적이고 정적이며
사실적인 백호

17세기 후반
신비하고 상상적
형상과 동적인 형태가
강조된 백호

18세기
동세의 변화를 통한
강한 힘과 신비롭고
영험한 존재로서의 백호

이고 사실적인 도상으로 변화한다. 이후 17세기 후반기에 이르면 다시 17세기 전반기의 전통으로 되돌아가 현실적 모습보다는 신비화된 상상적 형상과 약간의 동적인 형태가 강조된 형식이다. 즉, 백호의 도상이 신비화된 도상(17세기 초반)에서 현실적인 도상(17세기 중반)으로, 그리고 다시 신비화된 도상(17세기 후반)으로 변화하고 있음을 볼 수 있다. 이는 의궤의 주어진 화면에 대상을 어떻게 그릴 것인가에 대한 모색의 과정을 보여주는 것이며, 그 결과로 현실적이고 사실적인 백호의 형상에서 점차 영험함을 갖춘 형상으로 표현하는 것이 주된 관심이었음을 알려주고 있다.

18세기 의궤 속 백호의 가장 큰 특징은 동세의 변화이다. 머리가 화면의 오른쪽 아래에 오고, 꼬리가 화면의 왼쪽 위로 뻗은 자세로 강한 힘이 응축된 느낌을 준다. 또한 앞발의 겨드랑이 사이로 화염문이 남아 있어 현실적 모습보다는 신비롭고 영험한 존재로서의 백호를 인식시켜준다. 1757년의 『정성왕후 산릉도감의궤(貞聖王后 山陵都監儀軌)』의 백호는 화염문 갈기조차 사라진 완벽한 호랑이의 형태로 표현되어 민화 속의 해학적인 까치호랑이와 유사하다. 이때 형성된 도상은 이후 조선 말기까지 약 250여 년 간이나 강한 전통과 지속성을 보인다. 18세기 말의 백호는 같은 시기에 제작된 호랑이 그림과 포즈나 동세가 매우 유사하다. 즉 산릉도감의궤의 백호는 형식이 다소 바뀌어도 동시대 회화의 경향을 반영하여 왕릉의 수호신 역할을 담당하는 상서로운 상상의 동물로서의 역할은 잊지 않았다.

『태종실록(太宗實錄, 1404)』에 다음과 같이 중국에서 신령한 동물인 백호(白虎)를 잡은 기록이 남아있다.

이지(李至)가 말하였다.

"주왕(周王)이 사냥하다가 신기한 짐승과 아울러 그 새끼를 사로잡았습니다. 백호(白虎)의 검은 무늬였는데, 쇠사슬로 묶어 철롱(鐵籠)에 넣어 황제에게 바쳤습니다. 황제가 교외(郊外)까지 마중하였는데, 백관이 추우(騶虞:신령스럽게 여기는 상상의 동물)라고 하여 진하(進賀)하였습니다. 그러나 그 짐승은 날고기를 먹었습니다."

○至曰: "周王田獵, 獲異獸幷其雛, 白虎黑文。 繫以鐵索, 納于鐵籠, 獻于帝, 帝郊迎之。 百官進賀, 以爲騶虞, 然其獸食生肉。"

이 글 역시 백호가 살아있는 현실 속의 동물이라기보다 정신 능력의 산물이자 추상적인 상상의 동물로 여겨졌음을 기록하고 있다.

불법 수호신으로 환생한 백호 | 상상의 동물인 백호의 영험함과 신성함은 용과 함께 불법 수호신으로서 크게 영향을 미쳤다. 인도에서는 사자가, 동남아 지역에서는 뱀이, 중국에서는 기린이나 해태 등이 불법 수호신으로 등장하는데 이는 그 지역 환경 속에서 가장 강력한 힘을 가진 동물들이 신격화되는 현상 때문이다. 특히 불교는 타 종교에 비하여 훨씬 더 적극적으로 동물들을 끌어들였다. 어떤 지역에 불교가 전래될 때 그 지역 고유의 토착신앙 요소를 흡수하여 습합(習合)되는데, 이러한 과정에서 백호의 불법 수호 역할이 주어진 것으로 볼 수 있다. 현재 남아

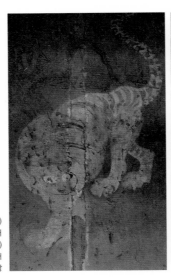

부산 범어사 대웅전 백호도 (좌)
조선시대
까치 호랑이 (우)
조선시대
에밀레박물관 소장

수원 팔달사 명부전 담배피는 호랑이 벽화
19세기

있는 백호는 조선시대 제작된 사찰 벽화에서 찾아 볼 수 있고 불교의 교리를 쉽게 압축한 불화나 불단 조각 등에도 등장한다.

부산 범어사 대웅전 우측 외벽에 표현된 백호는 18세기 말 산릉도 감의궤의 백호와 좌우만 바뀌었을 뿐 형태나 동세가 매우 유사하다. 채색이 박락되어 잘 보이지 않지만 왼쪽 상단 배경에 소나무가 그려져 있고, 그 아래 백호가 걸어 나오고 있는 모습이다. 이러한 형태는 민화의 까치 호랑이 그림과도 유사하다. 합천 해인사 명부전 호렵도에도 백호가 등장하여 흥미롭다. 두 명의 사냥꾼이 호랑이와 표범을 사냥하는 장면인데, 배경은 먹선으로 화면 위쪽에 가로지르는 산을, 아래쪽에는 좌우에 언덕과 나무를 표현하였으며 그 사이에 쫓고 쫓기는 사냥꾼과 동물의 모습을 묘사하였다. 수원 팔달사 명부전 우측 외벽에는 담배 피우는 백호가 그려져 있다. 두 마리의 토끼가 담배 연기가 피어오르는 긴 장죽을 바치는 데도 백호는 눈을 부라리며 목에 힘을 주고 거만하게 앉아 있다.

남양주 봉선사 산신각 외벽의 백호를 보면 고구려 고분벽화에 등장하는 뱀 형태와 흡사하게 길게 표현되었으며 앞발과 머리 주변에 화염문 갈기를 묘사하였다. 부산 범어사와 합천 해인사의 백호가 현

실적인 호랑이의 형태로 표현되었다면 봉선사의 백호는 배경에 구름을 그려 신으로서의 백호로 표현된 것으로 보인다. 그렇지만 모두 '백호'로 표현함으로써 단순한 호랑이가 아닌 신성한 존재로서의 백호를 그린 것이다. 이렇듯 불교에서 백호는 신령한 동물 가운데 하나이면서 익살과 해학이 담긴 상상력의 산물이다. 이러한 백호는 불법 수호신의 역할과 함께 사신도의 방위신격에서 기인된 것으로 보인다.

민간신앙에 나타난 백호 ┃ 산신도의 호랑이 역시 백호로 표현하여 그 신성함을 더욱 강조하였다. 산신은 마을의 평안과 안녕을 기원하며 인간을 보살펴 주는 신으로 우리 민속신앙 가운데 가장 뚜렷한 자리를 차지하고 있다. 제석이 천신(天神)이라면 산신은 지신(地神)의 역할로 무속의 무교가 산신교라고 할 만큼 확고하게 숭상되고 있다. 산신당에 모셔지고 있는 산신도를 보면 대개 그 배경으로 산과 소나무가 있으며, 노인 또는 법복을 입은 승려와 함께 호랑이가 나온다. 여기에 등장하는 호랑이는 포효하는 호랑이가 아니라 인자하고 다정한 모습으로 그려지는데 산신령의 사자(使者)로 상징되기도 하고 호랑이 자체를 산신, 산군으로 여기기도 하였다.

계룡산 동학사
불석재 여 산신상
조선시대

산신도
19세기
가회민화박물관 소장

이렇듯 민간예술에 등장하는 백호는 고분벽화나 석관에 등장하여 신으로 상징된 백호와 다르게 현실적인 존재로서 인간과 직·간접적인 관계를 지니고 있는 것이 특징이다. 이런 특징은 조선시대 말까지 이어져 민화, 상여장식 등 다양한 형태의 민간예술로 발전한다. 특히 상여 장식에 등장하는 백호는 저승사자가 지상과 천상을 왕래할 때 타는 수단으로 등장한다. 저승사자는 염라대왕의 명을 받고 죽은 사람을 저승으로 인도하는 역할을 한다. 저승사자는 대체로 갓을 쓰고 도포를 입고 괴수(怪獸)나 호랑이를 타고 있는 형상을 하고 있는데 여기에 백호가 등장하는 것은 더 빠른 존재로서의 상상력의 산물이라 하겠다.

백호를 비롯한 호랑이의 신성한 힘에 대한 숭배는 호랑이가 사악한 기운을 물리칠 수 있다는 믿음을 가져왔다. 왕충(王充)의 『논형(論衡)』에 실린 고대의 문신(門神)인 신도(神荼)와 울루(鬱壘)에 관한 신화를 보면 귀신의 우두머리인 신도와 울루가 나쁜 귀신을 잡아다 호랑이 밥으로 삼게 했다는 내용이 있다. 귀신을 잡아먹을 정도로 무서운 존재이지만 때로는 담배 피우는 여유로운 호랑이로, 때로는 바보스럽고 친숙하게 표현되면서 서민예술 속에 한국인 마음의 근원이 녹아들어 벽사의 기능을 담당하였다. 특히 민화의 까치호랑이 그림은 용 그림과 함께 대문에 붙여 길흉화복(吉凶禍福)을 기원하였다. 이처럼 우리 조상들은 서민예술에 등장하는 호랑이를 통해 신격으로 숭상된 백호의 모습을 이어갔던 것으로 보인다.

하늘을 나는 호랑이, 비호(飛虎) | 호랑이에 바탕을 둔 또 다른 상상의 동물로 비호(飛虎)가 있다. 비호는 보통 나는 듯이 빠르게 달리는 범을 말하는데 흔히 '비호같이 빠르다'는 말에 자주 사용된다. 그러나 그림 속에 등장하는 비호는 단순히 빨리 달리는 모습이 아닌 '비(飛)', 즉 진짜 날 수 있도록 날개가 달린 호랑이의 모습으로 표현된다. 이는 비호를 그림으로 표현하는 과정에서 작가의 상상력이 발휘됐던 것으로 보인다. 비호

역시 사찰벽화에 등장하는가 하면, 민화 문자도(文字圖) 가운데 '염(廉)'자의 한 부분에 표현되기도 한다. '염'자의 백호는 청렴함의 상징으로 표현되어진 것으로 보인다. '염(廉)'자에는 흔히 생물학적 특성상 전진후퇴가 분명하다고 여겨지는 게[蟹]나 청렴함의 상징인 봉황을 그리거나 소부(巢父)와 허유(許由)에 관한 이야기를 표현하는데 이러한 상징물 대신 비호를 표현한 것으로 여겨진다. 호랑이는 인간의 간절한 욕망을 표현한 상상의 동물 가운데 벽사적 기능을 포함하고 있으며, 신령스럽고 신격화되기도 한다. 호랑이는 우리 자연환경이나 생활 속에서 때로는 무서운 적이면서, 때로는 불가분의 친숙한 영물로 표현되면서, 양면성을 조화롭게 받아들여 창조된 존재이다. 강하고 무서운 호랑이에게 인간의 상상으로 초자연적인 힘을 부여한 비호도 인간의 특별한 믿음으로부터 비롯된 것이다.

문자도 '염(廉)'자 부분
조선시대
유성우 소장

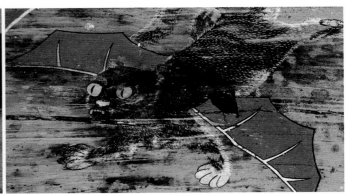

통도사 대광명전 (大光明殿) 비호 (飛虎)벽화
조선시대

하늘을 지키는 사신도

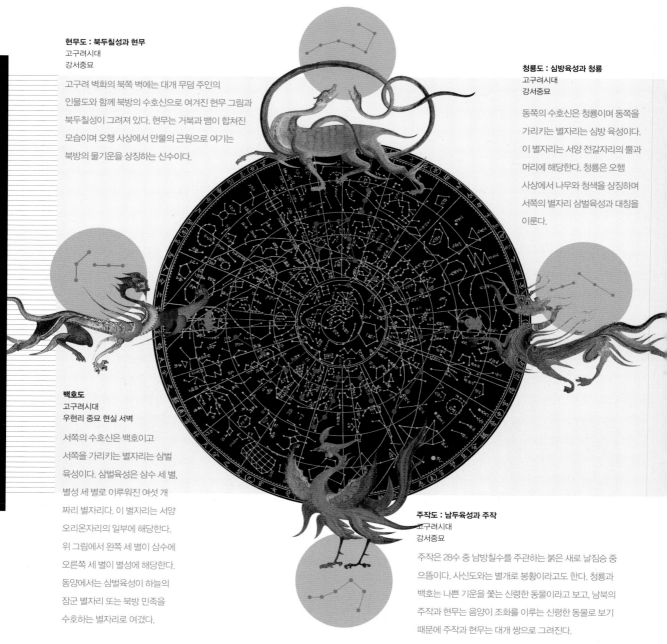

현무도 : 북두칠성과 현무
고구려시대
강서중묘

고구려 벽화의 북쪽 벽에는 대개 무덤 주인의
인물도와 함께 북방의 수호신으로 여겨진 현무 그림과
북두칠성이 그려져 있다. 현무는 거북과 뱀이 합쳐진
모습이며 오행 사상에서 만물의 근원으로 여기는
북방의 물기운을 상징하는 신수이다.

청룡도 : 심방육성과 청룡
고구려시대
강서중묘

동쪽의 수호신은 청룡이며 동쪽을
가리키는 별자리는 심방 육성이다.
이 별자리는 서양 전갈자리의 뿔과
머리에 해당한다. 청룡은 오행
사상에서 나무와 청색을 상징하며
서쪽의 별자리 삼벌육성과 대칭을
이룬다.

백호도
고구려시대
우현리 중묘 현실 서벽

서쪽의 수호신은 백호이고
서쪽을 가리키는 별자리는 삼벌
육성이다. 삼벌육성은 삼수 세 별,
별성 세 별로 이루워진 여섯 개
짜리 별자리이다. 이 별자리는 서양
오리온자리의 일부에 해당한다.
위 그림에서 왼쪽 세 별이 삼수에
오른쪽 세 별이 별성에 해당한다.
동양에서는 삼벌육성이 하늘의
장군 별자리 또는 북방 민족을
수호하는 별자리로 여겼다.

주작도 : 남두육성과 주작
고구려시대
강서중묘

주작은 28수 중 남방칠수를 주관하는 붉은 새로 날짐승 중
으뜸이다. 사신도와는 별개로 봉황이라고도 한다. 청룡과
백호는 나쁜 기운을 쫓는 신령한 동물이라고 보고, 남북의
주작과 현무는 음양이 조화를 이루는 신령한 동물로 보기
때문에 주작과 현무는 대개 쌍으로 그려진다.

유물로 본 한국 호랑이

맹호도
조선시대
국립중앙박물관 소장

자수쌍호흉배
조선시대
한상수 자수박물관 소장

대구비산동출토동기류 (국보137호)

소조십이지상중 호랑이
국립경주박물관 소장

오색 호랑이 깃발
조선시대
국립고궁박물관 소장

법과 정의의 상징 | 해태(獬豸)

기린처럼 생긴 머리에 외뿔이 돋쳐 있고
우수마면(牛首馬面)에 발톱은 둘로 갈라졌으며 온몸에 푸른
비늘이 돋아 있다. 힘이 세고 성질이 올곧고 사람이 우는
것을 보면 반드시 그 사악(邪惡)한 자에게 대들고 사람이
논쟁하는 것을 들으면 부정한 쪽에 달려들어 물어뜯는다.
정의, 화재를 막는 물의 신수, 재앙을 막는 벽사의 상징이다.

해태도
조선시대
개인 소장

해태는 요순(堯舜)시대에 이 세상에 태어났다고 전해지며 아시아에 널리 퍼져 있는 상상의 동물이다. 해치(獬豸)라고도 불리는데 이외에도 신양(神羊), 식죄(識罪) 등 여러 이름으로 불린다.

문헌상의 기록

상상의 동물인 만큼 그 형태에 대한 설도 다양하다. 중국 한(漢)나라의 양부(楊孚)가 쓴 『이물지(異物志)』에는 해태에 대해 이렇게 소개하고 있다. "해태는 중국 동북지방 깊은 수풀이나 산속에 사는 짐승으로 신선이 먹는다는 먹구슬 나무 열매만 먹기에 그 둘레에는 파리 한 마리 꾀지 못한다는 성스러운 짐승이다. 기린처럼 생긴 머리에 외뿔이 돋쳐 있고 우수마면(牛首馬面)에 발톱은 둘로 갈라졌으며 온몸에 푸른 비늘이 돋아 있다."

뿔이 하나 있다는 점에서 생김새가 기린과 흡사하지만 기린의 몸이 사슴 형태라면 해태는 사자나 곰과 유사한 몸을 가지고 있다. 그러나 조선시대 이후 예술품에 표현된 해태는 뿔을 찾아 볼 수 없고 사자(獅子)와 비슷하게 표현되어 사자와 혼동하기 쉬운데, 조선시대 들어서 외뿔이 사자의 갈기처럼 변화한 것으로 보인다. 해태와 사자는 비슷한 형태지만 해태의 피부가 대부분 푸른 비늘로 표현되어 있어, 이것으로 해태와 사자를 구분한다.

밝고 정의로운 사회를 바라는 동물 | 해태는 시비(是非)와 선악(善惡)을 판단할 수 있다 하여 정의로운 의미를 지닌다. 『이물지』에는 해태의 속성에 대해 "힘도 어찌나 센지 백수(百獸)가 당해 낼 수 없지만 성질이 올곧고 사람이 싸우는 것을 보면 반드시 그 사악(邪惡)한 자에게 대들고 사람이 논쟁하는 것을 들으면 부정한 쪽에 달려들어 물어뜯는다. 곧 곡직(曲直)을 능히 판단하는 충직한 짐승으로 구덕(九德)까지 갖추고 있다."라고 기록하고 있다. 환인(桓因)때에, 관리가 정

업경대
조선시대
건들바우박물관 소장

남장사 나한탱 부분
조선시대

확히 판결하지 못할 어려움에 처하면 하늘에서 해치를 보내 시비곡직(是非曲直)을 구별했다고 한다. 중국의 『산해람(山海覽)』에는 "동방의 나라 산속에 해치라는 신비한 동물이 산다. 요(堯) 임금 때 이 신수(神獸)가 나타나 사악한 범죄자를 가려냈다."고 하였다. 이러한 기록들을 통해서 알 수 있듯이 해태는 영물스럽고 시비곡직을 판단하는 신령스러운 재주가 있어 성군을 도와 현명한 일을 많이 하였고, 만일 잘못한 사람이 있으면 그 뿔로 덤비어 받아넘기는 정의의 동물이다.

이러한 의미에서 중국 초(楚)나라에서는 해태를 사법의 상징으로 삼았다. 법관의 의복에 해태의 모습을 장식하고, 법관이 쓰는 관을 '해치관'이라 불렀다고 한다. 그 후부터 법을 다스리는 수령이나 어사

해태 북 받침
조선시대
통도사 성보박물관 소장

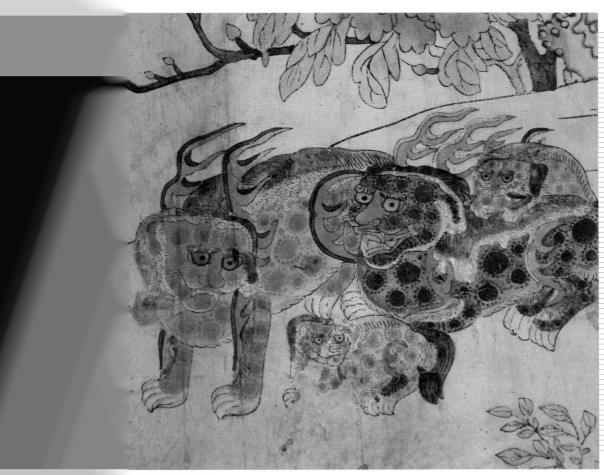

목판 화조도 6폭 병풍 부분
9세기
가회민화박물관 소장

청화백자 해태 연적
조선시대
다보성 소장

(御使)의 관복으로 해태관과 해태를 수놓은 흉배를 단 옷을 입도록 제도화했다.

우리나라에서도 조선시대 법을 집행하던 사헌부 관헌들은 해치관(獬豸冠)을 썼다. 인조(仁祖) 21년(1643년) "내가 임금이 되기 이전에 어떤 대간(臺諫)이 치관(豸冠 : 해태 모양을 수놓은 관)을 쓰고 있는 것을 보고 주위 사람에게 물어보니 모두 하는 말이 '해태는 사기(邪氣)를 물리치는 짐승이므로 그 뜻을 취한 것이다.'고 하였다."는 기록이 있다. 사헌부 관리들이 해치관을 쓴 것은 『후한서(後漢書)』여복지(輿服志)에 근거한다. 『후한서』에는 "해치는 신양을 뜻하는데, 능히 굽고 이를 잡아 그 가죽으로 관을 만들어" 법관들이 썼다고 전한다.

한편 해태가 시비곡직(是非曲直)을 가린다는 의미로 인하여 한(漢)나라 때부터 궁이나 관아 앞에 해태 상을 놓아 드나드는 사람의 마음 속에 부정하고 정의롭지 못한 마음을 씻도록 하였다. 우리나라에도 여의도 국회의사당 정문에 들어서면 해태 한 쌍이 있는데 역시 같은 뜻으로 세웠다.

불을 다스리는 물의 신 | 해태는 재화(災禍)를 막아준다는 물의 신수(神獸)로 여겨지기도 한다. 구전되는 설화에 따르면 해태가 물에 사는 수성(水性) 짐승이기에 수제화(水制火)의 오행설에 맞추어서 불을 막아주는 영수(靈獸)로 믿었던 것이다. 해태 조각이나 그림을 그려서 부엌같이 불을 다루는 곳에 붙여 사용하였다. 이는 단지 화마뿐 아니라 온갖 나쁜 기운을 막아줌과 동시에 행운과 기쁨을 가져다주는 의미를 지녔다.

광화문(光化門) 앞에 해태 한 쌍이 지키고 있는데 여기에 대해 이규태(李圭泰)는 "광화문 앞 양편의 해태는 흥선대원군이 경복궁을 중건하면서 당대의 석물 조각으로 이름난 장인(匠人) 이세욱(李世旭)을 시켜서 만든 것이다. 경복궁 중건 역사 도중 불이 자주 일어났는데 자극을 받아 한양 도성 풍수에 화기가 등한 관악산(冠岳山)의 불기로부터 경복궁을 보호하기 위한 풍수 작업이다."라고 하였다. 남쪽의 관악산이 휴화산(休火山)인 이유로 그 불기가 빌미가 된다는 지관(地官)의 주장에 따라 광화문의 좌우에 해태상을 설치하여 화재를 막고 길운을 빌었다는 것이다. 이규태의 말처럼 해태는 조선시대 말엽 대원군 때 경복궁(景福宮), 창덕궁(昌德宮) 등 궁궐을 재건하면서 화재(火災)나 재앙(災殃)을 물리치는 신수 또는 벽사(辟邪)의 의미로 장식되었다. 또한 정의의 상징이라는 의미와 상통하여 재상이나 높은 관직에 있는 사람은 광화문 해태상의 꼬리에 손을 얹어 마음을 바로잡는 풍속이 있었다고 한다.

해님이 파견한 벼슬아치 | 해태의 어원에 대해서 『한국문화 상징사전』에서는 해태의 다른 이름 해치가 순 우리말 고어로서 '해님이 파견한 벼슬아치'의 준말이라고 한다. 즉, 해는 해님의 '해'에서, 치는 벼슬아치의 '치'에서 왔다는 것이다. 태양숭배 사상에 따르면, 해는 사람에게 복덕을 주며 만물을 비추어 생성시킨다. 또 해가 뜨면 귀신이 사라지고 악수(惡獸)는 숨으며 병자는 신음에서 깨어나므로 '해'는 재앙을 푸는 것으로도 해석된다. 한자 '해(解)'도 "무당이 재앙을 풀어 없앤다."는 뜻이 되는데, 『장자(莊子)』「인간세(人間世)」편에서도 같은 의미로 풀이하였다.

해태는 정의의 상징, 화재를 막는 물의 신수, 재앙을 막는 벽사의 의미로 궁중에서부터 민간(民間)에 이르기까지 다양하게 사용되었다. 세시풍속에 호랑이 그림은 대문에, 개는 광문, 닭은 중문, 해태는 부엌에 붙여 사악한 기운을 막았다고 한다. 불을 먹고 산다는 해태는 일반적으로 호랑이처럼 무서운 것이 특징인데 가정집에서 사용되었던 민화의 해태는 친숙한 모습으로 나타난다.

**영빈방 장조생모
영빈이씨의 인(暎嬪房
莊祖生母 暎嬪李氏의 印)**
조선시대
개인소장

유물에서 볼 수 있는 해태

방향
조선시대
개인 소장

편종
조선시대
개인 소장

대사헌 해태흉배
조선시대
고려대학교 박물관 소장

효소빈 나무도장
국립고궁박물관 소장

해태상
광화문

해태상
창덕궁 금천교

해태상
이후헌

여의도 국회의사당 해태

해태상
경복궁 근정전

해태상
개인 소장

해태상
경복궁

해태상
국립고궁박물관 소장

해태상
경복궁

권위와 위엄의 상징 | 사자

狮

금빛 털을 지닌 삽살개처럼 생겼는데, 여러 짐승이
이를 보면 무서워 엎드리고, 감히 쳐다보지도 못한다.
기가 질리기 때문이다. 위엄이 있고 용맹스러워서
액을 물리치는 신물(神物)로 여겼다.

쌍사자
20세기
가회민화박물관 소장

타고난 용맹성과 위엄으로 인해 백수(百獸)의 왕(王)으로 불리는 사자는 아프리카, 유럽, 서아시아, 인도 등지의 열대 초원지에 서식하는 동물이다. 한반도에 야생하지는 않았지만 사자를 형상화한 작품이 다수 남아있는 이유는 사자를 신성함과 절대적인 힘을 가진 상상의 동물로 여겼기 때문일 것이다. 또한 사자를 산예(狻猊)라고도 하는데, 위엄이 있고 용맹스러워서 신물(神物)로 여겨 왔다.

문헌상의 기록

박지원(朴趾源, 1737~1805)은 『열하일기(熱河日記)』에서 사자의 위용(威容)을 다음과 같이 묘사하였다.

> "철경록(輟耕錄)에 이르기를 나라에서 매양 여러 왕과 대신을 모아 잔치 벌이는 것을 대취회(大聚會)라 한다. 이 날은 여러 짐승을 만세산에 몰아내는데, 범, 표범, 코끼리, 곰이 나온 후 사자가 나온다. 사자는 몸이 짧고 작아서 흡사 가정에서 기르는 금빛 털을 지닌 삽살개처럼 생겼는데, 여러 짐승이 이를 보면 무서워 엎드리고, 감히 쳐다보지도 못한다. 기가 질리기 때문이다."

상징과 의미

불교에서 사자는 불법(佛法)과 진리를 수호하는 신비스런 동물로 인식되어 기원전 3세기경 불교 발생국인 인도의 아쇼카왕 석주에 사자상이 표현되기 시작하였다. 사자의 두려움 없고 모든 동물을 능히 다스리는 용맹함 때문에 부처를 인중사자(人中獅子)라 비유하기도 하고, 최고의 지혜를 상징하는 문수보살(文殊菩薩)의 수호신으로 표현되며, 대일여래(大日

괘릉의 석사자상 (보물 1427호) (좌)
통일신라시대
창녕 관룡사 북받침 (우)
조선시대

법주사 쌍사자 석등 (국보 5호)
통일신라시대

如來)가 사자 위에 앉은 모습으로 나타나기도 한다. 불교의 수호신 사자는 중국을 거쳐 우리나라에 전래되어 불상의 대좌를 비롯해 불탑, 석등, 부도(浮屠) 등 불교와 관련된 다양한 석조물에 적극 활용된다.

통일신라시대에는 중국 당나라의 능묘제도가 도입되면서 사자가 무덤을 지키는 수호상으로 나타나며 탑의 장식품이나 불교 공예품, 그리고 기와나 생활용품 등에 폭넓게 사용되었다. 대표적인 것이 통일신라시대 능묘제도(陵墓制度)의 완성을 이룬 괘릉(掛陵)의 커다란 돌사자상이다. 이 사자상은 무섭고도 부드러운 모습을 취하고 있으며 춘양교·월정교터 등의 사자상도 왕릉을 지키는 역할을 한다.

충북 보은군 속리산 법주사 쌍사자 석등은 통일신라시대의 것으로 널따란 8각의 바닥돌 위에 올려진 사자 조각 두 마리가 서로 가슴을 맞대고 뒷발로 아랫돌을 디디고 서서, 앞발과 주둥이로는 윗돌을 받치고 있는 모습이다. 사자의 목 밑으로 흘러내린 머리의 갈기가 매우 사실적으로 표현되었다. 사자 두 마리 중 하나는 입을 벌리고 있고, 다른 하나는 입을 다물고 있는데, 입을 벌린 사자는 창조와 시작을 의미하고, 입을 다문 사자는 끝과 소멸을 나타내 시작과 끝을 잇는 반야의 지혜를 상징한다고 한다.

청자사자유개향로 (국보 60호)
국립중앙박물관 소장

청자사자연적
고려시대
김종춘 소장

한편 발해는 조각에서 뛰어난 수준을 보였는데 특히 정혜공주(貞惠公主, 737~777) 묘에서 출토된 석사자상이 눈길을 끈다. 앞발에 힘을 주고 근엄하고 당당하게 앉아있는 모습이 사실적이기보다는 관념적으로 표현되었다.

고려시대에는 사자 모습을 상형(象形)한 청자가 상당수 제작되었다. 사자 모양의 청자베개를 비롯하여, 뚜껑에 사자 형상을 붙인 청자주전자 등이 남아있는데, 대표적인 것이 국보 제60호로 등록되어 있는 국립중앙박물관 소장 청자사자유개향로(靑磁獅子鈕蓋香爐)이다. 이것은 고려청자의 전성기인 12세기경에 만들어진 청자향로로 이 시기에는 비취색의 청자가 절정에 달하였으며 사자와 같이 상서로운 동물이나 식물을 본뜬 상형청자가 많이 만들어졌다.

향로의 몸체는 3개의 짐승모양을 한 다리가 떠받치고 있는데, 전면에 구름무늬가 가늘게 새겨져 있다. 몸체 윗면 가장자리에도 세 곳에 구름무늬를 배치하였다. 뚜껑은 대좌에 앉아있는 사자모양을 하고 있으며, 대좌에는 꽃무늬를 새겨 넣었다. 사자는 입을 벌린 채 한쪽 무릎을 구부린 상태에서 앞을 보고 있는 자세이며, 두 눈은 검은 점을 찍어서 표현했다. 유약의 색은 엷은 녹청색으로 광택이 은은하다. 몸체에서 피워진 향의 연기가 사자의 몸을 통하여 벌려진 입으로 내뿜도록 되어 있는데, 아름답고 단정한 모습이 이 시기 청자향로의 높은 수준을 보여주고 있다.

청자사자연적(靑磁獅子硯滴)은 생김이 해태와 유사하지만 역시 고려시대 사자형 상형 청자로, 이러한 상형연적의 파편들은 전남 강진군 대구면 사당리 요지 등에서 채집된 바 있다. 사자는 엎드려 웅크린 채 입을 꼭 다물고 머리와 시선은 앞을 주시하고 있으며, 앞발 역시 앞으로 뻗은 형상을 보여준다. 세부는 많이 간략화하였으나 동물의 표정을 익살맞게 잘 표현하고 있다.

사자 또 다른 모습 백택(白澤) | 백택은 사자의 모양을 하고 여덟 개의 눈을 가진 상상의 동물

백택기
조선시대
국립고궁박물관 소장

로 사람의 언어를 조작하고 삼라만상(森羅万象)에 통달해 재난을 피하게 해주는 영력을 가졌다. 『산해경』에 의하면 백택은 기린(麒麟)이나 봉황(鳳凰)처럼 덕이 높은 왕이 통치하면 그 모습을 드러낸다고 한다.

이러한 백택은 조선시대에 문양으로 나타났는데 민가에서 함부로 쓸 수 있는 문양이 아니었다. 현존하는 유물 가운데 왕의 서자인 제군(諸君)의 흉배와 국가적 의례행렬에 쓰인 의장기 등에서 백택의 모습이 보인다. 실존하는 동물이 아닌 상상의 동물이기 때문에 여느 상상의 동물처럼 표현하는 이에 따라서 각기 다른 모양으로 나타난다. 형태에 관계없이 덕으로 나라를 다스려 태평성대를 이루고자 하는 염원은 공통적으로 담겨 있다.

사자놀이, 산예 ㅣ 우리나라에 옛날부터 전해져 오는 놀이 가운데 '사자놀이'라 불리는 사자춤이 있다. 봉산(鳳山), 황주(黃州), 강령(康翎), 통영統營), 북청(北靑) 등에서 사자탈을 쓰고 행해지는 사자춤은, 백수의 왕인 사자의 힘을 빌어 사귀를 몰아내고 경사로움으로 마을의 평안을 유지하려는 기원이 담겨 있다.

『삼국사기(三國史記)』에 실린 최치원(崔致遠, 857~?)의 〈향악잡영(鄉樂雜詠)〉 5수 가운데 '산예(狻猊)'란 시가 있다.

대구 파계사 수미단 부분
조선시대

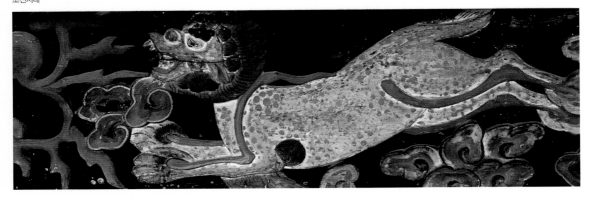

멀리 유사(流沙)를 건너 만리를 오느라,　　　　遠涉流沙萬里來

털옷은 다 해어지고 먼지를 뒤집어썼네.　　　　毛衣破盡着塵埃

머리를 흔들고 꼬리를 휘두름에 어진 덕이 배었으니,

　　　　　　　　　　　　　　　　　　搖頭掉尾馴仁德

굳센 그 기상 어찌 온갖 짐승 재주와 같을쏘냐!　雄氣寧同百獸才

이 시에 의하면 사자놀이 산예가 서역(西域)에서 전래한 것으로 보
인다. 이는 인도에서 행해지던 동물의장무(動物擬裝舞)로, 서역과 동
방 여러 나라에서 널리 성행되었다.

석사자
개인 소장

중요무형문화재 제 15호
북청사자놀음 사자 탈

유물에서 볼 수 있는 사자

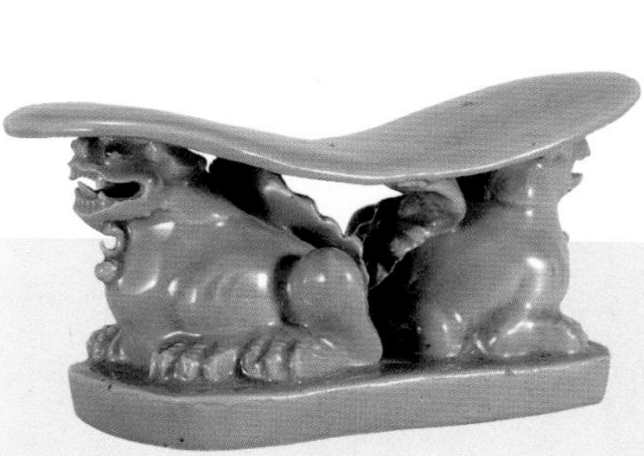

청자쌍사자베개
고려시대

청자사자장식뚜껑수주와 승반
고려시대

다보탑 사자상
신라시대

헌강왕릉 사자상
신라시대

**청룡사 보각국사 정혜원융탑 전
사자석등** (보물656호)
고려시대

회암사지 쌍사자 석등 (보물389호)
고려시대

화엄사 원통전 사자탑 (보물300호)
고려시대

영암사지 쌍사자 석등 (보물353호)
고려시대

범어사대웅전 돌계단 석사자
(보물434호)
조선시대

**화엄사 4사자
삼층석탑**
(국보 35호)
고려시대

**대안사 적인선사
조륜청정탑 기단 사자상**
(보물273호)
고려시대

사자 북받침
조선시대
통도사 성보박물관 소장

괴물의 원조 | 불가사리(不可殺伊)

곰과 비슷하나 털은 짧고 광택이 나며 뱀과 동철(銅鐵)을
먹는다. 사자머리에 코끼리 코, 소의 꼬리를 가졌으며
흑백으로 얼룩졌다. 동철을 먹는 동물인데 똥으로는
옥석(玉石)도 자를 수 있다. 그 가죽을 깔고 자면
온역(溫疫)을 피하고, 그림으로 사악한 기운을 물리칠 수
있다.

민화 백수도 8폭 병풍 부분
조선시대
개인 소장

상상의 동물 가운데 가장 기괴한 환상의 세계를 만들어낸 불가사리는 괴물에 대한 인간의 호기심을 더하는 요사한 기운을 가진 불가항력적이고도 수수께끼 같은 동물임은 틀림없다. 불가사리는 쇠를 먹으며, 악몽(惡夢)을 물리치고 사기(邪氣)와 역질(疫疾)을 좇는 것으로 알려져 있으며, 이희승의 『국어사전』에 따르면 곰의 몸에 코끼리의 코, 무소의 눈, 바늘털, 범의 꼬리를 지녔다고 설명한다.

문헌상의 기록

정약전(丁若銓, 1758~1816)의 『자산어보(玆山漁譜)』 「인충[鱗蟲]」 편에는 "바다 속에 사는 인수류(人手類)의 극피 동물은 오각형의 몸에 극모가 덮여있고 어족을 마구 잡아먹어 해친다. 식성은 탐욕스럽고 몸을 여러 조각으로 잘라도 죽지 않는다."고 기록하였다.

개 그림을 잘 그리기로 유명한 김두량(金斗樑, 1696~1763)이 그리고, 현해산인(玄海山人)이 글을 쓴 불가사리 작품에서는 "크기가 산악 같은 이름도 모르는 짐승이 코끼리 같이 뛰어왔다. 무게가 천만근 같으나, 그 걸음이 매우 빠르다."고 적고 있다.

불가사리는 중국에서 맥(貘)이라고도 하며 비슷한 상상의 동물로 맹표(猛豹), 맥표(貘豹)가 있다. 중국의 신기한 신화와 전설을 적은 『산해경(山海經)』에는 황당하리만큼 다양하고 기이한 형상의 동물들이 나타나는데 불가사리를 "곰과 비슷하나 털은 짧고 광택이 나며 뱀과 동철(銅鐵)을 먹는다."고 설명하며, "사자머리에 코끼리 코, 소의 꼬리를 가졌으며 흑백으로 얼룩졌다. 동철을 먹는 동물인데 똥으로는 옥석(玉石)도 자를 수 있다. 그 가죽을 깔고 자면 온역(瘟疫)을 피하고 그림으로는 사악한 기운을 물리칠 수 있다."고 전한다.

『광지(廣志)』에서는 "맥은 당나귀처럼 크고 빛이 창백하고 천근의 쇠를 핥아서 녹인다. 맥의 이빨과 뼈는 단단하여 철로 내리치면 쇠가

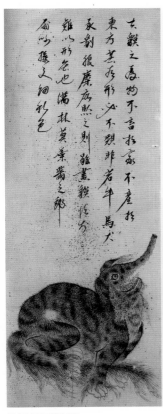

불가사리 8폭 병풍 부분
19세기
이원기 소장

부서지고 불로도 태울 수 없는데 오직 영양(羚羊)의 뿔로만 부술 수 있다." 또 "쇠를 먹는 짐승으로 안(犴), 교토(狡兎)가 있는데 털이 철처럼 검고 쇠를 먹고 물을 마시며 똥으로 만든 무기는 예리하다. 몸은 칠척이고 머리에 뿔이 하나 있으며 늙으면 비늘이 생긴다."고 하였다. 맥을 비롯한 중국의 철을 먹는 상상의 동물은 우리나라의 불가사리와 철을 먹는 것만 공통될 뿐 여러 가지 면에서 차이를 보인다. 이처럼 불가사리의 형태는 정형화되어 있지 않고 작가의 상상력에 따라 다양하고도 다변한 종류로 나타난다. 설화 같은 구비문학이나 소설에서도 지방에 따라 조금씩 차이를 보이며 현재 남아있는 이야기만 해도 20여 편이 넘는다고 한다.

이렇듯 불가사리에 대한 다양한 설명들 때문에 그림을 그리는 사람들은 저마다 어려움을 겪었던 모양이다. 불가사리 8폭 병풍에는 작가가 불가사리를 그림으로 표현하는 과정의 어려움을 기록하고 있다. "맥은 가정에서도 기르지 않고, 동방에서도 출현하지 않으며 그 모양새가 반드시 다른 동물을 닮은 데도 없어서 맥을 화폭에 담으려고 앞에서 본다 해도 형체와 색깔을 묘사하기가 어렵다."고 하였으며, "톱니 같은 이빨과 바늘 같은 털은 어디로부터 났는지 모호하다."는 내용도 나온다.

이와 같이 괴물의 형상인 불가사리의 생김새가 체계적으로 기록되어 있는 것은 없지만 설화마다 조금씩 언급되거나 문헌에 기록된 내용과 그림으로 형상화된 바를 종합하면, 몸은 곰을 닮았고 머리는 코끼리와 비슷한 것으로 정리된다. 인간의 상상력으로 만들어진 불가사리의 머리를 왜 코끼리처럼 형상화했을까? 인도에서 코끼리는 모든 짐승 가운데 전생(前生)의 일을 알고 있으며 죽음을 예상할 수 있는 슬기로운 동물로 믿고 있다. 이런 이유로 코끼리는 불교에서 숭상하고 있는데, 아마도 이와 관련된 것으로 보인다.

상징과 의미

예나 지금이나 괴물에 대한 호기심은 대중문화의 꽃이라 할 수 있을 것이다. 『송남잡지(松南雜識)』에는 "어떤 괴물이 있었는데, 쇠붙이를 거의 다 먹어버려 죽이려고 하였으나 죽일 수가 없었다. 그러므로 '불가살(不可殺)'이라고 이름 하였다. 불에 던져 넣으면 온몸이 불덩어리가 되어 인가(人家)로 날아들어 집들이 다 불에 타버렸다."는 기록도 나온다.

더욱 자세한 이야기를 살펴보면 이렇다. 고려를 지칭하는 송도(松都) 말년에 기종랑이라는 중이 있었는데, 우연히 점쟁이에게서 '아들 백 명을 낳을 상'이라는 점괘를 들었다. 그 후 그는 자식을 얻기 위해 절에 기도를 하러 오는 여인들과 관계를 맺어 아흔 아홉 명의 아이를 얻게 되었다. 중은 마지막으로 정승부인을 겁탈하려다 이를 들켜서 쫓기는 몸이 되었는데, 여동생 반야의 집에 찾아가서 숨겨달라고 부탁했으나 여동생은 오히려 오빠를 관아에 고발해 상금을 타려고 하였다. 이 사실을 안 여동생의 남편은 인륜을 저버리는 아내를 죽이고 처남인 중을 살려준다. 그 보답으로 중은 매제에게 바닥에 떨어진 밥풀을 손으로 비벼서 만든 알 수 없는 짐승을 주고 떠난다. 작은 벌레처럼 기어다니는 이 짐승은 처음엔 집 안에 있는 작은 바늘을 먹고, 젓가락, 숟가락, 가위 같은 집안의 작은 쇠붙이를 먹기 시작하더니 호미, 괭이, 솥 등과 같은 큰 쇠붙이까지 닥치는 대로 먹고 점점 자라서 결국은 온 나라 안에 있는 모든 쇠붙이를 다 먹어치워 집채덩이보다 더 큰 상상의 괴물로 변했다. 그러자 나라에서는 이 짐승을 잡으려고 온갖 방법을 동원하지만 이 짐승은 절대 죽지 않았다. 그래서 짐승의 이름은 불가사리[不可殺伊]가 되었다. 나라에서는 최후의 방법으로 불가사리를 뜨거운 불에 녹여 죽이려 했으나 불가사리는 죽지 않고 온몸에 불이 붙은 채 온 나라 안을 돌아다녀 전국이 온통 불바다가 되었다. 나라에서는 불가사리를 없애는 사람에게는 벼슬과 큰 상을 내린다는 방을 붙였다. 그러자 그 남자는 중에게서 받은 부적을 불가사리 몸에 붙였고, 불가사리는 그동안 먹은 쇠를 모두 쏟아 내놓고 사라졌다. 결국 그는 큰 벼슬을 받고 잘 살게 되었다고 한다. 이 이야기에는 인과응보(因果應報)의 종교적 색채가 담겨 있다고 볼 수 있다.

짧은 기록이지만 쇠를 먹는다는 점, 죽일 수 없다는 점, 이 때문에 인가가 불탄다는 점 등 구전설화에 등장하는 불가사리에 대한 대개의 화소(話素)들이 모두 들어 있다. 지금의 '가살불가살(可殺不可殺)'이라는 말은 이 이야기에서 나온 것이라 한다.

불가사리의 가장 큰 특징은 혼란한 시기에 세상을 개혁하려고 등장하는 영웅적 속성을 갖고 있다는 것이다. 또한 그 전승양상 속에는 철기문화의 부정심리, 호불적 존재, 부도덕한 인간의 탐욕 등 교훈적 사고가 내포되어 있으며 식성(食性)과 성장(成長), 정(情)이 나타나 있는 독특한 특징을 지닌 상상의 동물이다. 불가사리는 조선시대 후기에 더욱 다양한 내용과 형상으로 변화되어 벽사적인 축귀(逐鬼) 부적으로 나타나는데 경복궁 아미산의 굴뚝 밑부분에 새겨진 불가사리도 굴뚝을 통해 사악한 것들이 침입하는 것을 막으려는 뜻이 담겨져 있다.

경복궁 자경전담장 굴뚝에 새겨진 불가사리 부조
조선시대

산수 8폭 병풍 부분
조선시대
이두영 소장

책거리 8폭 병풍 부분
조선시대
계명대학교 박물관 소장

오색(五色) 신수(神獸) | 기린(麒麟)

鳳

이마에 뿔이 하나 돋아 있으며, 사슴의 몸에 소의 꼬리,
말과 같은 발굽과 갈기를 가지고 있는 오색(五色)의
동물이다. 성인이나 성군이 나타날 때 미리 그 조짐을 알리기
위해 나타난다.

백수도 8폭 병풍 부분
조선시대
개인 소장

기린(麒麟)은 상서로운 길조가 보일 때 나타난다는 신령스러운 네 가지 동물 사영수(四靈獸) 가운데 하나이다. 『징상기(徵祥記)』에는 '모왈기빈왈린(牡日麒牝日麟)', 즉 수컷을 기(騏), 암컷을 인(麟)이라 한다고 기록하였다. '인'에 대한 기록은 『시경(詩經)』과 『춘추(春秋)』에도 있어 기린이 먼 옛날부터 전래된 것으로 여겨진다. 기린은 상상으로 여러 가지 동물의 부분들을 떼어 하나의 새로운 동물로 합성하는 방식으로 탄생하였다. 그래서인지 시대나 국가에 따라 다양한 형태로 전해지는데 전한(前漢) 말 경방(京房)의 저서 『역전(易傳)』에 기린은 이마에 뿔이 하나 돋아 있으며, 사슴의 몸에 소의 꼬리, 말과 같은 발굽과 갈기를 가지고 있는 오색(五色)의 동물이라고 기록하고 있다.

이렇듯 물리적인 속성과 인수(仁獸)라는 정신적인 속성이 부가되면서 영수(靈獸)의 대표적인 동물로 인식되었다. 사영수 중 용(龍)은 하늘과 땅을 이어 주는 존재로 모든 동물의 우두머리이다. 봉황(鳳凰)은 날짐승의, 거북(신구, 神龜)이 개충(介蟲)의 우두머리라면, 기린은 밑짐승을 대표하는 신수(神獸)라 할 수 있다. 또한 용과 더불어 모든 신화적 동물 중 으뜸의 성스러운 짐승으로 간주됐고, 성인이나 성군이 태어날 때 미리 그 조짐을 알리기 위해 나타난다고 전해진다. 비록 예술품에서 용이나 봉황처럼 다양하게 표현되지는 않지만, 동양 미술에서 중요하게 다루어지면서 사상상(思想上)으로는 봉황과 맞먹는 자리를 지켜온 신령스러운 동물이다.

용

하늘과 땅을 이어주는 존재로
동물들의 우두머리

봉황

날짐승의 우두머리

거북

개충(介蟲)의 우두머리

기린

밑짐승을 대표하는 신수(神獸)

여러 동물들의 부분 조합 | 오늘날 우리가 생각하는 상상의 기린은 이마에 뿔이 하나 돋아 있으며 사슴 몸에 소의 꼬리, 말과 같은 발굽과 네 개의 다리 앞쪽에 화염 모양의 갈기를 달고 있는 형태로 이미 정형화되어 있다. 여러 동물의 각 부분을 조합해서 이루어진 동물들은 자칫하면 기이하고 징그러운 느낌을 불러일으키기 쉽다. 그러나 이러한 비현실적이고 기이한 형상이야말로 곧 이들이 현실 속 동물과 다른 신의 영역에 속하는 신수라는 것을 의미한다.

옛 문헌들을 보면 기린의 형상에 대해 다양하게 설명하고 있으며 미술품에서 또한 다양한 도상으로 표현된다. 그러나 기록과 도상에서 기린은 모두 뿔과 소의 꼬리를 가진 짐승으로 표현된다. 상상력에 의한 다양한 형태들이 오랜 세월에 걸쳐 여러 가지 속성이 덧붙여지고 윤색(潤色)을 거치면서 정형화된 것이다.

문헌상의 기록

2000년 발표한 이재중(李在重)의 논문「기린 도상 연구」를 통해 기린의 형태를 정리해보면 크게 세 가지로 나누어 볼 수 있다. 사슴형[鹿形] 기린, 말형[馬形] 기린, 용형(龍形) 기린이 그것이다. 사슴형 기린은 사슴의 몸에 소의 꼬리를 달고 있다. 중국의 경우 주(周)대부터 시작되었다고 하나, 제작 연대가 분명한 예는 한(漢)대부터이다. 말형 기린은 삼국시대부터 말과 사슴의 혼합형으로 나타나다가 점차 말형으로 변하며 통일신라시대에는 완전한 말의 모습으로 변한다. 용형 기린은 초기엔 사자의 몸에 용의 비늘이 그려진다. 이후 점차 사슴과 용의 결합, 말과 용의 결합, 사자와 용의 결합 등으로 변화하다가 후대로 갈수록 몸체는 완전히 용과 비슷하게 변모된다. 결국 몸만 짐승이고, 말굽만 말이지 외피는 용과 흡사한 도상이 등장하면서 조선시대에 이르러 완전한 용의 모습을 띠게 된다. 단지 구분하자면 다리가 길짐승의 다리라는 차이일 뿐이다. 그러나 소의 꼬리, 말의 발굽 등의 대표적인 특징은 여전히 남는다.

조선 세종 10년(1428)의 기록을 보면 역대 출현했던 상서로운 동물들 중 기린의 형태에 대해 논하는 기사가 실려 있다. 임금이 말하기를 "일찍이 들으니 인종황제(仁宗皇帝) 때에 기린이 산골에 나와 노니, 두 사슴은 앞에서 인도하고, 뭇 사슴이 뒤따라 다녔다 하는데, 잡지는 못하고 종이에 이를 그렸는데, 그 생김새가 매우 이상하였다 하

청자기린유개향로(青磁麒麟鈕蓋香爐) (국보 65호)
고려시대
간송미술관 소장

영수도
조선시대
계명대학교 박물관 소장

니, 이것은 상서인 것이다. 또 태종황제 때에도 기린이 들에 나온 것을 잡아 길렀다 한다." 그러자 좌대언 김자(金赭)가 "신은 듣자오니, 고라니의 몸에 쇠꼬리와 말굽과 같은 것이 있어야 기린이라 한다는데, 태종 때에 나온 기린은 그 발굽이 소와 같았다 하옵니다." 하였다. 이에 임금이 말하기를, "그렇지만 대체가 기린과 같고 몹시 기이(奇異)하게 생겼었다 하니, 이것도 기린이라고 이르는 것이 옳을 것이다." 하였다.

형태에 대한 기록이 다양한 만큼 기린의 기원(起源)에 대해서도 다양한 의견이 있다. 크게 나누어 지라프(giraffe) 기원설, 사슴 기원설이 그것이다. 먼저 지라프 기원설에 대한 이야기로는 15세기 중국 명(明)나라 영락제(朱棣) 때로 거슬러 올라간다. 환관(宦官) 정화(鄭和)가 남해 원정을 다녀와서 당시 아프리카산으로 진상한 지금의 기린(giraffe)을 보고, 영락제가 상상의 기린처럼 상서롭다고 생각해 그대로 명명한 것이라 한다.

사슴 기원설은 사슴 숭배와 관련이 깊다. 기린의 기원이 사슴 숭배에서 시작해 영수(靈獸)다운 속성이 부가(附加)되어감에 따라 지금의 형상이 자리 잡았다는 것이다. 이즈시 요시히코[出石誠彦]는 "기린은 그 기원이 사슴 숭배에서 발생하여, 거기에 사상상(思想上) 영수다운 속성이 부가되어 감에 따라 드디어는 실제의 사슴과는 무언가 달라야 할 요구에 의해 뿔이 하나로 되었고 영수로서의 속성도 결성되기에 이르렀을 것이다."고 하였다. 또한 "요약컨대, 중국 고대에 각종의 상상적 동물이 존재함은 저명한 사실인바, 이들 상상적 동물들의 한 기원은 아마도 동물 숭배사상에 있었음에 틀림없다."고 하면서, 사슴 숭배사상과 기린과의 관계를 뒷받침하고 있다. 그 탄생에 있어서도 용이 땅에서 암말과 결합하여 나왔다고 하는가 하면 소와 사슴의 짝짓기로 태어났다는 이야기도 있다.

상징과 의미

어진 성군의 출현 | 옛날부터 기린은 유독 그 정신성과 상징적 의미가 숭앙되어 온 신수였다. 고대 중국의 문헌을 보면 기린의 이마에 돋은 뿔은 사슴뿔, 소뿔처럼 높게 솟아 있고 그 끝에 둥근 살덩어리 같은 것이 달려 있는 형상으로 표현된다. 후한(後漢) 때 허신(許愼)이 쓴 『설문해자(說文解字)』에는 기린의 뿔은 한 개만 솟은 일각수이고 그 끝에 '육(肉)'이 보인다고 기록되어 있다. 기린은 또한 다른 짐승을 해치지 않는다 하여 인수(仁獸)이며 서수(瑞獸)라 하였다.

『시경(詩經)』에는 "발이 있는 것은 차기 마련이며 이마가 있는 것을 들이받기 십상이고 뿔이 있는 것은 부딪치고자 하는데, 유독 기린만은 그렇지 아니하니 이것이 그의 어진 성품이다."라고 하였다. 이 때문에 어진 성군이 이 세상에 올 때 전조를 보이는 상서로운 동물로 알려지게 되었다. 또한 『광아(廣雅)』에는 기린에 관하여 이렇게 적고 있다. "인을 머금고 의를 품고 있어 소리는 종려(鐘呂)에 들어맞고 걸음걸이는 법도에 맞으며, 살아 있는 벌레를 밟지 않고 돋아나는 풀을 꺾지 않으며 함정에 빠지지 않고 그물에 걸리지 않는다. 밝은 임금이 나타나 행동거지를 법도에 맞게 처신하면 나타나는데 털 달린 짐승 삼백육십 가지 가운데 기린이 그 우두머리가 된다." 온화하고 인자한 성질로 인해 기린이 나타나면 태평성대(太平聖代)의 징조인 길상영수(吉相靈獸)로 여겨졌고, 봉황과 마찬가지로 기린이 출현하면 세상에 성왕(聖王)이 나올 길조로 보았다.

유교(儒敎)에서는 기린이 시조(始祖) 공자(孔子)에 자주 빗대어 표현되고 유교적 덕목인 덕(德)과 인(仁)의 상징으로 여긴다. 기린은 공자의 어머니가 공자를 가졌을 때 나타나서 위대한 현인이 세상에 나온다는 것을 알게 했고 공자가 죽었을 때 전차에 치어 다침으로써 죽음도 예고했다고 한다.

일찍이 중국 전한(前漢)의 무제(武帝)가 누각을 세워 이를 '기린각

영수도 부분
조선시대
에밀레박물관 소장

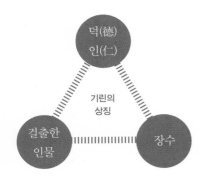

(麒麟閣)'이라고 하고, 공신 11인의 상을 각상(閣上)에 건 이래, 남아 는 국가에 공훈을 세워 자기의 화상이 기린각에 걸리는 것을 이상으 로 여기게 되었다. 이에 연유하여 쓸데없고 보람 없게 된 처지를 '성인 못 된 기린'이라는 속담으로 표현하며, 자질이 우둔하여 장래 기대 할 것이 없을 때도 '우마(牛馬)가 기린되랴.'라는 속담을 쓴다. 또한, 걸 출한 인물에 비유하여 재주와 기예가 뛰어난 젊은이를 '기린아(麒麟 兒)'라고 일컫는다.

　그 밖에도 기린은 장수의 대명사로서 자손 번창의 의미로도 사용 되며 죽음을 예고하는 등 다양한 상징성을 내포하면서 우리 문화 속 에 등장하였다.

　기린은 상서롭고 뛰어난 동물로서 신성시되어 장식무늬로도 쓰였 다. 기린은 용과 같이 청(靑)·백(白)·적(赤)·흑(黑)·황(黃)의 오색으 로 표현된다. 고구려 벽화와 통일신라시대의 암막새기와 등에 문양 으로 나타나기 시작했으며, 고려시대 동경의 뒷면에도 새겨져 있다. 조선시대에는 왕족의 흉배에서부터 건축 의장 심지어 민화에까지 다양하게 나타난다.

　조선시대 기린 도상은 크게 궁중미술과 불교미술, 마지막으로 민 화에 표현된 기린으로 나눌 수 있다. 궁중 미술의 경우 궁궐건축 장 식에서부터 흉배(胸背), 어연(御輦), 인장(印章) 등 공예품에 이르기까 지 다양한 모습을 띠고 있다. 국립중앙박물관 소장 흥선대원군 기린 흉배(興宣大院君麒麟胸背)는 대군의 기린흉배 중 유일하게 보존되어 있다는 점에서 중요한 자료다. 흥선대원군이 대궐에서 집무를 보거 나 궁중의식에 참석할 때 입었던 상복(常服)인 단령(團領)에 부착된 흉배(胸背)로서, 검은색의 사각 비단 천에 주로 금사를 사용하여 기 린무늬를 수놓았다. 특히 바람에 날리는 듯한 머리와 꼬리 등의 털, 기린의 자세 등이 구름 속을 날고 있는 것 같은 인상을 준다. 몸통의 비늘이 선명하고 입체감 있게 잘 표현되어 있으며, 전체적으로 생동 감이 넘치는 뛰어난 자수 작품이다. 기린을 중심으로 좌우상단에는

흥선대원군 기린 흉배 (중요민속자료 65호)
조선시대
국립중앙박물관 소장

기린 탄 신선
조선시대
개인 소장

기린 탄 신선
조선시대
개인 소장

운문(雲紋), 하단에는 구름, 바위, 물결 등을 배치하였다. 한편 왕릉의 앞에는 석기린(石麒麟)이 설치되기도 하였는데 현재 고종(高宗)과 순종(純宗)의 능(陵)인 홍유릉(洪裕陵)에 석기린이 남아 있다.

불교미술의 경우 단청이나 사찰벽화에 등장하는데 대표적인 예로는 통도사(通度寺) 영산전(靈山殿)과 파계사(把溪寺) 원통전(圓通殿)에 그려진 것들이 있다.

기린은 조선후기 민화에서 매우 해학적인 모습으로 표현되기도 하였다. 민화에 나타나는 기린은 도교·불교·유교 등 종교적 성격을 띠며 때로는 무속과 같은 민간신앙을 내용으로 하는 그림도 있으나 도교적 성격의 그림이 대부분이다.

민화에 나타나는 도교적 성격의 기린은 오행의 정령(精靈)으로서 하늘과 땅을 이어주는 천지교통(天地交通)의 매개체이다. 사후세계의 인도자로서 신선(神仙)들이 타고 다니는 동물로도 자주 등장한다. 여선(女仙)이 황색과 청색 기린을 타고 있는 모습을 그린 두 점의 그림을 보면, 여선은 각기 손에 정병과 물그릇을 받쳐 들고 있고 그 옆에는 동자가 뒤따르며 여선을 부채로 호위하고 있다. 여선 마고(麻姑)가 하늘로부터 내려올 때 기린을 타고 내려왔다는 기록이 있어 그림의 주인공은 마고인 것으로 여겨진다. 기린이 민화에 표현될 때 대부분 청색과 황색으로 짝을 지어 나타나는데 이 두 점의 그림도 한 작가에 의해 쌍으로 그려진 것으로 보인다.

민화에서 기린은 부귀의 상징인 모란꽃, 오동나무, 해, 구름무늬 등과 함께 표현되기도 하며 자손 번창의 의미를 강조하기 위해 암수의 기린 외에도 새끼 기린을 하나의 쌍으로 그리기도 한다. 또한 책거리 그림에 간혹 기린이 함께 그려진 경우가 있는데 유교의 태두(泰斗) 공자를 상징하는 것으로 보인다.

여러 가지 동물의 조합으로 탄생한 이러한 상상의 동물들은 완전을 열망하는 인간 꿈의 소산일 것이다.

책거리 8폭 병풍 부분
조선시대
계명대학교 박물관 소장

신선축수도
조선시대
개인 소장

제왕의 출현을 알리는 | 말

상서로운 짐승으로 천마가 나타나면 풍년이 들 징조다.
그 형상은 생김새가 개와 비슷한데 몸은 희고 머리는
검은 색이며 등에 날개가 달려 있는데 사람을 보면 바로
날아오른다.

천마기
조선시대
국립고궁박물관 소장

문헌상의 기록

행운과 신성함의 상징, 이를 가진 자가 원하고 바라는 모든 것을 이뤄준다는 주옥(珠玉), 여의주(如意珠)를 잡기 위해 달려가는 천마(天馬)는 하늘과 교통하는 신성한 영물이다. 고대 탄생설화를 보면 말의 울음소리에 인간이 태어나기도 하고, 사람이 죽어 저승에 갈 때 저승사자와 함께 말을 타고 가기도 한다. 또 주몽이 말을 타고 땅 속을 통해 조천석(朝天石)으로 나아가 승천했다는 신화를 통해서도 말은 초자연적 세계와 감응하는 영적 동물인 동시에 인간과 함께 평화롭고 자연스럽게 살아온 불가분의 동물임을 알 수 있다.

"옛날 진한 땅에는 여섯 마을이 있었다. 기원전 69년 3월, 여섯 촌의 우두머리들이 각각 자제들을 데리고 다 함께 알천 둑 위에 모여 임금을 모시고 나라를 창건하는 일에 대해 의논하고 있었다. 그리고 높은 산에 올라 사방을 둘러보니 우물가에서 이상한 기운이 번개처럼 땅에 드리워 있는 것이 눈에 띄었다. 자세히 보니 흰 말 한 필이 자주색 알 앞에 꿇어 앉아 있었고, 사람들이 그리로 달려가 보니 자줏빛의 큰 알 하나가 놓여 있었다. 말은 사람을 보자 울음소리를 길게 뽑으면서 하늘로 올라갔다. 사람들은 깜짝 놀라 그 알을 조심스럽게 쪼개 보았다. 알에서 나온 아이의 몸에서는 광채가 났고 새와 짐승

**경북 청송 주왕산
대전사의 천마도**
조선시대

청동제 말
고려시대
개인 소장

토제말
조선시대
개인 소장

들이 모여 춤을 추고 천지가 진동하며 해와 달이 맑고 밝게 빛났다. 그래서 그 아이의 이름을 혁거세왕(赫居世王)이라 했는데, 이는 세상을 밝게 다스린다는 말이다."

박혁거세 신화 속에 등장되는 흰 말의 내용이다.

"부여의 왕 해부루(解夫婁)는 슬하에 아들이 없어 산천에 정성을 다해 제사를 지내던 어느 날 곤연(鯤淵)이라는 곳에 이르렀는데, 갑자기 타고 있던 말이 큰 돌 앞에서 눈물을 흘렸다. 이상하게 여겨 돌을 굴려 보니 그 곳에서 금빛을 두른 개구리 형상의 아이가 나왔다. 왕은 이를 하늘이 내린 축복이라 여기고 그 아이의 이름을 금와(金蛙)라 짓고 정성을 다해 길렀다. 이후 금와는 자라서 태자가 되었고, 해부루가 죽은 뒤에 왕위를 계승했다."

금와왕(金蛙王) 신화 속에 등장하는 내용이다.

상징과 의미

우리는 신령스러운 말이 등장하는 신화를 통해 건국 당시 사람들의 생활풍습을 알 수 있다. 위의 신화에서 보듯, 말은 단순한 가축이 아닌 꿈속 상상의 동물이면서 공상(空想)과 환상(幻想)이 수놓아져 있는 또 다른 세계에 존재했음을 알 수 있다. 인간에게 중요한 가축의 하나로 전 세계에서 널리 사육되고 있는 말은 과거에 인간의 식량을 위한 사냥의 대상이었으나 점차 용감한 군마(軍馬)나 밭갈이에 이용되고 최근에는 주로 승용(乘用)이나 스포츠용으로 이용되고 있다.

우리가 흔히 말발굽으로 부르는 '편자'를 발견하면 행운이 온다는 서양 속담도 있다. 이는 사람을 밟고 지나가지 않는 말의 습성 때문에 말편자는 액운을 막고 복을 가져다주는 행운의 상징물로 여겨진 데서 유래했다. 심지어 말발굽을 집안에 걸어두거나 차에 놓아두면 복을 불러들이고 사고를 방지한다고 여기며 말발굽을 행운의 부적과 같이 믿기도 하였다. 말발굽은 거는 방향에 따라서도 그 의미가 조금씩 다른데 일반적으로 아래(∩)로 걸면 액운을 쫓고 위(∪)로 걸면 복을 담는 신비한 물건으로 여겨 소중하게 간직하였다.

말을 기르는 사람들은 마왕(馬王)에게 제사를 지내고, 말 형상의 장식품도 지니고 다닌다. 지금은 사라진 몽골인의 변발(辮髮) 풍습도 말을 숭배하는 마음에서 말꼬리 모양을 본뜬 것이라고 한다. 이렇듯 동양에서 말은 제왕 출현의 징표였고, 초자연적 세계와 교류하는 신성한 동물로 여겨졌던 것이다.

한편 말은 역경(易經)의 팔괘 중에서 건괘(乾卦)의 상징동물로 하늘에 해당된다. 말 가운데 특히 흰말을 신성시하였고, 날개 달린 천마는 신이 하늘을 달릴 때 타는 것으로 믿고 있었다. 때문에 말은 새와 함께 승천하는 영혼의 조력자임을 상징하기도 한다. 이 가운데 천마총에 그려진 천마(天馬)와 고구려 장천1호 고분에 그려진 천공(天空)을 날며 구름 위를 힘차게 달리는 백마(白馬), 그리고 신라와 가야 고분에서 많이 출토되는 의식용 말(馬)모양 토기와 토우 등이 이러한 관념 즉, 피장자의 영혼을 싣고 승천(昇天)한다고 믿는 상징성을 띠고 죽음이 환생(還生)으로 이어진다고 믿어 부장(副葬)되었던 것이다.

하늘과 통하는 신성한 영물, 천마(天馬) | 『산해경(山海經)』에 따르면 말 중에서도 천마는 하늘을 날 수 있는 상서로운 짐승으로 알려져, 이 동물이 나타나면 풍년이 들 징조라고 기록하고 있다. 그 형상은 생김새가 개와 비슷하며 몸은 희고 머리는 검은 색이며 등에 날개가 달려 있는데, 사람을 보면 바로 날아오른다고 했다. 또한 천상의 신령한 짐승인 천마는 사슴 머리에 용의 몸을 하고 있는데, 하늘에 있을 때는 구진[句陳, 등사와 함께 방위(方位)의 중앙을 지킨다고 하는 신령(神靈)]이고 땅에 있을

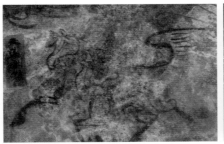

때만 천마라고 하였다.

우리나라에서 천마도가 그려지기 시작한 것은 일찍이 고구려 고분벽화에서 찾아볼 수 있다. 덕흥리 벽화고분에 큰 날개를 활짝 펴고 허공을 달리는 천마도는 오랜 세월 풍상을 겪어 선명하지 못하다. 하지만 천장(天障)에 나타난 말 옆에 '천마지상(天馬之像)'이라고 쓰여 있어 천마도임을 확실히 뒷받침해준다. 고구려 고분 축조에 활용된 말각조정(抹角藻井) 양식이 서역에서 건너온 것처럼 천마 역시 서역에서 전래된 것으로 알려져 있는데, 하늘을 향해 솟아오른 말꼬리는 힘차게 휘날리고 네 개의 말발굽 역시 빠른 속도로 달려 속도감을 더해준다.

우리에게 가장 친숙한 경주 황남동 천마총에서 출토된 천마도(국보 207호)는 말이 진흙길을 달려갈 때 말 탄 사람의 발에 진흙이 튀지 않도록 말의 배 부분에 대는 '장니(障泥)'라는 말 장식에 그려졌다. 이 장니는 자작나무 껍질로 만들었으며 외곽에 인동당초문(忍冬唐草紋)을 채색하고 말의 몸 곳곳에 반달형 무늬를 표현했다. 이후 천마 그림은 여러 곳에서 나타나는데, 특히 장례와 관련된 곳이 많아 죽은 이의 영혼을 하늘로 실어 나른다는 옛사람들의 생각을 고스란히 담고 있다.

최근 들어 천마총의 천마도를 말이 아닌 기린으로 보는 견해가 있다. 특히 머리 부분의 뿔과 꼬리 부분 때문에 그러한 경향이 나타나고 있는데, 보존처리를 위해 적외선 촬영에서 드러난 이 부분은 말갈기

도제기마인물상 (국보 91호)
신라시대
국립중앙박물관 소장

를 돌돌 말아 올려 뿔처럼 보인 것으로 생각된다. 또한 삼국시대 제작된 기마인물형 토기에도 머리 부분에 뿔처럼 보이는 말갈기가 남아있다. 하지만 통일신라시대 탑비(塔碑)의 귀부(龜趺)에도 이 같은 형태가 남아 있어 천마도를 기린으로 보는 견해는 무리가 있다고 본다.

천마도의 천마나 기마인물형 토우 역시 사자(死者)에게 이승과 저승을 연결해주는 신령스런 상상의 동물로 나타난 것이다. 이는 조선시대 상여에 붙은 꼭두나 천도제에 말 그림과 콩, 여물을 의식용으로 사용하는 것과 같은 의미이다.

참고로 중국의 병아(駢雅)에서는 환소(膭疏)라는 외뿔 달린 말이 화재를 막아주는 기이한 동물로 등장하는데 이 뿔로 돌을 갈 수 있다고 하였다. 또한 휴(驨)라고도 불리는 소도 아니고 말도 아닌 발마라는 외뿔 짐승이 있다고 하는데 이처럼 외뿔 달린 말 또한 상상의 동물 가운데 하나로 볼 수 있다.

조선 세종 27년 상서문에 "천일(天一), 태을(太乙)은 부귀의 본원이고 천록(天祿), 천마(天馬)는 부귀의 임용(任用)이라고 한다."는 내용에서 보면 천마는 신비주의적인 역할은 물론 조선시대에서는 인간 최고의 바람인 부귀의 상징이었음을 알 수 있다.

주왕산 대전사에 있는 천마그림 역시 천마총의 천마도와 그 모양새가 유사하다. 두 눈을 부릅뜨고 화염모양의 갈기를 몸에 지닌 말이 화려한 광채가 빛나는 여의주를 향해 힘차게 달려가는 모습은 행운과 부를 누리고자 하는 소원을 향해 나아가는 것처럼 보인다. 이러한 그림의 경우 잘 알아볼 수 없게 작은 글씨로 발원자(發願者)의 이름이 쓰여 있다.

신마(神馬) | 천마와 비슷한 상상 속의 말로 신마가 있다. 이색(李穡, 1328~1396)의 『목은집(牧隱集)』 제 7권에서 천마는 천년을 산다는 비황(飛皇)이라고도 하며, 천자(天子)의 거가(車駕, 임금이 타는 수레)에 채워지는 말이라고 하였다. 『산해경(山海經)』에 보면 기굉국(奇肱國), 혹 기고국(奇股國)의

신마, 백납병도 부분
20세기
조선민화박물관 소장

사람들은 항상 '길양(吉良)'이라고 하는 신마(神馬)를 타고 다니는데 이 말은 흰 바탕에 무늬가 있고 말갈기는 붉으며 두 눈은 황금빛이 난다고 한다. 전하는 바에 따르면 길양(吉良)을 탄 사람은 천년을 살 수 있다고 기록하고 있다.

또 옛날 중국 황하에서는 어느 날 갑자기 하늘에서 마른벼락이 내리면서 강물이 용트림하듯 끓어올랐다. 잠시 후 신기한 신마(神馬) 한 마리가 황하를 박차고 뛰어나왔는데, 머리는 용이고 몸체는 말의 모습으로 참으로 희귀한 신물(神物)이었다. 그때 강 언덕을 한가로이 배회하던 한 사내가 불현듯 타보고 싶은 충동에 안장도 고삐도 없이 이 말에 올라탔고, 바람처럼 달려 집으로 돌아왔다. 집에 도착한 사내가 자세히 보니 말 등에는 이상하게 생긴 반점이 찍혀 있었다. 신기하게 여긴 사내는 말 등의 반점에 먹을 칠한 후 널빤지를 대고 찍어보았다. 그림에는 심오한 우주의 이치가 함축되어 있었는데 이를 황하에서 나온 그림이라 하여 '하도(河圖)'라 칭하였다. 조선민화박물관 소장의 백납도 병풍에 있는 신마도는 파도치듯 출렁이는 물 위를 힘차게 뛰는 모습으로 등에 있는 규칙적으로 반복된 문양이 하도를 상징적으로 표현한 것으로 보인다.

地, 재앙이 출현을 알리는 말

한편 도교적 사상과 민속적 용신앙의 복합 성격으로 발생된 신마 부적이 있다. 천록(天祿), 벽사(辟邪) 등의 길상행복을 염원하는 부적으로 신마(神馬)는 용마(龍馬)와 같은 성격을 띠고 있는데, 인간사에 얽힌 불길한 여러 가지 액운들을 막아주고 지켜주는 선신(善神) 역할도 한다고 믿었다. 이 부적에 나타난 신마 역시 날개를 펴고 날아가는 표현이 현실적으로는 도저히 이해되지 않는 상상을 표현한 것이다. 그러나 신마의 신통함이 능히 위력이 있음을 상상케 하고 믿게 하는 관념에서 표현한 것으로 보인다.

이와 비슷한 부적으로 가회민화박물관 소장의 말 부적이 있다. 목판 위에 경면주사(鏡面朱沙)로 찍어낸 이 신마 부적은 앞서 보이는 신마처럼 날개를 가지고 있지는 않다. 수호와 벽사의 의미를 지닌 신마의 영적 능력 특성상 부적이 유행한 조선후기에 판화로 제작하여 일반인들에게 보편적으로 보급된 부적으로 보인다. 무신도에 등장하는 날개 달린 말 역시 같은 의미로 그려진 것이다.

우리 민족이 날개 달린 말 그림이 그려져 있는 부적을 퇴액진복부(退厄進福符)·신마부(神馬符)로 불렀다는 사실에서도 말의 상징적 의미를 읽을 수 있다. 신라와 가야의 마각(馬刻)·마형(馬形)·기마형(騎馬形) 고분유물과 고구려 고분벽화의 각종 말 그림에서는 말이 이승과 저승을 잇는 영매체(靈媒體)로서 피장자와 영혼이 타고 저 세상으로 가는 동물로 이해된다. 말이 그려진 토기, 토우, 천마도는 그 표현

김유신 묘 납석제 12지신상 중 말
신라시대

신마부적
20세기
개인 소장

방법이 다를지 몰라도 그것이 지니고 있는 의장과 사상은 다 같은 것이다.

그림뿐 아니라 조각상 등에도 말의 형상은 종종 나타난다. 건물의 추녀마루 위에 있는 잡상 등이 그러하다. 중국에서 유래한 잡상은 여러 가지 설이 있지만, 가장 보편적으로 알려진 것은 당태종이 밤마다 꿈속에 나타나는 귀신을 막기 위해 지붕 위에 보초를 서게 했다는 설에서 유래한다. 또 하나는 황제가 꿈속에 귀신이 나타나 자신에게 기왓장을 던지며 괴롭히자 이를 물리치기 위해 지붕에 얹은 기왓장 위에 이 같은 수호상을 만들었다는 이야기도 있다. 때문에 중국의 잡상들은 대부분 중국 신화에 나오는 상서로운 상상의 동물들로 이루어져 있다.

잡상은 중국이나 우리나라에서 그 종류와 배열 순서가 거의 정해져 있는데, 중국에서 가장 큰 궁궐건물인 북경의 자금성 태화전에는 10개의 잡상이 있는 것으로 유명하다. 이 가운데 주목할 만한 것이 천마(天馬)와 해마(海馬)이다. 태화전을 비롯한 부속건물에는 맨 앞에 봉황을 탄 선인을 선두로 용(龍), 봉황(鳳凰), 사자(獅子), 천마(天馬), 해마(海馬) 등을 배치해 수호신으로의 역할을 충실히 했음을 보여준다.

바다와 통하는 영물, 해마(海馬) | 해마는 수마(水馬)라고도 불리는 신령하고 상서로운 짐승으로 용의 정령(精靈)이며 신마라고도 부른다. 생김새는 말처럼 생겼고, 앞다리에 무늬가 있으며 소의 꼬리가 달려 있다고 『산해경』「북산경(北山經)」에 전한다. 해마는 육지가 아닌 바다에서 살아간다. 이 동물은 또한 달이 뜨지 않는 밤에 바람이 암말의 냄새를 실어올 때만 땅을 밟는다고 한다.

아라비아 문헌에는 "해마는 지상에서 사는 말과 똑같이 생겼다. 갈기와 꼬리가 조금 더 길 뿐이다. 또한 윤기 흐르는 색채를 띠고 있다. 말굽은 들소와 비슷하게 생겼고, 키는 지상에 사는 말보다도 작으며 당나귀보다 조금 큰 정도이다. 바다에 사는 말과 지상에서 사는 말을 교배시키면 정말 아름다운 망아지가 생겨난다. 가무잡잡한 털이 난 망아지는 은조각을 뿌려놓은 듯한 얼룩이 있다."고 기록하고 있다.

한편 18세기 중국의 여행자인 왕대해(王大海)에 따르면 "해마는 주로 암컷을 찾아 바닷가에 모습을 드러내는데, 때로 사람들은 해마를 붙잡기도 한다. 그것의 털은 칠흑같이 검고 윤기가 흐르며 꼬리는 길어서 땅을 쓸고 다닐 정도이다. 육지에서는 다른 말들처럼 걸어다니며 무척 순한 동물이다. 그리고 하루에 수백 마일을 달릴 수 있다. 하지만 해마를 강에서 목욕시키면 안 된다. 물을 보자마자 해마는 옛 성격을 되찾아서 수영을 하여 멀리 사라져버린다."고 말한다. 이들을 종합해보면, 해마는 꼬리가 좀 더 길 뿐 대체적으로 신마나 천마 등과 유사한 형태를 하고 있는 것으로 보인다. 단지 천마가 황제의 권위와 덕이 하늘과 바다에 이른다는 뜻으로 만들어진 상상의 동물이라면 해마는 바다에 이른다는 뜻으로 표현한 것이 아닐까 생각한다.

민간에서도 말을 수호신의 사자로 여겨 쇠나 나무로 말 모양을 만들어 수호신으로 삼기도 하였다. 흙으로 말 형상을 빚어 마을 입구 땅 속에 묻어두면 말의 능력으로 그 마을을 수호한다고 믿었다. 무신도에 나오는 장군들은 백마와 적토마를 타고 등장한다. 비록 날개나 화염문(火焰文) 같은 갈기는 없지만 신성한 의미를 상징하는 백색이나 재앙과 악귀를 물리치는 벽사적 의미를 지닌 붉은색을 등장시켜 말을 더욱 신성화하고 있다. 또한 조선시대가 되면 대부분의 그림에 장생(長生)의 의미를 부여한 것처럼 천마 역시 신선들과 함께 그려지며 장수를 상징하는 말(馬)로 정착되었음을 알 수 있다.

이렇듯 말이 지닌 상징성은 앞 시기 무덤에서 승천의 상징물로 사용되던 새(鳥)를 대신해 삼국시대부터 유행했으며, 이후 사회적으로 유용한 도구로서의 기능과 더불어 인간의 기원을 담은 다양한 상징적 기능을 가지고 있었음을 알 수 있다.

신선 축수도
조선시대
신라방 소장

한라산을 지키는 신선 | 백록(白鹿)

사슴이 천년을 살면 청록(靑鹿)이 되고, 다시 오백 년을 더 살면 백록(白鹿)이 되며, 또 오백 년을 더 살면 흑록(黑鹿)이 된다. 장생(長生), 영생(永生)을 상징하며, 지상과 천상을 연결하는 영적인 동물로 여겨지기도 했다.

도석 인물화 8폭 병풍 부분
조선시대
계명대학교 박물관 소장

우리 조상들은 백호(白虎)처럼, 하얀 사슴 곧 백록(白鹿)도 신록(神鹿)이라 하여 신성하고 길한 징조로 생각하였다.

사슴은 십장생 중의 하나로 장생(長生), 영생(永生)을 상징한다. 이는 사슴을 대지의 동물로 믿었기 때문이다. 사슴뿔은 나뭇가지 모양을 하고, 돋아났다가 떨어지고 다시 돋아난다. 이러한 순환은 나무의 순환과 일치하는 것이다. 사슴을 머리에 나무를 돋게 하여 키울 수 있는 능력을 지닌 영물(靈物)로 여긴 이유이다.

문헌상의 기록

조선 명종 21년(1566)에 중국 북경에 다녀온 성절사(聖節使) 박계현(朴啓賢)이 왕에게 다음과 같이 보고한 기록이 있다. "영화왕(永和王)이 황상에게 백록(白鹿)을 바치자 신하들이 이를 황상(皇上)의 명이 길 징조라고 축하하였습니다." 사슴 자체가 장수를 상징하는데 백록은 더한 의미를 지니는 것이다. 사슴이 천년을 살면 청록(靑鹿)이 되고, 오백 년을 더 살면 백록(白鹿)이 되며, 또 오백 년을 더 살면 흑록(黑鹿)이 된다고 한다.

백록은 그 신성함으로 지상과 천상을 연결하는 영적인 동물로 여겨지기도 했다. 고려의 문신 이규보(李奎報, 1168~1241)의 『동국이상국집(東國李相國集)』에 의하면 동명왕(東明王, BC 58 ~ BC 19)이 고구려를 건국하고 이웃인 송양왕(松讓王)의 비류국(沸流國)을 합병하려고 할 때, 백록을 잡아 나무에 거꾸로 매달고 하늘에 비를 내려달라고 기원하자 사슴의 울음소리를 듣고 천제(天帝)가 비를 내렸다고 한다. 비류국은 삽시간에 물바다가 되었고, 송양왕과 그의 백성들은 동명왕에게 항복하였다.

상징과 의미

제주도 한가운데 우뚝 솟은 한라산 꼭대기의 화구호(火口湖)인 백록담(白鹿潭)은 이름 그대로 그 유래가 백록과 관련이 깊다. 유래에 대해서 여러 가지 이야기가 구전되는데, 옛날 선인들이 이곳에서 백록으로 담근 술을 마셨다는 전설이 있다. 그리고 신선이 한라산에서 백록을 타고 놀다가 백록이 물을 마시던 못이라는 이야기도 대표적이다. 한라산은 예로부터 신선들이 사는 신령스러운 산으로 여겨져 사람이 반쯤 오르면 순식간에 안개가 끼는데, 더 이상 오를 수 없도록 신선이 조화를 부린 것이라 생각했다.

백록담의 다른 전설에서도 백록은 빠지지 않는다. 옛날 한라산 기슭에 한 젊은 사냥꾼이 살았는데 아픈 어머니를 위해 사냥을 나갔다가 백록을 보게 되었다. 백록을 향해 활을 쏘는 순간 어디선가 백발의 노인이 나타나 사슴을 데리고 사라졌다. 허탈하게 서 있는 사냥꾼 앞으로 백발의 노인이 다시 나타나 백록은 한라산을 지키는 산신이며 백록을 죽였다면 큰 화를 입었을 것이라 호통을 쳤다.

사냥꾼은 어쩔 수 없었던 상황을 노인에게 설명하였다. 노인은 바로 옆에 있는 연못의 물을 떠다 어머니께 드리면 나을 것이라고 말했다. 노인의 말대로 연못의 물을 떠다 어머니께 드렸더니 놀랍게도 어머니의 병이 말끔히 나았다. 이후 사람들은 이 연못을 백록담이라고 불렀다고 한다.

백록담은 본래 하늘에서 선녀들이 내려와 목욕을 하던 곳이라는 이야기도 있다. 이 때문에 한라산 산신령은 선녀들이 내려와 목욕을 하는 복날이 되면 자리를 피해주곤 하였는데, 하루는 산신령이 미처 자리를 피하지 못하고 선녀의 목욕하는 모습을 보게 되었다. 산신령은 그 아름다운 모습을 바라보다 그만 선녀들에게 들켜버렸고, 이 사실이 옥황상제에게 알려져 옥황상제는 산신령을 흰 사슴, 즉 백록으로 변하게 하였다는 것이다. 그 후 매년 복날이 되면 흰 사슴이 한

수성노인도
조선시대
에밀레박물관 소장

장생도
18세기
국립중앙박물관 소장

라산 못에 나타나 슬피 울었기에 사람들은 이 못을 백록담이라고 불렀다고도 한다. 앞의 두 이야기 모두 한라산을 지키는 산신이 있었고, 그 산신이 백록이라는 공통점이 있다.

이처럼 백록은 신선으로 대변되거나 호랑이와 더불어 신선의 탈것으로 생각되어 신선도(神仙圖), 장생도(長生圖) 등의 그림에 나오기도 하였다.

〈수성노인도〉는 흰 옷을 입은 수성노인이 손에 천도복숭아를 들고 청록을 타고 있는 모습이다. 수성(壽星)은 남극성, 삼신, 8월의 신으로 불리며 인간의 수명을 맡고 장수를 상징한다. 덥수룩한 흰 수염에 정수리가 위로 길게 솟아 있어 머리의 길이가 몸의 길이와 같을 정도로 기이한 형상을 하고 있다. 수성 노인은 보통 장수의 상징인 학이나 사슴을 타고 손에는 천도복숭아, 불로초를 들고 있으므로 쉽게 알아 볼 수 있다. 수성노인도는 주로 회갑(回甲)이나 희수(稀壽)의 선물용으로 그려졌다.

〈추재장생도(秋齋長生圖)〉는 화원풍의 장생도로 소나무, 복숭아, 불로초, 바위 등의 장생물과 함께 한 무리의 사슴이 그려져 있다. 숫사슴 두 마리에 암사슴 한 마리 그리고 아기 사슴 두 마리가 조화롭게 배치되어 있다. 다섯 마리의 사슴 중 백록이 등장하는데 〈추재장생도〉 외에도 백록이 다른 사슴들과 무리 지어 있는 장생도가 다수 남아 있다. 장생도, 수성노인도 모두 장수를 상징하는 사슴을 백록과 함께 또는 백록으로 표현함으로써 더 나은 삶을 바라는 선조들의 마음을 담은 것으로 여겨진다.

도둑을 지키는 벽사(辟邪)용 영수(靈獸) |
천구(天狗)

액(厄)을 막아주고 죽은 이의 영혼을 저승으로 인도해 주는 길잡이로 여겼으며, 작고 야무진 체구와 온 몸의 털 때문에 눈, 코, 귀도 구별이 가지 않는다. 그러나 귀신의 소리와 움직임을 볼 수 있을 만큼 예민한 청각과 후각이 고도로 발달되었다.

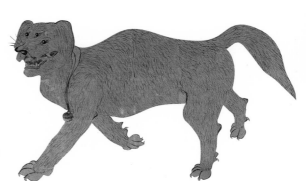

세눈박이 개
20세기
개인 소장

지구상의 수많은 동물 중 인간과 가장 밀접한 관계를 유지하며 살아오고 있는 동물이 '개(狗)'임은 더 말할 나위 없다. 개는 견공(犬公)으로 융숭한 대접을 받는가 하면, 때론 개보다도 못한 인간이라는 표현처럼 반대의 경우도 있다.

문헌상의 기록

현실 속의 개는 오랜 시간 인간과 함께 생사고락(生死苦樂) 하면서 때로는 위대한 존재로 자리 잡았고, 신령스런 능력까지 더해져 상상의 동물로 점점 발전하였다. 옛사람들은 개가 액(厄)을 막고 죽은 이의 영혼을 저승으로 인도해 주는 길잡이라고 생각했다. 『동국세시기(東國歲時記)』에는 새해가 되면 부적으로 개 그림을 그려 곳간 문에 붙였다는 습속이 전한다. 십이지의 열한 번째 동물이기도 한 개는 우리 문화 곳곳에서 발견된다. 우리 선조들은 개를 의인화시켜 개의 형태를 오륜(五倫)에 비유하기도 했는데, 때문에 개에게도 사람과 같이 오륜이 있다.

주인에게 덤비지 않는 것〈불범기주(不犯基主) = 군신유의(君臣有義)〉, 큰 개에게 작은 개가 덤비지 않는 것〈불범기장(不犯基長) = 장유유서(長幼有序)〉, 아비의 털빛을 새끼가 닮은 것〈부색자색(父色子色) = 부자유친(父子有親)〉, 때가 아니면 어울리지 않는 것〈유시유정(有時有情) = 부부유별(夫婦有別)〉 한 마리가 짖으면 온 동네의 개가 다 짖는 것〈일폐군폐(一吠群吠) = 붕우유신(朋友有信)〉 등이다. 이 같은 오륜은 어디까지나 유교를 숭상하던 우리 민족의 윤리인데, 개의 행동에 이러한 의미를 부여한 것은 개를 다른 동물과 차별화함으로서 높은 기대감을 표현한 것이 아닌가 싶다. 이는 서양에서의 개의 위치와 크게 대조되는 것이다.

개의 오륜(五倫)

주인에게 덤비지 않는 것
불범기주(不犯基主) = 군신유의(君臣有義)

큰 개에게 작은 개가 덤비지 않는 것
불범기장(不犯基長) = 장유유서(長幼有序)

아비의 털빛을 새끼가 닮은 것
부색자색(父色子色) = 부자유친(父子有親)

때가 아니면 어울리지 않는 것
유시유정(有時有情) = 부부유별(夫婦有別)

한 마리가 짖으면 온 동네의 개가 다 짖는 것
일폐군폐(一吠群吠) = 붕우유신(朋友有信)

상징과 의미

세눈박이, 네눈박이 개 | 민화 가운데 벽사적 성격을 띤 네눈박이 또는 세눈박이 개를 부적처럼 그린 그림이 있다. 이러한 모습의 개 이야기는 전생에 사람이었던 자가 개로 환생하여 삼목대왕(三目大王)으로 대우를 받는다는 불교 설화에 나타난다.

고려시대에 합천(陝川) 땅에 이거인(李居仁)이라는 사람이 살고 있었다. 그 사람은 가진 재산은 없었지만 청렴결백하고 정직하며 착하기만 한 사람이었다. 그러던 어느 날 밤길을 가다 어두컴컴한 고갯마루에서 짐승 한 마리와 마주쳤다. 놀란 거인이 자세히 살펴보니 누런 털에 검은 줄이 있는 것이 호랑이와 비슷한데 귀와 머리 모양은 개와 같았다. 이상하기도 했지만 더 섬뜩한 것은 파랗게 번쩍이는 눈이 세 개나 되었기 때문에 거인은 등줄기에 땀이 주르륵 흘렀다. 집에까지 따라온 그 개에게 거인은 용기를 내어 몽둥이를 휘저으며 내쫓았으나 그 자리에 앉은 채 꼼짝도 하지 않고 오히려 개 짖는 소리로 짖어대었다. 하는 수 없이 거인은 개의 이름을 삼목구(三目狗)라 짓고 기르기 시작했다.

삼목구는 주인에게 매우 충실했으며 사납고 용감하였다. 그러던 어느 해에는 병들지도 않았는데 밥도 먹지 않다가 며칠 만에 죽어버렸다. 거인은 불쌍하게 생각하며 관을 짜서 깨끗하고 양지바른 곳에 묻어주고 제문을 지어 슬픔을 달래기도 했다. 그 후, 3년이 지난 겨울 어느 날 갑자기 거인 역시 죽고 말았다.

저승으로 간 거인은 사자가 이끄는 대로 어느 지옥나라의 대궐에 끌려 들어갔다. 그런데 갑자기 대왕이 아래로 내려와 거인의 손을 잡으며 반가이 말했다. "주인님, 어찌하여 여기에 오셨습니까? 내가 세상에 귀양갔을 때 3년 동안 주인님 집에서 신세를 졌습니다. 귀양살이가 끝나 이렇게 돌아왔지만 주인님의 은혜를 잊은 적이 없습니다."

귀신잡는 개
20세기
가회민화박물관 소장

이 대왕은 바로 자기가 기르던 삼목구(三目狗), 삼목대왕(三目大王)이었던 것이다. 그리고 거인은 염라대왕에게 가서 팔만대장경을 새겨 널리 전하고 포교하면 많은 중생을 구할 수 있을텐데 이를 이루지 못하고 온 것이 안타깝다고 하자 염라대왕은 거인을 다시 이승으로 보내 그 일을 하게 했다

오늘날까지 전해지는 이러한 전설의 영향으로 불교에서는 개고기를 멀리한다. 개는 눈과 눈 사이가 멀어 넓게 본다고 하는데, 어둠에서도 더욱 잘 보이도록 하고 싶은 마음이 무의식 가운데 나타나 네 눈이나 세눈박이 개를 그렸던 것이다. 그림과 같이 전형적인 한국 토종개의 모습에 목에는 검은 방울을 달고 있는 벽사용 네눈박이 개를 그렸다. 접은 흔적이 있는 것으로 보아 부적처럼 지니고 다녔던 것으로 여겨진다.

당삼목구(唐三目狗)와 유사하게 쓰이는 신령스런 동물로 삼족구(三足狗)가 있다. 삼족구는 둔갑한 여우를 알아보고 죽일 수 있다는 신성한 동물인데, 태양에만 존재한다는 상상의 새인 삼족오보다 우리와 훨씬 더 가까운 동물이다. 우리문화에서는 이처럼 삼(三)을 강조하는 이유는 무엇일까? 남성을 상징하는 '1'과 여성을 상징하는 '2'가 합해지면 '3'이 되는데 이는 생명의 탄생을 의미하는 완전한 수로 여겨진다고 한다. 이러한 이유로 삼목구, 삼족구 등을 탄생시켜 우리에게 신성함을 강조했던 것이다.

전 세계 300여 종의 개 가운데는 싸움 잘하는 개를 비롯해 도둑·사냥·운반·애완 등 특수 용도의 유명한 개가 사람들의 욕심에 따라 인위적으로 개량되고 있다. 이 중 귀신 쫓는 개로 알려진 삽살개는 '신선 개'·'귀신 잡는 개'·'삽사리'·'하늘 개'로도 불리는데 이 개 근처에는 귀신이 얼씬도 못한다고 믿어 왔다. 이미 신라시대부터 있었다는 기록과 함께 우리말의 '삽'은 없앤다, 또는 쫓는다의 의미이고 '살(煞)'은 귀신 또는 액운으로 풀이된다. 수천, 수백 년 동안 우리의

당삼목구(唐三目狗) (상)
20세기
가회민화박물관 소장
귀신잡는 개 (하)
20세기
개인 소장

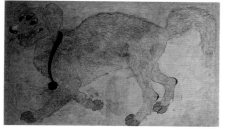

자연 환경 속에서 함께 적응하고 터 잡아 온 토종 삽살개는 어려서 길들여진 주인에게 한 번 정을 주면 더없이 충직하게 목숨을 걸고 복종하는 형이다. 일반적인 개에 비해 작고 야무진 체구에, 온몸의 털 때문에 눈, 코, 귀도 구별이 가지 않는 삽살개는 얼핏 보면 어수룩해 보인다. 그러나 어떤 개보다 영리하고 영특하여 멀리서 얼씬거리는 귀신의 소리와 움직임을 볼 수 있을 만큼 예민한 청각과 후각이 고도로 발달되었다.

세시 풍속에서도 매년 정초에 대문에 개 그림을 그려 붙여 귀신이나 도둑을 지키는 벽사(辟邪)용 영수(靈獸)로 여겼다. 조선 민속학자로 유명한 야나기 무네요시(柳宗悦, 1889~1961) 수집품 가운데 네 눈이 그려진 호랑이를 전시해 기상천외의 작품이라 하여 미술사 학계에 야단법석이 났었다. 일본인 눈으로는 이해가 불가능하지만 우리에겐 귀신 쫓는 벽사용의 문배(門排)그림으로 네 눈, 네 귀를 그린 민화들이 남아 있는 것은 당연한 일이다. 칠흙 같은 어둠 속에서도 더 잘 보고 더 잘 들어야 수문장 역할을 잘 할 수 있다고 믿어서 그려낸 것이다.

충성과 의리의 의구비(義狗碑) | 충성과 의리를 갖추고 우호적이며 희생적인 행동을 보여준 대표적인 개 이야기는 고려시대의 시화집인 『파한집(破閑集)』을 통해 전해지고 있다.

전북 임실군 오수리에서 김개인(金蓋人)이란 사람이 마을 잔칫집에 갔다가 돌아오는 길에 술에 취해 둑에서 잠이 들어버렸는데 그가 물고 있던 담뱃불이 떨어져 잔디에 불이 붙어 번져나기 시작했다. 주인을 지키고 있던 개는 주인을 향해 맹렬히 짖어대고 흔들어봤지만 주인은 인사불성이 되어 위험하게 되었다. 급히 물에 뛰어든 개는 온몸에 물을 적셔와 뒹굴어 주인이 화재를 면하게 하였다. 술에서 깨어난 주인은 자신을 위해 불을 막아주고 기진맥진하여 죽은 개를 발견하고, 슬퍼하며 무덤을 만들고 나무를 꽂아 비를 세웠다고 한다. 그후, 그 나무 비석에는 잎이 피고 뿌리가 돋아 살아나자 개나무라는 뜻으로 '오수(獒樹)'라는 지명이 오늘날에도 전해지며 의견비(義犬碑)와 동상이 남아있다.

목숨을 바쳐 주인을 구해준 전남 낙안읍성의 의구비, 경북선산의 구총, 개성의 벼슬개, 독극물이 든 물건을 주인 대신 개가 받아 먹었거나 억울하게 죽은 주인의 원수를 갚았다는 등 개가 인간의 아둔함을 지켜주고 막아주었다는 이야기들의 기록은 전국 25개의 장소에서 찾아볼 수 있다. 하지만 인간은 개를 잘못된 인생이나 팔자, 욕, 행동, 언행, 심성, 음식, 하찮은 존재 등에 비유하거나, 부정적인 이미지와 우둔하고 어리석은 약자로 묘사하기도 한다. 이처럼 개와 인간은 지금까지도 아이러니한 관계를 가지고 살아오고 있다.

개는 인간의 역사와 함께 늘 인간의 주위에서 존재하면서 사랑을 받기도 하고, 때로는 구박과 멸시와 버림을 받고 자신의 몸을 희생하기도 한다. 또한 인간은 개를 버려도 개는 인간을 절대 배신하지 않는다는 말도 있다. 어쩌면 개는 우리 일상생활 속에서 인간의 주위를 구성하는 풍경(風景)처럼 존재해 왔다. 이처럼 한국 문화 속의 개는 충성과 의리의 충복, 심부름꾼, 애완견, 안내자, 지킴이, 보양식, 조상의 환생 등 다양한 모습으로 인간의 동반자가 되어 오늘도 함께 살아가고 있다.

도둑을 지키는 액막이 부적, 신구도(神狗圖) | 도둑을 막는 개를 그린 그림을 신구도(神狗圖)라고 한다. 신구도에서 개는 용맹스럽고 다소 과장된 모습을 하고 있는데, 이것은 도둑을 지키는 액막이 부적처럼 일종의 벽사 그림이다. 신구와 유사한 개로 천견(天犬)이 있다. 천견은 개처럼 생긴 흉수(凶獸)로 온몸이 붉은 색이어서 불개라는 표현도 쓴다.

중국 당나라 때, 영호덕분이 황제의 명에 따라 지은 북주의 역사

영모도 10폭 병풍 부분
19세기
국립중앙박물관 소장

서 『주서(周書)』에 이르길 "천구(天狗)가 이르는 곳은 땅이 모두 기운다. 그 빠르기는 바람 같고 그 소리는 우레 같으며 그 빛은 번개 같았다."고 하였다. 호문환(胡文煥)의 도설(圖說)에는 "천문산(天門山)에 붉은 개가 있는데 천견(天犬)이라고 부른다. 이 개가 나타나는 곳에서는 주로 전쟁이 일어나는데, 곧 천구(天狗)의 성광(星光)이 흘러 발생한다. 이렇게 생겨난 태양이 아마도 수십 개일 것이다. 그 움직임은 바람과 같고 소리는 우레와 같으며 빛은 번개와 같다."고 설명하였다.

삶의 안식처인 집을 지을 때는 양지바른 곳에 재물이나 자손이 번창할 명당을 택했다. 또한 터에 삿된 기(氣)가 있는 곳에서는 예부터 귀신도 얼씬 못한다는 털복숭이 같은 삽살개를 길렀다. 어두운 밤중에도 사람의 눈에 보이지 않는 귀신을 보고 짖는다고 여겼기 때문이다. 넓고 큰 집에 단출하게 몇몇의 식구만이 살고 있다면 복슬강아지처럼 귀여운 개일지라도 믿음직하고 용감한 집지킴의 역할을 하였을 것이다.

민화 속에는 흰 개가 많이 등장하는데 종교적인 측면에서 살펴보면, 개는 이승과 저승을 연결하는 매개체의 기능을 수행하는 동물로 인식되어 있다. 무속신화인 본풀이에서 이승과 저승, 저승과 이승의 안내는 흰 강아지가 한다고 믿었다. 그 때문인지 고구려 고분벽화에도 개 그림이 나타나고 신라 무덤 속에서도 흙으로 만들어 구운 개 형상이 많이 발굴되기도 한다. 왜 흰 강아지가 저승길을 인도하였는지는 명확하지 않지만, 개는 후각이나 시각이 인간에 비해 수천 배 발달하여 한 번 갔던 길은 절대 잃지 않고 찾아가기 때문에 그렇게 생각하였던 것으로 보인다. 티벳과 동남아 산간지역에서는 지금도 부모가 죽으면 개로 현신(現身)한다고 믿어 개를 먹지 않고 신성시하고 있다.

행운 및 수호신을 상징하며, 수행과 깨달음, 선인, 도인,
성인을 상징하기도 한다.

백자명기
조선시대
개인 소장

예부터 우리 조상들은 '소(牛)'를 한 가정의 부를 상징하는 재산목록 1호로 꼽아왔다. 꾀부림 없이 평생 인간을 도와 일만 하고, 죽어서도 가죽과 고기를 남겨주는 소는 인간에게 가족이자 재산, 없어서는 안 될 동물이다. 이렇듯 인간과 친숙하게 지내며 끊임없는 노동력을 제공해 온 이유로, 소를 온순함과 순종, 그리고 힘의 상징으로 여기기도 한다.

옛 농경사회에서 소의 상태는 그 집의 근면성을 평가하는 잣대가 되었다. 때문에 사위나 며느리를 고를 때, 그 집의 소의 상태를 파악하기도 했다. 소는 평화로운 분위기에서 등장하는 단골손님이기도 하다. 소가 풀을 뜯고 목동이 한가로이 피리를 불고 있는 모습은 평화롭고 한적한 분위기의 대명사로 통한다.

그런가하면, 스페인의 투우 소는 야성을 상징한다. 신화에 등장하는 소의 머리에 인간의 몸을 한 괴수 미노타우로스는 이성에 복종하는 야성이라는 의미로 읽히기도 한다. 소머리 뿔로 만든 각배(角杯)를 포도주의 신 디오니소스가 들고 축배를 드는 장면은 우리에게 익숙하다.

한편 소는 행운 및 수호신을 상징하기도 한다. 이 때문에 정월대보름날이 되면 각 마을에서는 그 해의 풍년을 기원하는 소놀음굿을 펼쳤고, 풍수지리설에 따르면 '묏자리가 소의 형국이면 그 자손이 부자가 된다.'는 설도 있다. 또한 장사를 하는 집에서는 대문에 쇠코뚜레나 소 멍에를 걸어뒀다. 이것은 소를 잡아먹을 만큼 힘 센 주인이 산다는 표시로 악귀가 침입하다가 이를 보면 도망간다고 믿었기 때문이다. 외양간에도 악귀의 침입을 막기 위해 소 턱뼈를 문 위에 묶어 걸어두기도 했다.

소는 각종 의례 및 무속에서 신성한 제물로 바쳐졌다. 고려시대에는 궁중에서 희생용 동물을 관장하는 관청인 장생서(掌牲署), 조선시대에는 전구서(典廐署) 등을 두었다. 또, 조선시대가 되면 풍년을 기원하기 위해 해마다 제사를 지냈는데, 이때 제물로 소를 바치는 선농제(先農祭)가 있었다.

무속에서도 예외는 아니다. 동해별신굿의 하나인 범굿에서는 소가 제물로 쓰이는데 굿이 끝난 후 범이 사람 대신 소를 가져가라는 의미로 소의 머리를 뒷산에 묻는다. 이처럼 소가 제물로 바쳐진 이유는 농경사회에서 애지중지 키우는 동물이 소였고, 신(神)에게는 이처럼 소중한 것을 바쳐야만 그만큼 효과가 있다고 생각했던 까닭이다.

문헌상의 기록

청우(靑牛), 신우(神牛), 철우(鐵牛), 금우(金牛) | 인간과 친숙한 소는 신화적 이야기에도 많이 등장한다. 노자가 타고 다녔다는 청우(靑牛), 벽력같은 소리를 내던 신우(神牛), 목단강을 지키던 금우(金牛) 등 수많은 소들이 신령함을 더하는 소로 재탄생한다.

『삼국사기(三國史記)』 신라본기에는 신라 파사왕 5년(84) 고타군수가 청우(靑牛)를 바쳤다는 기록이 있다(古陀郡主獻靑牛). 청우는 선인, 도인, 성인을 상징하는데, 이는 노자(老子)가 주(周)의 덕이 쇠퇴하자 함곡관(函谷關)을 지나 서역(西域)으로 들어갈 때 탔던 수레[靑牛車]를 끌던 소가 바로 푸른빛의 청우였기 때문이다(周德衰 乃乘靑牛車去入大秦).

조선시대 학자 강희안(姜希顔, 1417~1464)이 저술한 『양화소록(養花小錄)』에는 소나무는 천 년이 지나면 그 정기가 '청우(靑牛)'가 된다고 기록하고 있어 청우는 불로장생을 대표하는 소나무가 또 다시 천 년을 보낸 후 탄생하는 장생(長生)을 의미한 것으로 보인다. 한편 『박물지(博物志)』에 따르면 "구진군(九眞郡)의 냇가에 신우(神牛) 한 마리가 살고 있었는데, 검은 소가 나타나면 신우는 싸움을 벌였으며, 그때마다 즉시 바다에 해일이 일어났다. 혹 누런 소가 나타나 싸움을 벌일 때면 언덕 위에 있는 소들은 모두가 공포에 떨었다. 사람들이 그 소의 길을 막고 잡으려 들면 벽력(霹靂) 같은 소리를 냈는데 사람

노자가 타는 푸른 빛의 청우
조선시대
개인 소장

들은 그 소를 신우(神牛)라 불렀다.”고 한다(九眞有神牛 乃生溪上 黑出時共鬪 即海沸 黃或出鬪 岸上家牛皆怖 人或遮則霹靂 號曰神牛).

이 밖에도 중국의 우(禹)나라 때 임금이 수환(水患)을 막을 수 있다고 하여 황하에 넣었다고 하는 ‘철우(鐵牛)’가 있다. 조선 순조 33년(1833), 문신 김경선(金景善)이 베이징[北京]을 탐방하며 쓴 기행록(紀行錄) 『연원직지(燕轅直指)』에는 철우에 대해 설명하기를, “어제비(御製碑)를 지나 또 남쪽으로 수백 보를 가면 철우(鐵牛)가 있는데, 흰돌을 갈아서 난간을 만들어 보호했다. 등 위에는 고전(古篆) 수십 자를 새겼다.”고 전하고 있다.

발해국에는 목단강을 지키기 위해 물 속에 금으로 만든 소(金牛)를 집어넣어 누구라도 소뿔을 만지거나 잡아당기면 순간적으로 천둥 같은 소리가 나면서 땅이 꺼지는 듯하고 삽시간에 온 하늘과 땅이 깜깜해지면서 비바람이 몰아친다는 전설이 지금도 전해져 내려온다.

상징과 의미

자비로운 태양신, 신농(神農) | 중국 전설상의 삼황오제(三皇五帝) 가운데 삼황인 복희씨, 신농씨, 헌원씨 중 ‘염제(炎帝)’로도 불리는 신농은 불로 음식을 익히거나 구워먹을 수 있게 해주고 나무로 보습과 쟁기 등의 농기구를 만들어 농사를 가르쳤으며 약을 발명하여 병을 치료했기 때문에 의약과 농업의 창시자로 여겨진다. 또 태양이 중천에 오르는 한낮에 사람들을 시장에 모이게 해서 교역하는 방법을 가르치기도 했다.

염제는 황제보다 앞서 대륙을 지배했던 신이지만 황제와의 싸움에서 패배한 후 삶의 터전을 동방에서 남방으로 옮겼다. 이 때문에 동방과 남방의 민족, 특히 베트남에서 염제는 민족의 시조신으로 등장한다. 고구려 고분 벽화에서 염제는 소의 머리에 사람의 몸[牛面人身]을 하고 손에 벼 이삭을 든 모습으로 나타난다.

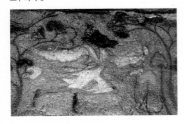

염제신, 고구려고분 오회분 5호묘 벽화
고구려시대

수행과 깨달음의 상징, 심우(尋牛) | 소는 도가(道家)에서는 유유자적을, 유가(儒家)에서는 의(義)를 상징하지만 불가에서는 '인간의 본래 자리'를 의미한다. 수행을 통해 본성을 깨달아 가는 과정을 비유한 '심우도'는 사찰에 가면 법당 벽화로 많이 등장한다. 이는 선사들이 이러한 소를 수행의 채찍으로 삼아왔기 때문이다. 고려 때의 보조국사 지눌은 호를 목우자(牧牛子)라 했다. '소를 기르는 사람' 즉 참다운 마음을 다스리는 사람이라는 뜻이다. 만해 한용운 선사도 만년에 서울의 자택을 심우장(尋牛莊)이라 했다. 이는 '불성을 찾기에 전념하는 곳'이란 의미가 담겨 있다.

본성을 찾아 수행하는 단계를 동자(童子)나 스님이 소를 찾는 것에 비유해서 묘사한 불교 선종화(禪宗畵)인 심우도는 수행단계를 10단계로 나누어 표현하기 때문에 '십우도(十牛圖)'라고도 한다.

동자승이 소를 찾고 있는 장면이 나타나는 첫 단계 '심우(尋牛)'는 자신의 본성을 잊고 찾아 헤매는 불도 수행의 입문을 일컫는다. 2단계 '견적(見跡)'은 동자승이 소발자국을 발견하고 따라가는 모습을 수행자가 꾸준히 노력하다 보면 본성의 발자취를 느끼기 시작한다는 뜻이다. 세 번째 '견우(見牛)'는 발견한다는 뜻으로 수행자가 사물의 근원을 보기 시작하여 견성(見性)에 가까워졌음을 뜻한다. 4단계, '득우(得牛)'는 동자승이 드디어 소의 꼬리를 잡아 막 고삐를 건 모습이다. 5단계 '목우(牧友)'는 동자승이 소를 길들이며 끌고 가는 모습인데, 이때 소는 점점 흰색으로 변화된다.

또 흰 소에 올라탄 동자승이 피리를 불며 집으로 돌아오고 있는 여섯 번째 장면과 소는 없고 동자승만 앉아 있는 일곱 번째 장면, 소도 사람도 실체가 없는 모두 공(空)임을 깨닫는다는 뜻으로 텅 빈 원상만 있는 여덟 번째 장면이 이어지고, 우주를 아무런 번뇌 없이 참된 경지로서 바라보는 것을 뜻하는 아홉 번째 장면은 '반본환원(返本還源)'을 뜻한다. 마지막으로 중생제도를 위해 속세로 나아가는 '입전수수(入廛垂手)'는 해탈의 경지에 다다르는 것이다.

파계사 벽화 부분
20세기

소는 사람의 욕망, 감정, 고정관념 등으로 형성된 삿된 마음을 뜻한다. 또한 동자는 이와 같은 삿된 생각들을 버리기 위해 수행하는 마음을 뜻한다. 동자(童子)가 야생의 소를 발견하고 길들이는 과정에 비유한 심우도는 우리가 진정 추구해야 할 참된 자아를 찾아가는 길을 의미한 것이다.

푸른 바다 위를 걷는 외뿔소, 시우(兕牛) ‖ '시(兕)'는 외뿔소로 일각우(一角牛)이다. 외뿔소는 소와 비슷하면서도 소가 아니기 때문에 '의혹'을 비유할 때 의시(疑兕)라고도 하고 의혹을 품은 채 근심하여 해결을 못보고 있기에 근심을 외뿔소에 비유하기도 한다. 외뿔소는 민화에 종종 등장한다.

왼편의 시우도는 삼천 년에 한 번 열린다는 반도(蟠桃, 천도복숭아)가 곤륜산(崑崙山)에 있는 서왕모의 집에 열렸다고 하자 신선들이 약수의 파도를 건너 초대되어 가는 모습을 그린 그림이다. 유려하고 섬세한 필선으로 오른쪽에서 왼쪽으로 인물들을 행진시키고 있으며 바람이 불어 파도가 춤추듯 살짝 일렁이고, 옷자락이 힘차게 나부껴 그림 전체에 생동감을 불어 넣어 주고 있다. 외뿔소가 끄는 수레를 탄 신선, 복숭아를 손으로 받쳐 든 동방삭, 소쿠리 한가득 영지를 들고 있는 선녀도 등장한다.

고대 신선(神仙)은 불로장생의 존재이다. 고대의 한국이나 중국 사람들은 신선(神仙)이 되면, 천지와 더불어 오래 살 수 있다고 생각했다. 신선은 인간 초월적인 존재로서, 신선이 가지고 있는 약을 찾아 복용하면 영원한 생명을 얻어 무병장수할 수 있을 것으로 믿었다. 이러한 사상은 조선시대 유행하면서 궁중뿐 아니라 민간에서도 민화 신선도가 그려지게 되었다. 앞의 그림은 푸른 외뿔소가 등에 지니고 있는 나무를 '목숨 수(壽)'로 도안화해 장수를 상징했다. 이것도 모자라 글자의 끝에는 천도복숭아가 주렁주렁 달려있다.

인간이면 누구나 영생(永生)을 바란다. 이러한 꿈을 실현시키기 위해 예로부터 인간들은 무수한 장생술과 건강법을 고안해 왔으며, 오

시우도(兕牛圖)
조선시대
개인 소장

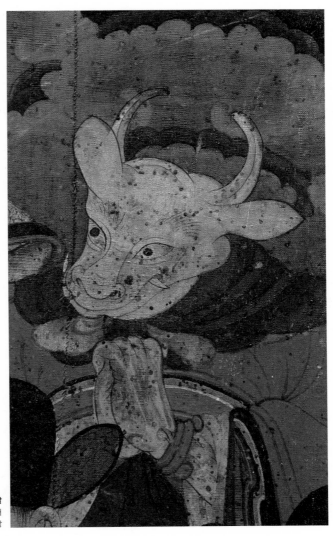

신중탱화 우두나찰
조선시대
통도사 성보박물관 소장

늘날에도 이 문제는 인간이 풀어야 할 과제 가운데 하나로 남아 있
다. 조선시대 건강과 장수를 기원하며 그린 신선 외뿔소도 불로장생
하면서 이상적 세계에 살고자 하는 인간적 욕망이 신선사상을 배경
으로 펼쳐진 그림이다.

호랑이 잡아 먹는 외뿔박이 | 박(駁)

馬

생김새가 말과 비슷한데 몸은 희고 꼬리는 검다. 호랑이 이빨과 발톱을 가지고 있고 머리에는 뿔 하나가 하늘을 찌를 듯이 나 있으며 북이 울리는 소리를 낸다. 박은 또 짐승의 왕으로, 용맹하며 호랑이와 표범을 잡아먹는다. 이 짐승을 데리고 있으면 흉한 일을 막을 수 있다

괴수문목각벌통
조선시대
개인 소장

봄볕이 따뜻한 툇마루 한쪽에서 노승이 소나무 토막을 이리저리 굴려가며 속을 파내어 별당 앞에 놓을 벌통을 만든다. 노승은 능숙한 손놀림으로 대꼬챙이에 먹을 찍어 알 수 없는 몇 개의 선을 긋는다. 크고 작은 자귀로 이쪽저쪽 통을 굴려가며 깊고 낮은 홈을 파고 칼과 끌을 들어 나무망치로 두드리자 구름 속의 해가 피어나고, 칼날 같은 산봉우리, 소나무, 불로초, 복숭아나무가 탄생한다. 그리고 풍성한 벌꿀을 확실하게 지켜줄 수 있는 신령스럽고 믿음직한 외뿔 달린 상상의 동물을 조각한다. 그림이나 조각에 등장하는 동물은 대체로 측면을 모델로 하는데 벌통을 지키는 외뿔 동물은 몸은 측면이지만 얼굴은 전면을 향한 형상이다. 턱 바로 밑에 ∞형의 구멍을 뚫어 벌의 출입문을 목에 달린 방울처럼 재치 있게 표현하여 상상력을 발휘하였다.

문헌상의 기록

이 외뿔박이는 『산해경(山海經)』「서산경(西山經)」에서 '박(駁)' 또는 '자백(兹白)'이라고 소개되었다. 전쟁을 막아주는 외뿔 달린 길한 짐승 박은 생김새가 말과 비슷한데 몸은 희고 꼬리는 검다. 호랑이 이빨과 발톱을 가지고 있고 머리에는 뿔 하나가 하늘을 찌를 듯이 나 있으며 북이 울리는 소리를 낸다. 박은 또 짐승의 왕으로, 용맹하며 호랑이와 표범을 잡아 먹는다. 이 짐승을 데리고 있으면 흉한 일을 막을 수 있다

박이 호랑이를 잡아먹는다는 설에 관해서는 다양한 기록이 전해진다. 『관자(管子)』에 다음과 같은 기록이 있다. "한번은 제(齊)나라 환공(桓公)이 말을 타고 가는데 호랑이 한 마리가 정면으로 달려왔다. 호랑이는 달려들지 않고 오히려 바라보며 땅에 엎드렸다. 환공은 매우 이상하여 사람들에게 물어보자 환공이 타고 있는 것은 박마(駁馬)로, 박은 호랑이와 표범을 잡아먹기 때문에 호랑이가 말을 두려워할 것이라고 했다. 또 박마는 호랑이 사냥 때 타고 나가 호랑이를

잡을 수 있다고 하였다."

천하의 용맹스런 존재인 호랑이를 잡아먹는 상상의 동물은 생김새가 기록에 따라 약간씩 다르다. 신비로운 무릉도원과 기이한 상상의 동물 박이 함께 조각된 벌통은 영남 지역 어느 사원 불단에서 발견된다. 큰 불사에 종사했던 불모(佛母)의 뛰어난 상상력에서 탄생된 보기 드문 목공예품이다.

외뿔 달린 동물은 은해사(銀海寺) 백흥암(百興庵) 극락전(極樂殿) 불단(佛壇, 보물 790호)에서도 나타난다. 불단 속 외뿔 달린 동물은 호랑이보다도 더 무서운 존재이면서 모란 꽃 속에 쌓여 행복한 꽃놀이를 즐기는 불가에 귀의한 팔만사천 대중 무리 속 하나일 뿐이다.

이인로(李仁老, 1152~1612)의 『파한집(破閑集)』에서 "뿔이 있는 짐승은 윗니가 없고 날개가 있으며 다리는 두 개뿐이다. 꽃이 좋으면 열매가 시원찮다."고 하였고 조선중기 시인 권필(權韠, 1569~1612)은 "소는 윗니가 없고 범은 뿔이 없으니, 천도는 공평하여 부여함이 마땅하도다(牛無上齒虎無角 天道均齊付與宜)."라 했다. 즉, 뛰어난 재주로 명성과 공명을 함께 누리려 드는 것은 뿔 달린 범과 같다는 것이다.

**은해사 백흥암 극락전
수미단 부분** (보물 790호)
조선시대

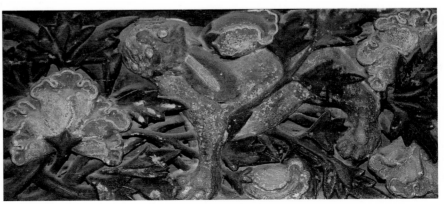

상서로움의 상징 | 흰 코끼리

동물 가운데 유별나게 긴 코가 있는 코끼리는 예지능력이
뛰어나 세상 변화를 어느 동물보다 빨리 감지한다.
전통적으로 인도에서 신성시되던 흰 코끼리는 백호와 함께
실존의 동물이면서 신령스런 상상의 동물로 대접받는다.

코끼리는 지상동물 중 가장 체구가 크며 온순한 동물이다. 전통적으로 인도에서 신성시되던 코끼리는 높은 지혜를 상징하는데 흰 코끼리는 백호와 함께 실존의 동물이자 신령스런 상상의 동물로 대접받는다. 대부분의 코끼리는 회색인데, 흰 코끼리는 십만분의 일의 확률로 탄생할 수 있다고 동물학자들은 말한다. 흰 코끼리는 십이지 동물이나 여타의 동물들처럼 벽사적인 의미보다는 인도의 힌두교나 불교, 도교 등에서 일찍부터 상서로운 동물이자, 종교적 상징물로 숭상되었다. 불교에서는 흰 코끼리와 함께 흰 소(白牛), 흰 사슴(白鹿), 흰 양(白羊) 등을 신령스러운 동물이자 불교의 상징물로 간주해 왔다. 특히 어금니가 여섯 개인 흰 코끼리는 불, 보살의 화신(化身)으로 간주되고 있다. 이는 석가모니의 모친인 마야부인이 태몽으로 여섯 개의 상아(象牙)가 달린 흰 코끼리가 옆구리로 들어오는 꿈을 꾸었기 때문이다. 이 때문에 불화 팔상도(八相圖)에서 흰 코끼리가 등장하는데, 팔상도란 석가모니가 과거에 쌓은 공덕으로 도솔천왕으로 머물다 부처님이 되기 위해 인간 세상에 태어나기 전의 장면들을 묘사한 그림이다. 여기에는 흰 코끼리를 탄 호명보살(護明菩薩)이 여러 천신들의 호위(護衛)를 받으며 도솔천에서 내려와 마야부인의 뱃속으로 들어가는 장면과 마야부인의 꿈에 흰 코끼리를 탄 호명보살이 부인의 옆구리로 들어오는 장면이 등장한다. 이러한 이유로 흰 코끼리는 신성시되었으며 특히나 불교국가인 태국의 경우 흰 코끼리는 수호신으로 대접받고 있다.

유상존鍮像尊
조선시대
국립고궁박물관 소장

도제 코끼리
조선시대
개인 소장

은해사 수미단
흰코끼리
조선시대

문헌상의 기록

흰 소는 견우, 직녀의 전설에서 일찍부터 천상세계의 일원으로 등장하였고, 흰 사슴은 진리의 수레바퀴를 수호하는 역할을 하였으며 흰 코끼리는 부처님의 탄생설화 가운데 길상(吉祥) 동물로 등장해 왔다.

『법화경(法華經)』에서 소승(小乘)은 양거(羊車)와 녹거(鹿車)이고, 대승권교(大乘權敎)는 우거(牛車)이며, 일승(一乘)은 대백우거(大白牛車)라 하였다. 한마디로 소승이란 작은 탈 것을 말하며 대승이란 큰 탈것으로 목적지에 도달하는 이타적인 정신을 가진 교리를 뜻한다. 또한 백상거(白象車)나 백록거(白鹿車), 백우거(白牛車)는 부처님의 진귀한 경전을 실어 나르는 수레를 끄는 소중한 임무도 부여받았다. 팔상탱화 수하항마상(樹下降魔相) 부분에서도 흰 코끼리가 포착된다. 이는 석가모니가 보리수 아래 결가부좌(結跏趺坐)하고 선정(禪定)에 들자 부처님의 성도(成道)에 위협을 느낀 마왕 파순(魔王 波旬)이 여러 가지 비술로 방해하는 모습 가운데 마왕이 보검을 들고 코끼리가 끄는 수레에 앉아 있는 모습으로 나타난다. 용문사의 칠성탱화에서는 천상의 칠원성군을 수레에 태우고 나타난 흰 소를 찾아볼 수 있다. 불교의 진리를 몸으로 보여주는 보현보살도 지혜와 신성함, 깨달음의 경지를 상징하는 흰 코끼리와 함께 등장하며 불교미술의 소재가 되었다.

웃는 도깨비

인간의 모습이나 불덩어리로 나타난다. 약자나 선행을
베푸는 사람에게는 재물과 행운을 가져다주고 악독한
사람에게는 벌을 내리는 양면성을 가지고 있다.

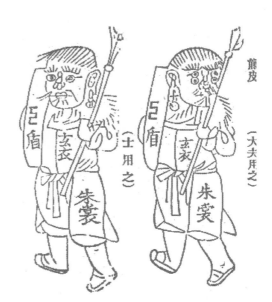

한국인과 도깨비 | 한국인에게 도깨비는 과연 어떤 의미로 인식되고 있을까? 도깨비는 용이나 호랑이만큼 무섭고 두려운 존재이면서도 어딘지 모르게 친숙하며 은근히 장난기 넘치는 익살스러운 존재이다. 도깨비는 비상한 힘과 신기한 재주를 가지고 사람을 홀리기도 하고 짓궂은 장난이나 험상궂은 짓을 많이 하는 잡귀신이기도 하다. 그러나 한편으론 인간의 오복을 지켜주고 가무(歌舞)를 즐기는 친숙한 대상이다.

실존하는 존재가 아니기에 도깨비를 한마디로 정의하기란 쉽지 않다. 게다가 그 특징이 무척 다양하고 외형이 일정하게 정형화되어 있지 않아 그 개념을 정하기 어렵고, 때로는 귀신(鬼神)이나 유령(幽靈)과 혼동하기도 한다. 인간들은 아마도 인간미 있고 교훈을 주는 도깨비 이야기를 통해 현실에서 이룰 수 없는 욕망을 상상으로나마 충족시키기 위해 남녀노소 불문하고 많은 관심을 갖는지도 모른다.

문헌상의 기록

『삼국유사(三國遺事)』진평왕조에 따르면 '비형(鼻荊)'이라는 자가 도깨비를 시켜 하룻밤 사이에 신원사 북쪽 개천에 다리를 놓았고 훗날 그 다리를 '귀교(鬼橋)'라고 불렀다는 기록이 남아 있다("然則汝使鬼衆, 成橋於神元寺北渠⋯荊奉勅. 使基徒鍊石, 成大橋於一夜, 故名鬼橋"). 성현의 『용재총화(慵齋叢話)』나 『조선왕조실록(朝鮮王朝實錄)』, 『용천담적기(龍泉談寂記)』의 기록을 보더라도 귀신이나 도깨비는 모두 '귀(鬼)'로 표기하고 있다.

기록만큼이나 도깨비의 형상 역시 그 근원을 찾기란 매우 어렵다. 도깨비의 역사를 찾아보면 어디에서부터 유래된 것인지 의견이 분분하다. 중국 귀면문(鬼面文)의 일종인 도철문(饕餮文)에서 생겨났다는 의견도 있고, 황제와의 전쟁에서 패한 치우(蚩尤)왕의 모습 또는 한나라 때의 화상석이나 남북조시대 벽화에 나타난 형상물에서 유래했다는 의견도 있다. 그리고 『산해경(山海經)』에 등장하는 괴물의 모

도깨비 용수판
조선시대
쉼 박물관 소장

습에서 도깨비 형상의 시원을 찾기도 하고, 고구려 고분벽화에서 보이는 도깨비를 한국 최초의 도깨비 형상으로 보기도 한다.

일본인의 경우, '귀(鬼)'라고 하면 일반적으로 머리에 두 개 혹은 하나의 뿔이 있는 모습을 연상한다. 그리고 돌돌 말려 있는 머리털에 입에 송곳니가 있고 손가락에 날카로운 손톱이 자라나며, 호랑이 가죽으로 된 잠방이(가랑이가 무릎까지 내려오도록 짧게 만든 홑바지)를 허리에 두르고, 표면에 돌기가 있는 금봉을 지닌 남자를 연상한다. 이것은 '축(丑)'과 '인(寅)' 사이에 해당하며 소의 뿔과 몸, 호랑이의 이빨과 손톱, 가죽을 몸에 지니고 있다고 여겨졌다. 외형상의 이 모습은 일반적으로 일본 헤이안 시대에 확립된 것이다.

사람들은 실존하지 않으면서 동물도 인간도 아닌 상상 속의 형상에다가 사람의 힘을 뛰어 넘는 능력을 도깨비에게 부여하였다. 그리고 도깨비는 때로는 기쁨을, 때로는 재난을 인간에게 가져다주는 전설상의 이미지로 정착되었다. 도깨비는 이후 생활 전반에 걸쳐 중국, 한국, 일본 등의 지역에서 자주 등장하기 시작했다.

상징과 의미

설화 속의 웃는 도깨비 | 도깨비 이야기는 우리 설화 중에서 민족적 특징을 이루는 소재 가운데 하나이다. 도깨비는 우리 민족이 상상으로 빚어낸 가장 한국적인 산물이다. 이는 신앙의 대상도 혐오의 대상도 아니기에 우리에게 한층 더 인간적으로 다가온다. 예를 들어 도깨비는 눈에 보이는 가시적인 것과 보이지 않는 비가시적인 것으로 구분할 수 있다. 대체로 가시적인 도깨비는 인간의 모습으로 나타나는 경우와 불덩어리로 나타난다고 믿고 있는 경우가 많다. 설화 속의 도깨비는 장군과 함께 동행하여 도깨비 감투를 선물하는가 하면, 아침 일찍 대문을 연 집에 찾아가 돈을 꾸어가기도 한다. 또는 과부와 혼인하여 동거하기까

지 한다. 이처럼 도깨비의 민족적 정체는 그 실체에서 더욱 고스란히 드러난다. 설화 속에서 도깨비는 우리에게 공포의 대상이기보다는 약자나 선행을 베푸는 사람에게 재물이나 행운을 가져다주고 악독한 사람에게는 벌을 내리는 긍정과 부정의 양면성을 가지고 있다.

또한 역사 속에서 알 수 있는 도깨비의 형체는 『삼국유사』를 비롯한 여러 문헌 또는 고구려 고분벽화나 공예품에서 찾아볼 수 있다. 그 구체적인 형상은 지붕의 막새기와에 가장 많이 나타난다. 언제부터 사용되었는지 명확하지 않지만 수막새에 새겨진 도깨비 얼굴을 우리는 귀면와(鬼面瓦)라 부른다. 귀면와는 집안에 들어오는 잡귀의 침입을 방지하기 위하여 만들어진 도깨비 형상이지만 무섭기보다는 웃음이 가득한 위엄과 정감 있는 얼굴들이 많이 있다.

"부처의 심성을 가진 눈에는 부처만 보인다."고 한다. 보는 사람의 마음에 따라 다르겠지만 귀면와를 찬찬히 들여다보고 있노라면 모두가 웃는 얼굴로 보인다.

화(禍)를 복(福)으로 만드는 웃음 | 귀면와는 폭풍우가 쏟아지는 한밤중이나 눈보라치는 엄동설한에도 집안에 들어오는 재앙을 지키고 있다. 그 표정은 무섭게 보이기도 하나 그 속에는 오히려 해학적인 웃음이 담겨 있다. 그래서 귀면와를 찬찬히 들여다보고 있으면 마치 웃음을 주기 위해 태어난 것처럼 느껴진다. 즉 웃음으로 재앙을 쫓는 도깨비, 아니 웃음으로 재앙을 달랜다고나 할까? 도무지 그 속셈을 알 수 없는 형상, 야릇한 웃음이다.

귀면와의 웃음은 매우 다양하다. 눈을 위로 치켜 뜬 채 윗입술이 보이지 않을 만큼 입을 벌려 위아래 이빨로 혀를 물고 헤헤 웃고 있는가 하면, 왕방울 눈에 뿔과 벌린 입만 크게 강조하고 있어 마치 웃음을 참는 것처럼 보이기도 한다. 입이 찢어지도록 크게 벌리고 경쾌하게 웃기도 하고, 화를 내려다 웃어버리기도 한다. 또한 윗니와 귀치, 윗니와 아랫니를 붙이고 낄낄대기도 하고, 사각 평면에 엄격한

녹유 도깨비 무늬 기와
통일신라시대
국립경주박물관 소장

경복궁 자경전 십장생 굴뚝 귀면와
조선시대

좌우대칭으로 돌을새김한 멋들어진 공예품의 모습을 하고 있는 등 일일이 묘사할 수 없을 정도로 다양하다. 이러한 귀면와를 비롯한 조각품들은 박력 있고, 힘이 있는 동시에 어느 정도 위엄도 서려 있다. 하지만 가장 중요한 것은 이 모든 것들이 신라시대의 웃음이 담긴 걸작들이란 것이다.

신라 사람들은 얼마나 낙천적이었기에 여러 잡귀를 쫓는 집지킴의 귀면에서조차 저리도 다양한 웃음을 빚어낼 수 있단 말인가. 이처럼 한국인의 웃음은 신라 귀면에 있다 하여도 손색이 없을 것이다.

신라의 귀면들을 한데 모으면 미소(微笑), 대소(大笑), 폭소(爆笑), 조소(嘲笑), 비소(誹笑), 냉소(冷笑), 눗웃음, 코웃음, 너털웃음, 헛웃음, 비웃음 등 웃음의 교향곡이 한데 몰려 들려오는 듯하다.

능름한 동자 도깨비 | 한국의 아름다운 석탑 가운데 표면 장엄이 가장 화려한 것으로 알려진 실상사(實相寺) 백장암 삼층석탑은 국보 제10호로 9세기경 신라 석탑 표면 장엄이 유행되기 시작하던 시기의 통일신라시대 석탑이다. 여기에도 도깨비 형상을 한 동자상이 있어 주목된다. 옥신의 동쪽 동자 도깨비상은 머리에 2개의 뿔이 솟아 있고 이마에는 외눈이 하나 더 있으며 목에 방울이 달려 있다. 오른발은 앞으로 살짝 들어 구부린 장난기 어린 모습이고, 왼손에는 도끼를 오른손에는 긴 막대기에 달린 불자(拂子)를 들고 있다. 북쪽 동자 도깨비는 머리카락이 위로 솟은 채 입을 벌리고 웃고 서 있으며 한 손에는 무기를, 한 손에는 깃발 달린 장대를 가볍게 쥐고 한 손가락을 펴 애교 있는 모습을 하고 있다. 서쪽 동자도깨비는 왼쪽 어깨에서 오른쪽 허리로 늘어진 큰 주머니를 손으로 잡고 희죽이 웃고 서있다.

불법 수호신인 사천왕의 장엄 협시격인 동자 도깨비는 유래가 없는 상으로 논란의 여지는 있으나 일본 나라의 흥복사(興福寺), 교토 삼십삼간당(三十三間堂)의 13세기에 만들어진 목조 동자 도깨비들이 남아 있다. 불법 수호신의 일종인 도깨비상은 우리네 불당 도처에

실상사 백장암 삼층석탑에 조각된 도깨비 형상의 동자상 (국보 10호)
신라시대

서 다양한 형태로 나타나는데 불교학자인 포강 김경수는 "『처용』이 이타알의 변전음이 되어 「날타알」⇒「타알」⇒「나태」 등으로 변하여 불전이나 법당에 채색 단청한 문신이 되었다."고 보았다.

사원의 중심격인 대웅전 기단을 오르는 석계단 난간에는 대체로 용이 조각되는데 부산 범어사와 해남 대흥사에는 잘생긴 도깨비 상들이 남아 있다. 범어사 석계단 입구의 혀가 보이도록 껄껄 웃는 도깨비는 사자나 용처럼 큰 귀에 늘어진 갈기가 있고 위엄의 상징인 귀치가 잘 드러나 있다. 다섯 개의 접은 발톱이 보이는 엎드린 자세는 위협적이기보다는 복종하는 개나 고양이처럼 친근감을 보이지만 잡귀가 들어올 때는 사나운 괴수로 변할 자세다. 이와는 대조적인 대흥사 도깨비는 입을 다물고 점잖은 얼굴로 지나가는 사람을 응시하는 위엄 있는 자세다. 즉, 조선시대 후기로 갈수록 인격화 되어가고 있음이 드러나는 단면이다. 강원도 고성의 건봉사(建鳳寺) 부도전의 비 이수에도 건장한 도깨비 조각이 있다. 비석의 지붕격인 이수(螭首)는 용이 되지 못해 승천할 수 없는, 뿔과 여의주가 없는 이무기를 말하는

창경궁 옥천교의 귀면상
(보물 386호)
조선시대

데 용 대신 전형적인 도깨비 조각이 자리를 잡고 있다. 구름 속에 둥근 가면 같은 얼굴에 뿔이 유난히 강조되었고 귀 밑까지 벌어진 입은 다물었지만 웃지 않고는 못 배기는 형상이다. 젊은 청년과 걸쭉한 할아버지 얼굴처럼 대조를 이루는 도깨비 조각들은 용이 도깨비로 변화된 것인지 도깨비의 실체가 용이었는지 알 수 없게 한다. 대체로 불가에서는 용이 있어야 할 자리에 도깨비가 많이 등장하고 있다. 용의 얼굴을 가진 도깨비는 상상으로써 신격화된 불법 수호신으로 생각할 수 있다.

민중의 심성에 스며있는 웃음 | 우리네 민담과 야담, 전설 등에는 흥미로운 도깨비 이야기가 많이 등장한다. 이름만 들어도 이야기 거리와 웃음이 터져 나오는 등불 도깨비, 달걀 도깨비, 멍석 도깨비, 홑이불 도깨비 등이 매우 다양한 형태와 쓰임으로 사용되었다. 도깨비 굿이나 도깨비 탈을 통해서는 악귀보다 더 무서운 존재가 되어 잡귀를 쫓는 역할을 드러낸다. 그러나 한편으로 민중들은 신바람 나는 일을 도깨비 흥이라고도 하고, 도깨비 방망이처럼 복덩이인 요술 방망이를 꿈꾸기도 하였다. 그러한 꿈을 반영하듯 삶의 원동력인 해학과 풍자적인 웃음이 도깨비 미술 속에 담겨 있음을 찾아 볼 수 있다.

소문만복래(笑門萬福來), 일소일소 일노일노(一笑一少一怒一老), 웃으면 복이 오고 웃음은 웃음을, 화는 화를 초래하는 순리를 거스를 수 없었을 것이다. 저승길 가는 상여의 앞장에서 죽은 이에게 귀신이 달라붙지 못하게 잡귀 잡신을 몰아내는 역할을 하는 방상씨나 혼령을 지키는 목조각을 살펴보면 슬픔이나 괴로움보다도 넉넉한 웃음으로 황천길 떠나보낼 채비를 하는 듯하다. 도깨비 얼굴의 핵심은 역시 부라린 큰 눈에 있다. 또한 입의 크기와 위치에 따라 그 웃음도 다양하다. 위엄의 상징인 뿔과 귀치가 몇 개인가에 따라서 성격이나 표정이 결정된다. 저승길 가는 엄숙한 곳에서 경망스럽게 웃지 않으려고 위아래 입술을 굳게 다문 도깨비와 웃음이 터질까 몸집만한 물고

귀면청동로 (국보 145호)
백제시대
국립중앙박물관 소장

전남 영암 서호면 비각 도깨비 (좌)
조선시대
도깨비 화반 (우)
조선시대
개인 소장

기를 입에 틀어막고 있는 청도깨비의 표정이 귀엽다. 여러 건축물에서 물고기를 입에 물고 있는 도깨비의 모습을 볼 수 있는데 이는 용과 관련이 있는 것으로 보인다. 한편 다양한 공예품 가운데 말방울 이마에 "王"자가 새겨져 있어 왕방울 눈이란 용어를 뒷받침하는 자료가 되고 있다. 이는 귀신 가운데 왕이 도깨비라 생각해 볼 수 있게 한다. 귀신은 쇠방울 소리를 무서워하는데, 방울이 소리를 낼 때마다 웃는 입 사이로 혀를 날름거리며 소리를 내어 말에게 잡귀가 접근하지 못하도록 하였을 것이다.

정자, 누각, 사당, 제각, 비각 등의 건물 창방 위 화반에 꽃이 조각되는 대신 도깨비가 그려지거나 투각된다. 통일신라의 귀면와당이 도깨비의 전성시대였다면 조선 후기 건축물의 화반 도깨비 조각 또한 다양하다. 지역에 따라, 건축물에 따라, 목수의 솜씨에 따라 각기 다른 추상성이 강한 도깨비 조각이 나타난다. 장승의 얼굴, 탈바가지, 민화 속의 호랑이 그림이 민중들의 심성을 익살과 해학으로 표현하였던 것과 같이 도깨비 문양의 웃음과 익살스런 매력이 숨어있다.

조선시대 후기 건축물인 영암 덕진 영보전과 장암정, 하동 낙양루의 화반(花盤- 초방 위에 장여를 받치기 위하여 끼우는 널조각)의 도깨비 얼굴은 왕도깨비의 위엄보다는 개구쟁이 같은 장난기 어린 충동을 표현하였다. 바탕 단청으로 청도깨비가 되어버린 장암정에는 용면

(龍面)과 인면(人面)이 결합된 청도깨비가 있고, 낙양루의 도깨비 그림은 가벼운 느낌마저 든다. 이처럼 도깨비 웃음은 벽사적 역할을 하는 동시에 인간에게 복을 주기도 하였다. 보는 사람을 웃게도 하고 울게도 하는 도깨비의 표정은 시대를 뛰어넘어 모든 희노애락이 마음에 있음을 깨닫게 한다.

방상씨의 염원 | 도깨비를 보다 보면 반드시 방상씨를 떠올리게 된다. 한나라(BC201~AD220) 때 편찬된 『주례(周禮)』에는 '관이 들어갈 무덤 속에 있는 잡귀를 쫓는 역할을 한다.'라는 방상씨에 관한 최초의 기록이 보인다.

상여 행렬 맨 앞에 서서 죽은 이에게 귀신이 달라붙지 못하게 잡귀나 잡신을 몰아내는 역할의 방상씨는 손에 창과 방패를 들고 있다. 방상씨가 정확히 언제 우리나라에 전래되었는지 알 수는 없지만 고려시대 정종 이후 매년 섣달 그믐날 밤 궁중에서 나례의식(儺禮儀式)을 행했다는 『고려사』 기록을 볼 때, 적어도 이 시기 이전에 나례와 함께 방상씨가 전래된 것으로 추정된다.

장례식에 사용된 방상씨 가면은 황금색의 네 눈을 가진 탈인데 5, 6세기경 신라시대부터 사용되었다. 최치원(崔致遠, 857~?)의 시(詩) 『향악잡영(鄕樂雜詠)』에는 "황금 가면을 쓴 이 바로 그로구나, 구슬 채찍 쥐고서 귀신을 부리고, 빨리 걷다 천천히 걷다 정악과 아악의 춤을 추니, 붉은 봉황이 요춘(堯春)의 춤을 추는 모습 완연하도다(黃金面色是其人 手抱珠鞭役鬼神 疾步徐趨呈雅舞 宛如丹鳳舞堯春)."라고 기록하고 있어 방상씨의 흔적을 확인할 수 있다.

네 개의 금빛 눈에 곰 가죽을 쓰고 붉은 옷에 검은 치마를 두르며 창과 방패를 들고 있는 무서운 모습의 방상씨는 주로 상여 주위를 돌며 긴 칼이나 창을 휘둘러 베거나 지르는 시늉을 하며 귀신을 쫓아 죽은 이의 저승길을 편하게 한다. 상여가 묘지에 다다르면 방상씨는 미리 파놓은 무덤 속에 들어가 네 귀퉁이를 칼로 치며 귀신을 쫓아낸다. 이는 죽은 이에게 원한을 가진 귀신이 죽은 자를 괴롭히지 못

방상씨탈
국립민속박물관 소장

하게 막기 위한 것이다. 관을 무덤에 넣을 때에 방상씨는 재빠르게 오던 길이 아닌 다른 길로 달아난다. 잡귀들이 그를 잡으러 따라오게 함으로써 주검이 무사히 무덤에 묻힐 수 있게 하기 위함이다. 이로 인해 방상씨 노릇을 한 사람은 귀신들에게 잡혀 죽을 수도 있다고 생각해 후한 대가를 받는다.

이렇듯 방상이란, 원래 고대 신(神)으로 분(扮)하여 역질(疫疾)을 쫓는 자를 일컫는 것인데, 후에 장례 때에 묘지에서 창을 들고 네 귀퉁이를 감시하고 엄호(掩護)하는 구실도 한 것 같다.

현존하는 국내의 방상씨 사진은 그리 많지 않을 뿐더러 방상씨탈은 국립민속박물관에 소장되어 있는 것이 유일하다. 이 탈은 채색하지 않은 목조탈로 귀까지 찢어져 있는 입과 네 개의 눈을 가지고 있다. 하지만 사진이나 그림, 문헌에서 묘사되어 있는 방상씨는 곰의 가죽을 뒤집어쓰고 네 개의 눈은 황금색을 하고 있다. 특히 네 개의 눈은 사람이나 동물, 그 어느 생명에서도 볼 수 없다. 하지만 그것은 두 눈을 가진 존재가 볼 수 없는 그 무엇, 다시 말해 잡귀 같은 것을 빈틈없이 잡아낼 수 있는 능력을 암시한다.

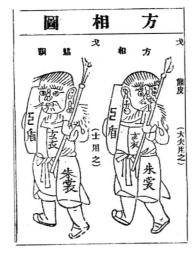

방상도(方相圖)
「사례편람(四禮便覽)」

머리 다섯 달린 | 오두귀신(五頭鬼神)

사람 형상의 붉은 몸뚱이에 머리가 다섯이고 양 손에
청룡도를 들고 있다. 등 양쪽에는 날개가 있으며 엉덩이에
소의 꼬리가 달려 있다. 위협적인 큰 칼을 들고 다닌다.

오두귀
20세기
개인 소장

사람들은 죽은 뒤에 남는다고 생각하는 혼령(魂靈)에 대해 눈에 보이지 않으면서도 사람에게 화복(禍福)을 준다고 믿는다. 혼령은 원시신앙에서 종교적 대상이 되기도 하는데, 범신론(汎神論)적인 이러한 존재를 귀신이라고 한다. 우리는 어떤 행동이나 동작, 예측이 정확하고 남다른 기술이나 숙달된 정도가 기막히게 신통하다는 뜻을 비유할 때 귀신같다고 한다. 귀신은 인성을 가진 인격신으로 보는 경향이 있는데 정초(正初)가 되면 한해 운세를 점치는 당사주책(唐四柱冊)에서 각종 귀신의 모습을 찾아볼 수 있다.

이 중 머리 다섯 달린 오두귀신(五頭鬼神)은 사람 형상의 붉은 몸뚱이에 머리가 다섯이고 양손에 청룡도(靑龍刀)를 들고 있다. 등 양쪽에는 날개가 있으며 엉덩이에 소의 꼬리가 달려있어 새, 인간, 소를 결합시켜 만든 일종의 상상의 동물이다. 머리가 다섯인 귀신의 신통력은 다섯 배로 강하다. 위협적인 큰 칼은 무서운 존재임을 나타내고 새의 날개와 꼬리는 동물임을 나타낸다.

귀신의 종류에 대해 19세기 풍속(風俗)을 기록한 『열양세시기(洌陽歲時記)』에서는 "갑작(甲作)은 흉악한 놈을 잡아먹고, 필위(胇胃)란 놈은 호랑이를 잡아먹고, 웅백(雄白)은 산이나 못의 귀신을 잡아먹고, 등간(騰簡)은 상서롭지 못한 놈만 잡아먹으며 강량(强梁)·조명(祖明)은 책사기생(磔死寄生)을 먹는다. 또, 위수(委隨)의 눈알을 귀신이 먹고, 착단(錯斷)은 큰 것, 즉 거(巨)를 먹으며, 궁기(窮奇)·등근(騰根)은 벌레를 먹는다."고 열두 종류로 기록하였다. 이러한 귀신들은 누구도 명확하게 본 사람이 없어 그 형상을 그려 내기란 쉬운 일이 아니다. 열두 귀신의 형상은 이름이나 상징에 따라 인간의 무한한 상상력으로 동물의 형태로 탄생된다. 사나운, 무서운, 기괴한, 흉측한 것이 귀신이지만 한편으로 귀신은 용서에 약하고 인정이 많아 귀신을 도와주면 기다렸던 소원이 신통하게 이루어진다고 생각하였다. 인간에 의해 만들어진 상상의 동물 귀신이 인간의 소원을 이루어주는 것이다.

이와 같은 상상의 동물 귀신은 각종 부적책에서도 많이 찾아볼 수 있다.

증산교 계통의 『태을경(太乙經)』「사해귀왕장(四海鬼王章)」에 나타난 동서남북 사해를 지키는 용왕의 일종으로, 용 글자체이면서 상상의 동물 형상이다.

바다의 상징인 용보다 네 배나 더 강한 힘을 지닌 신통한 귀신을 부적으로 표현하였다. 형상의 골격이나 기본 원칙없이 그려낸 작가의 상상력을 통해 흥미롭게 탄생된 귀신의 모습이다. 대체로 귀신을 표현하는 데 있어서 인간의 형상보다 동물의 형상을 많이 사용하였음을 알 수 있다.

귀신이 제일 무섭지만 귀신을 쫓는 각양각색의 부적을 만들어 낸 것도 인간이다. 경이로운 상상의 동물 귀신을 만들어 내고 그것을 막아주는 것 또한 땅에 사는 인간의 소산물로, 어디가 시작이고 끝인지 헤아릴 수 없다. 아름다운 상상력의 세계는 민속 문화의 꿈을 키우는 새로운 희망의 꽃이다.

태을경(太乙經) 부적
20세기
가회민화박물관 소장

물

용

현무

신구

경어

목어

하동

인어

세 발 달린 두꺼비

불멸의 신화 | 용(龍)

龍

사슴의 뿔, 소의 머리, 뱀의 몸, 물고기의 비늘, 독수리의
발톱, 입과 턱 아래 수염을 하고 있는 형상으로, 비를 내리게
하고 요괴나 귀신을 제압하는 능력이 있다. 장원급제,
입신출세, 만사형통 등 상서로운 의미와 더불어 제왕을
상징하기도 하며, 불교에서는 호불신으로 여겨지기도 한다.
즉 신령의 걸물이요 권위의 상징인 동물이다.

인간은 오랜 역사를 거치면서 다양한 상상의 동물들을 만들어냈다. 대개 이 상상의 동물들은 인간의 한계를 훨씬 능가하는 초자연적인 힘을 가지고 있다. 인간은 이 동물들을 창조하면서, 이들을 우주질서의 조화를 담당하는 신(神)의 영역으로까지 확장시켜, 인간의 한계성을 극복하고자 하였다.

다양한 상상의 동물 중에서도 용(龍)은 우리나라를 비롯한 동아시아의 역사, 문화, 종교에 지대한 영향력을 끼쳐 왔다. 용은 우주질서를 관장하는 신적(神的)인 역할뿐만 아니라 나중에는 정치권력과 결부되어 왕의 상징으로 사용되었다.

왕의 얼굴을 용안(龍顔), 왕이 앉는 의자를 용상(龍床), 덕을 용덕(龍德), 지위를 용위(龍位), 의복을 용포(龍袍), 천자의 위광(威光)을 빌어 자기 몸을 도사리고 나쁜 짓을 하는 사람을 '곤룡(袞龍)의 소매에 숨는다.'라고 말하기도 한다. 하지만 용은 단지 권력, 왕의 상징에서 그치는 것이 아니라 시간이 지나면서 점차 민속신앙의 대상으로 확산되고, 사회 전반에 걸쳐 폭넓게 자리 잡게 된다. 이에 비해 서양에서의 용(dragon)은 뱀과 같은 몸, 발에 발톱이 나 있고 날개가 달려 있으며 입에서 불을 내뿜는 모습으로 묘사되는 것이 일반적이다. 주로 암흑세계에 살고 죽음이나 죄악과 관계가 깊은 괴물로 등장한다.

사령도 중 청룡
조선시대
다보성 소장

문헌상의 기록

용을 비롯한 다양한 상상의 동물들이 중국에서 기원한 것은 주지의 사실이다. 중국 전한(前漢)시대의 문헌인『회남자(淮南子)』에 의하면, '깃털과 털, 비늘과 딱딱한 껍질을 가진 모든 것은 모두 용을 조상으로 하고 있다.'고 기록되어 있다. 후한(後漢)시대의 문헌인『설문(說文)』에서는 용에 대해 다음과 같이 이야기한다.

용은 비늘을 가진 동물의 우두머리이다. 어느 때는 눈에 보이지 않다가 보이기도 하며, 가늘거나 커질 수 있으며, 길거나 짧게 할 수 있다. 춘분에 하늘에 오르고 추분에 연못에 잠긴다.

(龍, 鱗虫之長 能幽能明 能大能小 能短能長 春分而登天 秋分而入淵)

위의 기록에서 용은 기괴한 모습과 능력을 갖고 있고, 하늘, 물과 연관되어 있음을 알 수 있다.

삼국시대 | 특히 용이 물에 살거나 혹은 물과 관계된다는 사실은 중국의 기록뿐만 아니라 우리나라의 『삼국사기(三國史記)』, 『삼국유사(三國遺事)』에서도 공통적으로 나타나고 있다.

우선 물과 연관된 기록을 살펴보면, 현존하는 최고(最古)의 문헌인 『삼국사기』에 용과 관련된 기사를 23건 이상 찾아볼 수 있다. 「신라본기 제 1 박혁거세(新羅本紀 第一 朴赫居世)」절에 '두 마리의 용이 금성(金城) 우물 가운데 나타났는데, 우레가 울고 폭우가 쏟아지며 궁성의 남문에 벼락이 쳤다.'고 기록되어 있다. 또한 같은 책 「신라본기 제 4 진평왕(新羅本紀 第四 眞平王)」절에는 '여름에 큰 한재가 들어, 시장을 옮기고 용을 그려놓고 비를 빌었다.'는 기록이 있다. 용과 물, 그리고 고대사회에서 감히 인간의 능력으로 조절할 수 없었던 비를 용과 연관시켜 '수신(水神)'으로 인식하였음을 알 수 있다. 고대 농경사회의 사람들은 이러한 용의 능력 때문에 자연스럽게 용을 중요한 신으로 섬겼다.

두 번째로 하늘과 연관되어 있는 기록에서, 용은 대개 건국설화에서 권위를 상징하는 것으로 나온다. 『삼국유사』「기이 제 1 북부여(紀異 第一 北夫餘)」절에 '천제가 흘승골성에 내려 왔는데, 다섯 마리 용이 끄는 수레를 타고 왔다.'는 기록이 있다. 같은 책 「혁거세(赫居世)」절에는 '계룡(鷄龍)의 옆구리에서 알영이 태어났다.'고 하였다.

건국신화에서 왕의 출생을 상징하던 용의 성격이 시간이 지나면서 점차 변화를 겪는다. 용은 진흥왕 이후 통일신라를 전후하여 불

강서중묘 청룡도
고구려시대

1971년 12월 21일 국보 제
136호로 지정되었다. 청동으로
만들어졌으며, 높이 73.8cm의
고려시대 작품이다. 용머리는
목에 비늘을 새겨놓아
사실적으로 표현했으며, 뿔이
앞뒤로 생동감있게 뻗쳐있어
더욱 힘차게 보인다.

금동 용두보당 (金銅龍頭寶幢)
(국보 136호)
고려시대
리움미술관 소장

교적인 성격을 지니게 된다. 같은 책「황룡사구층탑(黃龍寺九層塔)」절에 '자장(慈藏)이 중국 대화지(大和池)의 신인(神人)을 만났는데 황룡사 호법룡을 자신의 장자라고 하고, 국가를 위해 황룡사에 구층탑을 세우라고 전했다.'는 기록이 있다. 용이 불교에서의 호법(護法), 호국룡(護國龍)의 성격을 지니고 있음을 알 수 있다. 이로 인해 사찰의 건축물이나 불구류(佛具類), 불화(佛畵)에서도 용은 주요 소재가 되었는데, 이는 다음 장에서 자세히 살펴보고자 한다.

고려시대의 용 | 고려시대에도 삼국시대부터 갖고 있었던 용에 관한 생각들이 꾸준히 지속되었다. 즉 용은 왕권의 상징인 동시에 비를 관장하는 신적 존재로서 인식되었다.

태조 왕건(王建)은 민심을 유리하게 이끌고자 자신의 왕통(王統)에 용을 끌어들였다. 왕건은 용비늘(龍鱗) 두 닢을 국보로 매우 소중하게 간직하도록 하였다. 그 용비늘은 왕건의 할아버지인 작제건(作帝建)이 서해의 용녀(龍女)와 결혼한 용족임을 증명하는 것이다. 이것은 조선왕조까지 계승되어 상의원(尙衣院)에 보존되어 오다가 명종(明宗)때 경복궁 화재로 소실되었다고 한다.

태조의 훈요십조(訓要十條) 중 여섯 번째에 '연등회(燃燈會)·팔관회(八關會) 등의 중요한 행사를 소홀히 다루지 말 것'이라고 강조하였다. 여기에서 팔관회는 천령(天靈) 및 오악(五岳)·명산(名山)·대천(大川)·용신(龍神)을 섬기는 국가적인 행사로, 호국의 뜻을 새기고 복을 빌었다.

두 번째로 용이 비를 관장하는 존재로 인식되었던 것은 『고려사(高麗史)』의 기록에서도 찾아볼 수 있다.

현종(顯宗) 12년 4월에 날이 가물었다. 경오일(庚午日)에 비를 빌었다. 5월 경진일(庚辰日)에 남성 뜰 안에서 토룡(土龍)을 만들어 놓고 무당들을 모아 비를 빌었다. 경인일(庚寅日)에 비가 왔다.

선종(宣宗) 3년 3월 을유일(乙酉日)에 산천에다 비를 빌었다. 4월 계사일(癸巳日)에 또 비를 빌었다. 신축일(辛丑日)에 유사(有司)가 가뭄이 오래 지속되니 토룡을 만들고 또 민가에서도 용을 그려놓고 비를 빌게 하기를 청하니 왕이 하도록 하였다.

-『고려사』 권54 지8 오행2

용 그림이나 토룡을 만들어 기우제를 지내었다는 『고려사』의 기록을 통해 농사가 생업이었던 옛 사람들에게 가장 필수 요소인 비를 용과 밀접하게 연관시켜 인식하였던 것을 알 수 있다. 이 외에도 고려시대에는 불교적인 호법룡과 십이지신, 사신의 하나로 표현되는 도교적인 성격의 용이 다양하게 존재하였다.

조선시대의 용 | 고려시대와 그 이전부터 있었던 용에 대한 생각들이 조선시대에도 이어져 용은 제왕과 비를 주관하는 존재로 받아들여졌다. 하지만 『조선왕조실록(朝鮮王朝實錄)』에서는 자료의 방대함에 비해 용에 관한 직접적인 기록은 드문 편이다. 『조선왕조실록』에 등장하는 용은 대개 기우제의 용과 용의 출현 및 용꿈에 관한 기록을 찾아볼 수 있는데, 특히 풍수관계의 용이 등장하는 것이 이채롭다.

세조(世祖) 10년, 지리학자(地理學者) 최양선이 상언(上言)한 기록이다.

청화백자운룡문호
조선시대
국립고궁박물관 소장

'엎드려 생각하건대, 황운(皇運)이 크게 열리고 천기(天機)가 특별히 발(發)하여 지금 주불산(主佛山) 아래에 강룡(强龍)이 나타났는데, 천자의 지황궁(地皇宮) 안에 16강룡이 좌우로 나뉘어 줄지어 섰습니다. 6룡이 하늘에 임하는 덕과 광대하게 포용하는 기상은 인간 세상에서 드물게 만나는 경사인데, 옛날에 없었던 일입니다. 세상에 달사(達士)가 없어서 길상이 일어남을 보지 못하므로 신이 감히 그대로 보지 못하고 강룡의 형세를 그림으로 그려서 바칩니다.'

조선시대에는 용과 관계된 것은 오직 왕만이 누릴 수 있었다. 물론 문양으로 새긴 용이나 장식으로 쓰인 용은 별개지만 스스로를 용자(龍子)라고 칭하는 일은 엄격히 금지되었다.

승천(昇天)을 주제로 흥미 있게 노래한 용비어천가(龍飛御天歌)는 성군이 태평성대를 이루었기 때문에 용이 등장했다는 내용이다. 조선시대 후기의 기록에서 국가적인 용신제나 기우제를 찾아볼 수 있지만 역시 대중적인 용신신앙과는 거리가 먼 장원급제, 입신출세, 만사형통 등 상서로운 측면만 기록되어 있다.

용의 종류와 특징 | 중국의 지리서인 『산해경(山海經)』에서 용의 종류에 대한 자세한 기술을 찾아볼 수 있다.

신륵사다층전탑 기단부 운룡
(보물 226호)
고려시대

응룡(應龍) : 날개가 있는 비룡(飛龍) 하늘을 날고 비를 내리게 하는 용이다. 중국신화에서 '치우(蚩尤)가 황제에게 반란을 일으켰을 때 황제가 응룡을 시켜 공격하라고 명하였다. 우(禹)가 물을 다스릴 때에는 응룡이 꼬리로 땅에다 그림을 그렸다고 하니, 곧 물의 수호신이다.'라고 하였다. 『술이기(述異記) 용화(龍化)』의 기록에 따르면 교(蛟)는 천 년이 지나야 용이 될 수 있으며, 용은 또 오백 년이 있어야 각룡(角龍)이 될 수 있고, 각룡은 천년이 지나야 응룡이 될 수 있다고 하였다. 즉 용 중에서도 응룡이 가장 신기하고 기이한 용이었음을 알 수 있다.

촉룡(燭龍) : 중국 종산의 신 『산해경』에 따르면 "이 신이 눈을 뜨면 낮이 되고 눈을 감으면 밤이 되며, 입으로 입김을 세게 불면 겨울이 되고 숨을 들이마시면 여름이 된다. 마시지 않고 먹지 않으며 숨쉬지 않는데 숨을 쉬면 바람이 된다. 몸의 길이가 천리나 되며 그 형체가 사람의 얼굴에 뱀의 몸을 하고 붉은 빛이며 종산의 아래에서 산다. 촉음(燭陰)이라고도 불린다."고 기록되어 있으며, 늘 초 하나를 입에 물고 북쪽의 어두운 천문(天門)을 비춰주어 촉룡이라는 이름이 붙여졌다고 한다.

저파룡(猪婆龍) 입이 작은 악어처럼 생겼고 몸길이는 두 길쯤 되며, 네 개의 다리를 가지고 있고 등과 꼬리가 모두 딱딱한 비늘로 덮여 있다. 성품이 게으르고 잠자는 것을 좋아하여 누가 건드리면 화를 낸다. 자신의 꼬리로 뱃가죽을 두드리면 아름다운 소리가 나는데, 나중에 죽임을 당해 그 가죽으로 북을 만들었다고 한다.

훼룡(虺龍) : 큰 이무기의 일종 훼룡이 오백 년을 살면 교룡(蛟龍)이 된다고 한다. 이무기는 용이 되려다 못되고 물속에 사는 큰 구렁이다. 이무기는 천 년을 기다려야 용이 될 기회를 얻는다고 한다. 훼룡의 형태는 은대 도철문(饕餮紋)에서 자주 찾아볼 수 있다.

교룡(蛟龍) : 오백 년을 산 훼룡 교룡은 깊고 큰물에서 산다고 믿었으며, 대개 물고기 무게가 2천 근이 넘으면 교룡이라고 부르기도 한다. 교룡은 수중 생물의 신이며 『설문』에 이르기를 '용에 속하며, 뿔이 없는 것을 교(蛟)라 하고 벌레를 따라 서로 소리를 낸다.'고 하였다.

규룡(虯龍) : 뿔이 있는 용 중국 위나라 자전인 『광아(廣雅)』에는 '비늘이 있는 것을 교룡, 날개가 있는 것을 응룡, 뿔이 있는 것을 규룡, 뿔이 없는 것을 이룡(螭龍), 하늘로 승천하지 못한 것을 반룡(蟠龍)이라 한다.'고 적고 있다.

이룡(螭龍) : 뿔이 없는 용 때로 용의 암컷이나 붉은색 호랑이 형태를 하고 비늘을 가진 용을 일컫기도 한다. 이룡은 특이하게 인간과 자연에 해를 끼치는 괴수로 묘사되기도 하는데, 『박물도록(博物圖錄)』에는 '이룡은 뿔이 없으며 만물에 해를 끼친다.'고 기록되어 있다.

사령도 (왼쪽부터 해태, 용, 봉황, 선학)
조선시대
다보성 소장

기룡(虁龍) 기룡은 용의 한 종류라기보다『산해경』의 기(虁)라는 상상
의 동물에서 비롯된 것이다. 다만 그 형태가 용과 유사하여 기룡이
라 불리게 되었다. '기의 생김새는 소와 같고 푸른 몸에 뿔이 없으며
발은 하나'라고 한다. 문양에서는 뇌문(雷紋)과 비슷하여 도철문과
같은 괴수의 형상으로 표현되며, 은대의 청동기에 자주 등장한다.

이 밖에도 용을 음양오행과 결부시킨 황룡(黃龍), 청룡(靑龍), 적룡
(赤龍), 백룡(白龍), 현룡(玄龍 혹은 黑龍)이 있다. 이들은 각각 방위와
계절을 상징하는데, 동쪽은 청룡, 남쪽은 적룡, 중앙은 황룡, 서쪽은
백룡, 북쪽은 현룡이 담당한다. 계절에 대입해보면 봄이 청룡, 여름
이 적룡, 가을이 백룡, 겨울이 현룡이다.『삼국유사』에도 계룡(鷄龍),
적룡(赤龍), 해룡(海龍), 황룡(黃龍), 어룡(魚龍), 독룡(毒龍), 청룡(靑
龍), 교룡(蛟龍) 등 다양한 용들이 등장한다.

또한『산해경』에서 '뇌신(雷神)은 곧 용신(龍神)으로서 머리는 사람
과 같은 모양을 하고 있는데, 그 배를 북처럼 울려서 천둥을 치게 한
다.'는 기록이 있다. 즉 천둥, 번개나 비바람 같은 기상현상(氣象現象)
을 신의 조화라고 생각했던 것을 알 수 있다. 그리고 용어(龍魚)라고
하여 상반신은 사람, 하반신은 물고기인 것도 있다.

용의 아홉 아들(龍生九子) | 용에게는 아홉 아들(龍生九子)이 있었는데, 명나라의 호승지(胡承
之)가 쓴『진주선(眞珠船)』에 그 성격이 기록되어 있다.

비희(贔屭) 패하라고도 하며, 모양은 거북을 닮았다. 무거운 것을 지
기를 좋아하여 돌비석 아래에 놓는다.

이문(螭吻) 조풍(嘲風) 또는 치미(鴟尾)라고도 하며, 모양은 짐승을 닮
았다. 먼 곳을 바라보기 위해 높고 험한 곳을 좋아하며 화재를 누를
수 있어 전각의 지붕 위에 세운다.

포뢰(蒲牢) 모양은 용을 닮았고, 울기를 좋아하여 범종의 상부 고리
에 매단다. 포뢰는 특히 바다의 고래를 무서워하므로 종을 치는 당

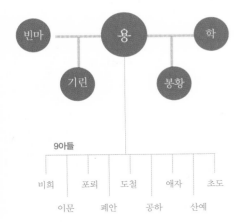

목은 고래 모양을 취하여 포뢰를 겁주며, 더욱 우렁차고 힘차게 울도록 한다.

폐안(狴犴) 헌장(憲章)이라고도 하며, 모양은 호랑이를 닮았다. 위력이 있으므로 옥문(獄門)에 세우거나 관아(官衙)의 지붕에 장식한다.

도철(饕餮) 치문(蚩吻)이라고도 하며, 먹고 마시는 것을 좋아하므로 주로 솥의 뚜껑에 세우거나 식기(食器), 반기(飯器)에 시문(施文)한다.

공하(蚣蝦) 범공(帆蚣)이라고도 하며, 물을 좋아하여 다리의 기둥에 세운다.

애자(睚眦) 살생을 좋아하므로 칼의 콧등이나 손잡이에 조각한다.

산예(狻猊) 금예(金猊)라고도 하며 모양은 사자를 닮았다. 연기와 불을 좋아하여 향로에 새기며, 또한 앉기를 좋아하여 불좌나 용좌에 쓴다.

초도(椒圖) 초도(椒塗)라고도 하며 모양이 나방을 닮았다. 닫기를 좋아하여 문고리에 붙인다.

위에 언급된 용의 아홉 아들과 각각의 성격은 이후 용을 소재로 한 미술 및 조각 도상에 꾸준히 사용된다.

상징과 의미

불교에서의 용 | 위에서도 언급했듯이 용은 불교와도 밀접한 관계를 지니고 있다. 이것은 고대 인도의 사신(蛇神) 숭배에서 비롯된 것으로 알려져 있는데, 우리나라에는 대개 통일신라를 전후하여 불교와의 연관성을 찾아볼 수 있다. 특히 사찰의 창건과 관련된 것이 많으며 황룡사(黃龍寺), 구룡사(九龍寺) 등과 같이 용을 사찰의 이름으로 내세우기도 하였다. 이는 용을 불법의 수호자로 인식하였기 때문이다.

절에 걸린 범종에는 대부분 용이 조각되어 있는데 이를 용뉴(龍

목어
조선시대
안동 봉정사

사찰건축속의 용두

鈕)라고 한다. 용뉴는 종을 종각에 거는 부위로 음통과 연결시켜 준다. 신라시대에는 주로 용을 한 마리만 조각한 것이 많았고 조선시대에는 쌍룡으로 된 것이 많은데 예술적으로도 뛰어난 작품성을 보여준다. 특히 용뉴에 보이는 용은 포뢰(蒲牢)라고 부른다. 포뢰는 용의 아홉 아들 가운데 하나로, 소리 지르는 것을 좋아하지만 고래를 무서워해서 고래를 만나면 크게 운다고 한다. 그래서 고래 모양의 당(撞)으로 종을 치는 것은 여기에서 기인한 것이다. 이외에도 단청이나 벽화, 탱화 등에 용을 응용했고 불교의 영향을 받은 용신도, 혹은 용왕도에서도 쉽게 용을 만날 수 있다. 또한 불교의 향로 뚜껑에도 용의 아들 중 하나인 불과 연기를 좋아하는 산예(狻猊)를 조각하여 넣는다.

불교에서 말하는 용왕, 용신은 팔부중의 하나로 불법을 수호하는 반신반사이다. 팔부중이란 천, 용, 야차, 건달파, 아수라, 가루라, 긴나라, 마후라가를 가리키는데, 신앙적인 면에서 보면 불법을 보호하는 호법신, 혹은 호불신의 성격을 지닌다. 이 가운데 용은 원시 불교 성전 이래 수신으로 등장하며, 선악의 양면관계로 나타나기도 한다.

『불법인연승호경(佛說因緣僧護經)』을 보면, 용이 사람으로 변해 석가모니가 머물고 있는 기원정사에 가서 비구가 되었고, 1만4천 마리의 용이 일시에 불법에 귀의했다는 기록도 있다. 또한 제호법신(諸護法神) 중 하나이자 용왕의 딸인 용녀(龍女)가 『법화경(法華經)』의 제바달다품(提婆達多品)에 나온다. 사갈라 용왕의 딸이 여덟 살이었을 때 문수보살의 불법을 듣고 나서 순식간에 남자의 몸으로 변신하여 깨달음에 이르렀다는 일화이다. 이것은 용녀 성불의 예로서 유명하다.

사찰 벽화에서 볼 수 있는 용녀 그림은 상반신은 천인상 또는 공양여신상의 모습이다. 여의보주가 담긴 반을 양손으로 받쳐 들고 있고 하반신은 용의 몸체를 하고 있어 아마도 용녀의 이미지를 표현한 것으로 보인다.

또한 불교에서는 참된 지혜와 깨달음을 얻은 중생이 극락정토로

가기 위해서는 반야용선(般若龍船)을 타고 건너가야 한다. 이로 인해 불교미술에서는 반야용선을 타고 열반의 세계로 향하는 모습이 자주 표현된다. 배의 형상은 일정하지 않고 쪽배의 형태이며 용을 형상화한 선박으로 표현된다. 1750년에 제작된 은해사 염불왕생첩경도(念佛往生捷徑圖), 1868년에 제작된 통도사 반야용선도(般若龍船圖)가 유명하다.

공주 마곡사 대광보전의 내부 충량에는 녹색 상의를 입은 동자가 용의 등에 올라타 날아가는 모습이 그려져 있다. 용은 서기(瑞氣)를 내뿜고 여의주를 쥐며 빠른 속도로 날고 있는데, 이 속도감은 동자의 천자락이 바람에 휘날림으로 표현하였다. 용은 부릅뜬 두 눈과 뿔,

동자기룡도(童子騎龍圖) (보물 802호)
조선시대
공주 마곡사 대광보전

수염, 이빨을 비롯하여 큼직하게 비늘을 그렸고, 몸통 중간 부분에는 큰 날개가 있어 응룡임을 알 수 있다. 전체적으로 녹색과 적색의 대비가 조화를 이루고 있다.

水 물의 신화 | 용(龍)

전등사 대웅전 (보물 178호)
조선시대

홍성 고산사 대웅전 (보물 399호)
조선시대

성주 월항 신석사 불단
조선시대

낙산사 동종 용뉴
(보물479호)
조선시대

강진 용소 농기(農旗)
19세기
농업박물관 소장

미술에 보이는 용 | 조선시대 후기에는 민간에서 해마다 정초에 세화(歲畵)로 용을 그리거나 목판으로 찍어내 대문에 붙이는 풍습이 성행하였다. 용신의 힘을 빌려 오복(五福)이 대문 안으로 들어오기를 바라는 우리 조상들의 소박한 마음을 엿볼 수 있다. 세화로 그려진 용은 구름 속에 잠겨 있는 운룡도(雲龍圖)이거나 푸른 용이 여의주를 희롱하는 청룡도(靑龍圖)가 대부분이다. 간혹 황룡도나 흑룡도, 또는 두 마리 혹은 그 이상의 용이 등장하는 쌍룡도(雙龍圖)나 오룡도(五龍圖), 구룡도(九龍圖)도 있다. 구룡은 석가모니가 탄생할 때, 하늘에서 아홉 마리의 용이 내려와 입으로 물을 뿜어 깨끗이 씻어 주었다는 불교 설화에 등장하기도 한다.

운룡도는 대개 기우제 때 많이 사용되었으며 청룡도는 장식과 벽사, 복록의 의미로 병풍이나 족자(簇子)로 그려진 것이 대부분이다. 물론 문인화(文人畵)같이 문자향(文字香), 서권기(書卷氣)를 중시했던 화목(畵目)에서는 용이 나타나지 않는다.

그러나 문인들도 자신의 꿈이 표현된 용 그림을 장식화로 좋아하였고, 이는 지금도 많이 남아 있다. 특히 선비들의 사랑방을 장식했던 그림 중에는 용 그림이 많았다.

문자도(文字圖) 중에서도 충(忠) 자를 형상화한 그림은 어변성룡(魚變成龍)이 그 주된 모티브이다. 이는 위에서 밝힌 대로 입신양명을 소원했던 옛 선비들의 꿈이 잘 표현되어 있는 것이다. 그렇다면 등용문, 어변성룡은 단지 문자도에서만 나타나는 것일까? 물론 그렇지는 않다. 여러 민화에서 이 모티브는 자주 등장한다. 잉어가 용으로 변하는 장면만을 순간적으로 잡아낸 그림이 있고, 서왕모로 추정되는 신선이 같이 등장하는 그림까지 그 천변만화(千變萬化)는 예측을 불허한다. 바로 이러한 변화무쌍함이 민화의 맛이 아닐까.

이와는 약간 다르지만 화룡점정(畵龍點睛)이란 고사성어의 유래도 재미있다. 중국의 유명한 화가인 장승요(張僧繇)가 벽에 용을 그린 후 눈동자를 그려 넣자 용이 생기를 띠어 승천했다는 것이다. 물론 이 이야기의 핵심은 용에 있는 것이 아니고, 용 그림에 눈동자를 그려 넣은 행위, 그 자체에 있다. 즉 어떤 일에서 가장 요긴한 부분이나 중심이 되는 부분을 뜻하는 것이 바로 화룡점정인 것이다. 이 성어(成語)에 얽힌 고사가 재미있기는 하지만 이를 모티브로 하여 그린 그림은 없는 듯하다.

그런데 민화의 용그림 중에서 상당량은 용과 함께 별이나 책 등이 그려져 있다. 이를 해석하는 데 있어서 중국 명대(明代)의 서적인 『삼재도회(三才圖會)』에서 그 실마리를 찾아볼 수 있다.

이 그림은 두성도(魁星圖; 우리 발음으로 괴성이나 북두칠성을 뜻하는 의미로 글자가 쓰였으므로 두성이라 해야 옳을 듯하다)로 북두칠성인 자미원(紫薇垣)의 첫 번째에서 네 번째(그림에서는 세 개만 나와 있다)까지의 별을 그린 것이다. 이 별은 모두 문장(文章)을 담당하는 별로 두성(魁星)이라 한다. 그림에서는 문장을 담당하는 두성을 인격화하여

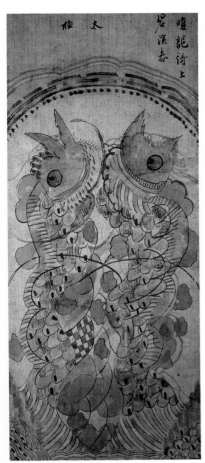

민화 쌍룡도
조선시대
개인 소장

용그림
조선시대
신라방 소장

책가도
조선시대
계명대학교 박물관 소장

신(神)으로 표현하고 있다.

　즉 두성은 문장을 담당하는 신, 혹은 별로서 젊은 선비들이 이를 숭상했다. 그런데 후에는 이 두성이 규성(奎星; 지금의 금성, 문장을 담당한다고 알려진 별. 이십팔수[宿] 중의 하나)과 혼동되어 쓰이게 된다. 이는 규장각(奎章閣)이라는 조선시대의 도서관 이름에서도 능히 알 수 있다. 이 두성도를 잘 보면 두성신이 발을 딛고 있는 것은 바로 용이다. 즉 두성과 용, 거기에는 문장이란 의미가 포함되어 있는 것이다.

청룡도(靑龍圖) 인간은 태어나서 죽을 때까지 좌청룡 우백호라는 풍수에서 벗어나지 못하였다. 우리 조상들은 삶의 본바탕인 집을 치장하고 복을 빌며 사악함을 쫓는다는 기본적인 틀 속에서 삶을 영위하였다. 그러므로 조상들의 모든 일상에서 용과 관련이 없는 것은 없다고 할 정도로 용의 영향력과 표현은 넓고도 깊었다. 더욱이 젊어서는 장원급제나 입신출세를 용과 같이 이루어지기를 염원하였고 용꿈이라도 꾼 자는 그 이상을 이루려 했다. 중년을 넘어 안정기에 들면 용과 같이 승천하여 천하를 소유하는 호연지기를 꿈꾸는 등 인간의 바람은 끝이 없었다.

　대체로 용은 오방(五方) 오색(五色)으로 동의 청룡(靑龍), 남의 적룡(赤龍), 서의 백룡(白龍), 북의 흑룡(黑龍)과 중앙에 황룡(黃龍)을 나타내고 있어 모두 오룡(五龍)이 등장한다. 이 가운데 청룡이 가장 많이 그려지는데 구름 속에서 얼굴과 반신을 드러내기도 하고 때로는 S자형의 전신이나 쌍 S자형의 쌍룡이 그려지기도 하였다.

　청룡은 기우제에 상징물이기도 하였으며 사계절 가운데 봄을 관장하여 비를 내려 풍년을 기원하는 농악의 선두 깃발이기도 하였다. 농경 사회였던 옛날 하늘을 바라보고 살던 우리 조상의 생활상을 들여다 볼 수 있는 좋은 자료이다. 또한 무속이나 설화 등에서 용왕의 상징으로 청룡을 자주 그렸으며 무관들의 칼이나 도자기와 같은 공예품 등에서도 청룡도(靑龍圖)가 일반적으로 사용되었으므로 인간

청룡기
조선시대
국립고궁박물관 소장

에게 복록과 같은 상징을 가진 친숙한 그림으로 변하였다.

용 그림은 구름이나 파도 속에서 용이 승천하면서 비약하는 표현이 대표적이다. 조선 전기의 그림에 나타나는 용은 대체로 파도문(波濤文)을 배경으로 하고 조선 중기와 후기의 그림은 용신도(龍神圖)를 제외하고는 대체로 구름 속에서 나타나는 경우가 많다. 시대가 올라갈수록 용은 물속에서 산다는 생각이 많았다. 이것은 당시 사람들이 용궁과 같은 인간세계가 있었다고 믿었기 때문이다. 후대에는 구름 속에서 노니는 용이 많이 등장하는데, 용의 신통스런 조화는 하늘에서 이루어진다고 생각했기 때문이다.

용과 관련된 많은 작품을 남긴 조선시대 대표적인 화가는 다음과 같다. ① 윤두서(尹斗緖, 1668~1715), ② 김응환(金應煥, 1742~1789), ③ 석경(石敬, 15세기 중엽~16세기 전반기), ④ 심사정(沈師正, 1707~1769), ⑤ 정선(鄭敾, 1676~1759)

황룡도(黃龍圖) 무한한 능력을 가진 용의 상징성은 천후(天候)를 다스리는 것이 절대적으로 요청되는 농경문화권에서 군왕과 자연스럽게 결합되었다. 용은 권위와 조화의 초능력을 가진 신령스런 동물로 임금을 상징하였다. 임금의 얼굴은 용안(龍顔), 임금이 앉는 평상은 용상(龍床), 임금이 입은 옷은 곤룡포(袞龍袍) 등으로 모든 명칭들에 용이 사용되었다. 황룡은 대체로 임금, 군주에게만 사용되는 특권적인 용이었다. 특히 동서남북, 중앙의 다섯 방향 중에서 중앙을 의미하는 황색의 황룡은 임금과 같은 상징성이 부여되었다.

불교에서도 수호신으로 다양한 용이 등장하는데 석가모니에 상응하는 용으로는 반드시 황룡을 그리고 있다. 또 용의 발톱의 수가 중국은 다섯 개인 오조룡(五爪龍), 조선은 네 개인 사조룡(四爪龍), 일본은 세 개인 삼조룡(三爪龍)으로 묘사된다. 이때 오조룡은 중국의 황제를 상징한다. 종교화나 기우제, 민화 등에 나타나는 황룡은 오조(五爪)로 그려 용 중에서도 으뜸임을 드러낸다.

적의보
조선시대
국립고궁박물관 소장

효제문자도 충(忠)
20세기
가회민화박물관 소장

황룡이 임금을 상징하는 그림 중에서 가장 재미있고 적절한 것은 문자도(文字圖)가운데 충(忠) 자를 들 수 있다. 국가와 통치자인 임금과 백성의 성립은 단연 통치자를 보필할 충신이 있어야 태평성대를 이룰 수 있을 것이다.

황룡으로 구(口) 자를 만들고 충절을 상징하는 대나무로 직선을 내리 그어 중(中) 자를 만든다. 그리고 잉어가 용으로 변신하면서 심(心) 자를 만들어 충(忠) 자를 형성한다. 즉 어변성룡(魚變成龍)이다. 용과 잉어, 그리고 새우(蝦)와 조개(蛤), 거북 등을 함께 그렸으며, 새우와 조개는 단단한 껍질로 쌓여 있어 굳은 지조를 상징한다. 여기에는 축하의 뜻도 있어 신하와 왕의 충성을 백성들이 마음으로 축하하는 내용을 담았다.

민화 속에 등장하는 용은 호랑이와 함께 가장 한국적인 심성을 잘 표현한다. 중국의 용은 어느 누가 봐도 위엄과 권위에 치우친 무서움이 느껴지는 용으로 객관적이고 합리적이다. 지나치게 크고 위협적인 뿔과 긴 수염 속에 가지런하면서도 날카로운 이빨, 뾰족한 송곳니, 뱀처럼 길게 늘어뜨린 긴 몸체, 광기어린 눈 등에서 지나친 완벽성이 싫증을 느끼게 한다.

이에 비해 한국의 용은 주관적이고 추상이 넘치는, 비합리적이면서도 권위적이고 위엄이 있어 약간은 애교스러운 면까지 보인다. 역시 상상의 동물이므로 작가의 마음속에서 더러는 생략하고 어떤 면은 단순화시키면서 묘사하였다. 그래서 한국의 용은 너그러운 시골 할아버지 같은 친근감이 넘치는 모습이다. 민간에서 흔히 사용된 벽사용이나 청룡백호의 장식에서는 용이 마치 사람의 얼굴이나 순한 짐승의 얼굴처럼 표현되어 있다. 이런 그림 속에서 용은 웃음이 귀엽고 순진하며 해학적이고 익살스러운 모습까지 드러난다. 특히 도자기 속에 나타나는 용 그림 가운데는 과감한 생략으로 어렵게 생긴 머리 부분을 구름 속에 감추고 구름 사이로 약간씩 드러나게 용의 몸을 그렸다. 용을 힘 있고 빠른 필치로 상상 속에서 표현했기 때문에,

용호도
조선시대
안백순 소장

보는 사람도 상상력을 동원해서 그 뜻을 읽어내야 하는 경우가 있다.

용마(龍馬)와 승룡도(乘龍圖) 중국 고대의 신화적 인물인 복희(伏羲)는 황하에서 용마가 등에 짊어지고 나온 팔괘(八卦)를 받았다고 한다. 여기에 등장하는 용마는 말 그대로 용과 닮은 말, 혹은 신성한 말 등으로 생각할 수 있다. 『삼재도회(三才圖會)』나 『고금도서집성(古今圖書集成)』 같은 유서(類書)에 간혹 용마의 그림이 보인다. 용이 상상의 동물이듯이 용마도 그렇다. 그림마다 각각 생김생김이 다른데 『삼재도회(三才圖會)』의 그림은 확실히 용에 가까운 모습이다. 이에 반해 『고금도서집성(古今圖書集成)』이나 다른 민화 등에 등장하는 용마는 말이나 사슴 혹은 거북 모양 등 그 생김새가 천차만별이다. 특히 거북 모양을 닮은 것은 용마로 보기보다는 귀룡(龜龍)으로 보는 것이 더 적절하다.

물론 팔괘와 관련이 있는 것은 용마이지 용은 아니다. 하지만 민화에서 이 양자는 곧잘 혼동되어 쓰였다. 기우제에 등장하는 용 그림 중에는 그 옆에 팔괘가 뚜렷이 보이는 것도 있다. 이는 용마와 팔괘가 와전되어 용과 팔괘로 변형된 모습이다.

이와는 다르지만 용이 등장하는 민화 중에 승룡도(乘龍圖)라는 것이 있다. 이것은 말 그대로 신선이나 선녀 같은 신령스런 인물이 용을 타고 있는 그림이다. 이 승룡도 중에서 대표적인 것이 두성(魁星) 혹은 규성(奎星)을 같이 그린 승룡도(乘龍圖)도이다.

민간신앙에서의 용 | 우리나라에서 용은 권위(權威), 기복(祈福), 기우(祈雨), 벽사(辟邪), 호법(護法), 입신(立身) 등의 의미를 지니고 있어 예술작품의 소재로 다양하게 사용되었다. 용의 무한하고 경이로운 조화능력과, 장엄하고 화려한 모습이 작품들 속에서 드러난다. 이를 도식화하자면 "용→군왕→하늘의 뜻"으로 연결되어 있으며, 역사 속의 용은 상류계층의 특권적인 신앙적 표현과 깊은 관련이 있다. 왕이 죽어 나라를 지키는 용이 될 수 있다고 믿었으며 죽은 왕 또한 용이 되어 왜구로부터 백성을 지켜 준다고 믿었다. 이처럼 왕권을 강화하거나 수호의 상징으로서 용을 신격화하게 된다.

하지만 용이라는 상상의 동물이 지배계층의 전유물(專有物)이었던 것은 아니다. 우리나라 민속에서 용은 중국과 일본과는 다른 독특한 특성을 지니고 있다. 이것은 우리 고유의 민속놀이나 신앙에서 용이 차지하는 비중을 보아도 알 수 있다. 지배층은 주로 권위와 입신의 상징으로, 피지배층은 벽사와 기복의 의미로 주로 사용하였다. 불교에서는 호법 등의 의미로 사용되었고, 결국 우리 민족은 상하 모든 계층에서 용을 사용했음을 알 수 있다.

용 신앙 우리 조상들은 용이 인간과 가까운 곳에 살고 있다고 믿었다. 바다나 큰 강은 물론 집 안 우물이나 작은 개천, 큰 바위 아래, 치성을 드리는 샘터에도 용이 있다고 생각했다. 조상들은 이런 생각과

**지배층에서의
용의 의미**

**불교에서의
용의 의미**

**피지배층에서의
용의 의미**

함께 용을 믿고 섬기는 신앙을 발전시켰다. 땅 위의 일은 산신령이 주관하고 하늘이나 바다는 용이 지배한다고 생각했다. 하늘의 천재지변이나 뇌우를 관장하는 용은 용신(龍神)으로, 바다를 관장하는 용은 용왕(龍王)으로 신격화하였던 것이다.

용신에 관해서는 위에서도 살펴보았듯이 『삼국사기』나 『삼국유사』 등의 기록에서 개국설화와 연관이 깊게 등장한다. 이는 용신과 제왕의 권력을 결부시켜 신성함을 강조하였던 것이다. 하지만 민간에서는 권력의 상징이라기보다 사해(四海)를 관장하며 기우, 풍어, 풍년, 무사항해 등을 담당하는 신, 동신(洞神)으로 모셔진다. 특히 민간에서는 용신을 수신(水神)으로 숭배하였다. 비 오는 것을 관장하는 신처럼 생각하였다. 『삼국유사』 「보양이목(寶壤梨木)」 조에는 신라 말에 보양이 운문사(雲門寺)를 창건하는 내용의 설화가 다음과 같이 수록되어 있다.

"보양과 배나무. 승려 보양전에는 그의 고향과 씨족을 싣지 않았다…… 천제가 이목의 주제넘은 행동을 벌주고자 죽이려 하였다. 이목이 급히 고하니 법사가 마루 밑에 숨겼다. 조금 있으니 천사가 정원에 내려 이목을 내어놓으라고 청했다. 법사가 정원 앞에 있는 배나무를 가리키자 당장 배나무에 벼락을 치고 그는 하늘로 올라갔다."

(寶壤梨木 釋寶壤傳 不載鄕井氏族…天帝將誅不識 璃目告急於師 師藏於床下 俄有天使到庭 請出璃目 師指庭前梨木 乃震之而上天)

『삼국유사』 권제4, 6장

이는 불교와 습합(習合)된 수신(水神)으로서의 용신이라고 할 수 있다. 수신으로서의 용신신앙은 현재 전라도, 충청도 등지의 내륙 지방에서 발견된다. 주로 마을 우물이나 샘을 용신의 거주처로 간주하고 그곳에서 용왕굿이나 용신제를 지내기도 한다.

바다와 멀리 떨어져 있는 내륙 지방에서는 샘이나 우물에서 용왕

당나라 장수 소정방이
조룡대(釣龍臺)에서
용을 낚는 그림
조선시대
개인소장

제를 지내기도 한다. 용신은 남성과 여성이 있는데, 남신은 주로 해일과 바람을 관장하고, 여신은 비와 구름을 관장한다.

또한 민간에서는 우물이나 장독대에 정화수(井華水)를 떠다 놓고 이를 용왕신으로 모시기도 하였다. 이는 터주신이나 토지신과 같이 집안의 평화를 기원하는 마음에서 비롯된 것이다. 바다를 끼고 있는 마을에서는 용왕단을 설치하고 풍어제(豊漁祭)를 지내기도 하였다. 이 풍습은 지금까지도 전승되고 있는데, 고기잡이를 떠나기 전에 배 위에서 용왕신에게 제물을 바치며 풍랑을 피하고 만선(滿船)이 되도록 기원하였다. 민중들이 인식했던 용은 대개 풍어(豊漁), 풍농(豊農), 복락(福樂), 벽사(辟邪) 등의 성격을 띠고 있다.

벽사(辟邪)의 용 용이 벽사의 의미로 사용된 것은 『삼국유사』 「처용랑 망해사(處容郎 望海寺)」의 기록에서 찾아볼 수 있다.

"그중에서 일곱째 아들이 왕을 따라 서라벌로 들어가 왕의 정사를 도왔는데, 그의 이름을 처용이라 했다. (중략) 이 일로 말미암아 나라 사람들에게는 처용의 형상을 문에 그려 붙여서 사귀를 물리치고 경사로운 일을 맞아들이는 습속이 생겼다."

처용이 신라의 서라벌로 들어온 것이 신라 헌강왕 때이니 서력으로 따지면 876년부터 886년 사이의 일이다. 비록 처용랑 망해사조의 기사가 모두 믿을 만한 것은 아니다. 그러나 당시 유행했던 풍속을 일연이 나름의 기준으로 채록(採錄)한 것인 만큼 그 당시 처용이라는 용자(龍子)의 형상을 문에 그려 붙였다는 것은 사실인 듯하다. 또한 이러한 풍속이 조선 말까지 내려왔던 사실을 보면, 용을 세화(歲畵)로 쓴 것은 신라 때부터라고 보아도 무리는 없을 것이다.

그런데 그 기사 말미에 사귀를 물리치는 것뿐만 아니라 경사스러운 일을 맞아들인다고 기록하고 있다. 이 당시부터 용을 벽사용이면서 함께 복록(福祿)을 비는 존재로 생각했음을 알 수 있다. 즉 오복(五福)을 불러오고 사귀를 물리치며 집안을 보호하는 역할을 맡은 용 그림은 오랫동안 우리 민족과 함께 숨쉬고 있었던 것이다. 여기서 오복은 수(壽), 부(富), 강령(康寧), 유호덕(攸好德), 고종명(考終命)을 말한다.

입신(立身)의 용 세화로서의 용호도, 청룡과 황룡 등을 그린 용도병풍(龍圖屛風), 문자도(文字圖)의 충자(忠字)에 그린 용 그림 등 대부분이 장식적이고 필선이 섬세하며 채색이 화려하다. 어변성룡도에는 충절을 상징하는 대나무와 어변성룡(魚變成龍)을 축하하는 새우나 가재 모양의 하고(蝦姑, 갯가재)와 조개, 거북 등이 함께 그려져 있다. 이것은 『후한서(後漢書)』의 「이응전(李膺傳)」에서 유래한 것이다. 해마다 봄철이 되면 황하 상류인 용문협곡에서 뭇 잉어가 모여 급류를 타고 뛰어오르는데, 이때 성공한 잉어가 용이 된다는 설화이다. 이는 경쟁을 물리치고 과거에 급제하여 신하가 되어 나라에 충성한다는 등용문(登龍門) 고사와 연결시킬 수 있다.

용하면 떠오르는 고사성어가 많은데 가장 유명한 것이 바로 등용문(登龍門)과 화룡점정(畵龍點睛)이다. 등용문은 '오르면 용이 되는 관문'이란 뜻이고, 화룡점정은 '용을 그리고 눈동자를 찍는다.'는 뜻이다. 둘 다 고귀한 인물이나 견줄 데 없이 중요한 일을 뜻한다.

등용문은 중국 운강이천(雲岡伊川)의 양편 기슭을 말하는데, 이 기슭의 단애(斷崖)는 매우 경사가 심하고 험하다. 이 단애는 다른 말로 이관(伊關)이라고도 한다. 강바닥도 단층이 심해서 바다 혹은 하류에서 올라오는 물고기는 이 이상 올라올 수가 없다. 그래서 발군의 물고기만이 그 어려운 난소를 거슬러 올라 올 수 있다. 잉어가 이 단애를 거슬러 올라가면 용으로 승천한다는 고사에서 나온 말이 바로 등용문이다. 즉 어변성룡(魚變成龍)이 되는 것이다.

입신양명(立身揚名)은 옛 선인들에게 있어서 인생의 목적이 될 만

화조 8폭 병풍 부분
20세기
가회민화박물관 소장

큰 중요한 것이었고 특히 유학(儒學)에서 중요시하던 덕목이었다. 무위자연(無爲自然), 곧 은둔의 철학을 주창한 노장철학과는 대조적이라 할 수 있다. 조선은 유학이 나라의 근간이었다. 그러므로 학문을 하는 선비는 누구나 입신(立身)하여 양명(揚名)하기를 바랐다. 이것이 바로 용으로 표현되었던 것이다.

전설 속의 용 충남 부여군에 있는 백마강(白馬江)에는 강 한 가운데 수중암(水中岩)이라는 작은 섬 모양의 바위가 있다. 전설에 의하면 중국 당나라의 무장인 소정방(蘇定方, 592~667)이 부소산을 공격할 때 강을 건너기가 어려울 정도로 안개가 자욱했다고 한다. 그 때 사람들이 말하기를 "백제의 의자왕(義慈王, ?~660)은 낮에는 사람으로 밤에는 용으로 변하는데, 전쟁 중에는 계속 용으로 변해 있어 안개가 걷히지 않는 것이라고 했다." 그 말을 들은 소정방은 백마의 머리를 미끼로 삼아 용을 잡아 올렸고 이내 짙은 안개가 걷혔다고 한다. 이때부터 백제를 휘감아 흐르는 금강을 '백마강', 소정방이 용을 낚았다는 강 가운데 바위섬을 '조룡대'라 불렀다고 한다. 다시 말해서 백제 무왕(武王)의 화신인 청룡을 낚아 올려 용의 조화를 막고 풍랑을 멎게 한 것이다.

바다 속의 이상향, 용궁 『심청전』, 『구운몽』, 『별주부전』을 보면 꿈속에서나 볼 수 있는 용궁을 생생하게 소개하고 있다. 용에 대해 언급할 때 빠지지 않는 것 중의 하나가 바로 용궁이다. 용궁은 말 그대로 용이 사는 궁, 곧 수궁을 말한다. 우리가 어렸을 적부터 들어온 별주부 이야기라든지, 효녀 심청이 인당수에 빠지는 등의 친숙한 이야기에 별천지 용궁이 등장한다.

　판소리나 고소설에 등장하는 용궁은 대개 휘황찬란한 보석과 금비단으로 치장한 화려한 곳이다. 우리 선조들은 이상향이 하늘이 아닌 수중에 있다고 상상한 것 같다. 판소리나 고소설에서 용궁의 역할

구운몽도 재현 부분
송규태 작

**구운몽도 부분_용궁에서
전쟁에 나가는 물고기 병정들**
조선시대
개인 소장

은 사건의 극적인 반전을 꾀하기 위한 장치이다. 이를테면 효녀 심청이 인당수에 빠져 목숨이 경각에 달려 있을 때 용궁이라는 기상천외한 곳이 등장한다. 용궁은 효녀 심청이 그동안의 고생을 보상받는 첫 단계가 된다. 이미 돌아가신 어머니와 상봉하는 대목에 이르러서는 읽는 이의 마음도 들뜨게 된다. 이 극적인 순간, 배경이 되는 곳이 바로 용궁이다.

이와는 대조적으로 『구운몽(九雲夢)』에 나타나는 용궁은 전쟁터이다. 이 전쟁은 언뜻 보면 상서와 남해태자와의 싸움이나, 그 발단이 된 것은 양소유가 용녀를 취(取)한 데서 비롯된 것이다. 용(龍)인 남해태자는 자신의 짝이 될 용녀를 양소유가 취하자 분기가 끓어오르지 않을 수 없었다. 하지만 남해태자는 온몸에 상처를 입고 지고 마는데 이 대목은 소설의 앞뒤를 가르는 중요한 대목이다. 배경은 역시 용궁이며, 생룡(生龍)인 남해태자가 직접 등장한다는 점이 흥미롭다.

용궁 하면 떠오르는 첫 번째 이미지는 별주부전에 등장하는 용궁일 것이다. 병든 용왕을 치료할 약을 구하기 위해 뭍으로 힘겹게 기어 올라온 별주부, 그리고 토끼를 꾀어 용궁으로 데려가는 모습 등은 읽는 이로 하여금 현실과는 다른 이상향을 머릿속에 계속 그리게 한다. 용이 상상의 동물이듯 용궁을 다녀온 사람은 아무도 없다. 일반 백성은 차마 구경조차 힘든 궁중치레나 음식 등이 소개되고 있어서, 우리 조상들의 상상력과 함께 풍요로운 삶에 대한 소망을 읽을수 있다.

용꿈과 속담 인간은 꿈을 통해서 앞날의 길흉을 점쳐 보기도 하고 현실의 인생무상을 달래기도 한다. 속담 또한 재미있는 일화나 우화를 빗대어 교훈을 담는다. 이처럼 꿈과 속담은 일반 상식에서부터 인간의 생활지혜가 드러나 그 민족의 정서를 알 수 있는 귀중한 단서가 된다. 우리나라 사람에게 어떤 꿈을 꾸기를 원하느냐고 물어보면, 대다수가 무의식적으로 용꿈을 선호하고 그 다음이 돼지꿈이다. 돼지꿈이 단순히 재물의 풍요를 의미한다면 용꿈은 한자성어의 "등용문(登龍門)"에서 알 수 있듯이 관직의 출세나 입신양명의 꿈 해몽으로 이해하고 있다. 그래서 꿈 가운데서도 가장 꾸기 어려운 것이 용꿈이라고 한다.

용은 왕(임금), 장원급제, 사업의 성공, 득남 등 최상의 상징성을 가진 동물로 여긴다. 그래서 만약 용꿈을 꾼 경우에는 비밀스럽게 간직하다가, 꿈이 이루어졌다고 판단한 후 자랑하는 경우가 종종 있다. 용꿈은 아무에게나 나타나지 않기 때문에 '하늘에서 별을 따는 것' 만큼이나 어렵고 신비롭다. 이 때문에 용꿈을 사고파는 경우도 있는데, 부인에게 비싼 값을 치른 선비가 장원급제를 했다거나 꿈을 팔러 다니는 걸인 이야기 등이 그것이다.

용 속담은 인명, 지명 등과 관련하여 일반 생활 풍속을 알게 해주는 귀중한 민속 자료이다. 그리고 속담을 통해 민간인의 생활 철학을

경복궁 홍례문 치미와 잡상

표현하기도 한다. '미꾸라지 천년이면 용이 된다.' '용 못된 이무기 심술만 남았다.' 등은 삶에 있어서 성실한 노력과 인성을 가르치는 교훈을 주고 있다. 용을 출세의 상징으로 또는 신분 상승의 개념으로 생각하고 이에 알맞은 속담이 만들어진다. 간혹은 높은 신분을 용에 빗대어 허세와 명분만을 내세우는 것에 대한 비판도 있다.

요즘에는 용꿈과 속담이 비속한 것으로 인식되고 있는 듯하다. 용꿈을 꾸면 복권부터 사는 '실개천 용꿈'으로 용이 변화되어가는 것은 아쉬운 일이다. 용꿈을 본인의 이상세계에 대한 예시로 생각하기보다는 일간지 사회면에서 볼 수 있는 '순간의 행운'이라고 판단하는 것은 물질 만능주의의 일단일 것이다. 속담 또한 자신보다 능력이 앞서거나 출세한 사람을 '그래, 너 용됐다.' 식으로 비아냥거리는 풍조 또한 그 예일 것이다. 그러나 용처럼 우리 민족에게 친숙한 상상의 동물은 없을 것이다. 조상들은 용을 미래의 큰 희망과 꿈을 통한 영매의 역할로 생각하였다. 이러한 조상의 풍속이 계승되었으면 한다. 용은 어려운 현실을 이겨내고 새로운 시대를 열어가는, 승천하는 활력으로 이해되어야 할 것이다.

잡상(雜像)과 용 잡상은 기와지붕의 추녀마루 위에 올려놓은 일종의 토우(土偶)로서 건물을 수호하는 역할을 한다. 대체로 잡상은 『서유기』에 등장하는 인물들인 대당사부(大唐師傅:삼장법사 현장, 손행자(孫行者:손오공), 저팔계, 사화상(沙和尚:사오정) 또는 십상(十像)인 용, 봉황, 사자, 기린, 천마, 해마, 물고기, 해치, 후(吼), 원숭이 등으로 구성된다. 그러나 잡상 중에는 용으로만 구성된 것도 있다. 창덕궁 인정전 잡상의 경우 처마 끝부터 용생구자(龍生九子)인 비희, 이문, 포뢰, 폐안, 도철, 규복(수우라고도 한다), 애자, 산예, 초도와 용두(龍頭)로 구성되어 있다.

괴성도 魁星圖

자미성(紫微星-북두성)에서 가장 빛나는 별이 두성(魁星-우리 발음으로 괴성이나 북두칠성을 뜻하는 의미로 글자가 쓰였으므로 두성이라 해야 옳을 듯하다)이다. 두성은 본디 문장을 담당하는 별이었으므로 젊은 선비들이 이를 숭상했다. 후에 규성(奎星-지금의 금성, 문장을 담당한다고 알려진 별. 이십팔수[宿] 중의 하나)과 혼동되어 쓰였다.

三才圖會 卷 三十一

갑진신장명맹비경 甲辰神將名孟非卿

갑진신장, 이름은 맹비경이라 한다.

三才圖會 卷 三十一

용어 龍魚

용어는 바다에서 살며 모양은 용과 같으나 수염이 많이 났으며 뼈가 없다. 맛이 좋다.

三才圖會 卷 七十四

교어 鮫魚

교어란 본래 상어를 뜻하나 여기에서는 이러한 뜻이 아니다.

교해어(鮫海魚)다. 모양은 악어와 비슷하고 발이 없으며 등에 있는 문양은 마치 거북이 같다. 단 거칠고 딱딱한 가죽[鱷錯皮] 사이에 구슬이 있는데 칼로 새끼를 놀라게 하면 곧장 어미 뱃속으로 들어가 숨는다. 대개 용주(龍珠)는 운운……

三才圖會 卷 七十四

용마 龍馬

맹하에서 나온 용마는 인마(仁馬)였다. 높이는 여덟 자 다섯 촌이
었으며 목이 길고 겨드랑이 위에 날개가 있으며 그 옆으로 털이 드리
워져 있어 물위로 걸어 다녀도 빠지지 않는다. 성인이 나서 세상 사람
을 다스리면 곧 천하는 도(道)를 사랑하게 된다. 땅은 본디 보물을 사
랑하지 않는다. 이런 까닭으로 황하에서 용마가 나왔던 것이다.

三才圖會 卷九十二

위에서 살펴본 것처럼 용은 한국을 비롯한 동양 사람들에게 오랫
동안 권위의 상징이자 신령스러운 동물로서 인식되었다. 전설에 의
하면 용이 구름 속에서 학과 연애하여 봉황을 낳았다고 하고, 땅에
서 빈마(牝馬)와 결합하여 기린을 낳았다고 한다. 심지어는 사자도
용의 아홉 자식 중 하나라고까지 생각할 정도로 용은 천변만화가 무
궁하여 측량하지 못할 능력을 지닌 상상의 영물(靈物)인 것이다.

**직지사 대웅전
비룡벽화**
조선시대

유물에서 보이는 용의 종류

운룡도 — 구름에 파묻힌 용으로 기우제때 많이 사용된다.

청룡도 — 장식, 벽사, 복록의 의미로 병풍과 족자로 많이 사용된다.

황룡도 — 중국 우임금의 탄생과 관련이 있다.

청화백자운룡문호
조선시대

홍문대기
조선시대

황룡기
조선시대

황룡 오회문4호묘
고구려 시대

유물에서 보이는 용의 아홉 아들

비희 — 무거운 것을 좋아하여 주로 돌비석 아래에 놓는다.

이문 — 먼 곳을 바라보길 좋아하고 화재를 누를 수 있어 전각의 지붕 위에 놓는다.

포뢰 — 울기를 좋아하여 범종의 상부 고리에 매단다.

폐안 — 호랑이를 닮았다. 위력이 있어 옥문에 세우거나 관아의 지붕에 장식한다.

고달사 원종대사 혜진답비 귀부
(보물 6호)
고려시대

낙산사 원통보전 이문

상원사동종용뉴 통일신라시대

단청
홍점석 (중요무형문화재 단청장)

흑룡도 오방 가운데 흑룡은
북쪽을 지킨다

유용존 조선시대

쌍룡도 한쌍의 용은 더 큰
힘을 상징한다.

쌍용각보개 조선시대

쌍용상의자 조선시대

구룡도 용의 종류는
아홉 종류로 알려져 있다.

구룡도 (부분) 조선시대

도철 먹고 마시는 것을
좋아하여 식기,
반기에 사용
한다.

청자비룡형형주자 고려시대

공하 물을 좋아하여 다리
의 기둥에 장식
한다.

창덕궁 부용지
조선시대

애자 살생을 좋아하여 칼
의 콧등이나 손
잡이에 조각
한다.

(충무공유물)명조팔사품 중
귀도 (보물440호)
조선시대

산예 사자를 닮았다. 불을
좋아하여 향로에
새긴다.

유제향로 조선시대

초도 나방을 닮았다. 닫
기를 좋아하여
문고리에 장
식한다.

불국사 문고리

거북과 뱀의 조화 | 현무(玄武)

암수가 한 몸이고 거북과 뱀이 모인 것을 이른다. 북방에 위치하고 있으므로 현(玄)이라 하고 몸에 비늘과 두꺼운 껍질이 있으므로 무(武)라고 한다.

인간의 풍부한 상상력으로 창조해 낸 상상의 동물들 중 하나인 현무(玄武)는 거북과 뱀이 배를 맞대고 멋들어지게 휘감긴 형태로 상징된다. 현무는 고구려 고분 벽화 속에서 북방(北方)을 수호하며 청룡(靑龍), 백호(白虎), 주작(朱雀)과 함께 사신(四神)으로 사방(四方)을 지키는 수호신이다.

문헌상의 기록

『초사(楚辭)』의 「원유(遠遊)편」 보주(補注)에 현무라 이름 붙인 까닭에 대해서 설명한 글이 있는데, "현무는 암수가 한 몸이고 거북과 뱀이 모인 것을 이른다. 북방에 위치하고 있으므로 현(玄)이라 하고 몸에 비늘과 두꺼운 껍질이 있으므로 무(武)라고 한다."고 하였다. 한편 송나라 고사손(高似孫)의 『위략(緯略)』에 "거북은 물에 살며 물은 북쪽에 속하고 그 색이 검어서 현(玄)이라 한다. 거북에는 등껍질이 있어서 공격을 막을 수 있으므로 무(武)라 한다." 고 하여 현무가 거북에서 기인했음을 기록하고 있다.

상징과 의미

현무는 물의 기운을 맡은 태음신(太陰神)이고, 계절로는 겨울, 색(色)으로는 검정을 상징한다. 북방, 수기(水氣), 현(玄:검정), 겨울 등 모두 음양오행설에 근거한 것이다. 신령스러운 동물 가운데 암수가 한 몸인 현무는, 암수가 합쳐진 성(性)을 상징한다고 하여 민간신앙에서 남녀 사랑의 신으로 모셔지기도 한다. 이영옥은 「고구려 고분벽화의 사신도 연구」에서 이에 대해 "생물은 봄에 발생하였다가 가을에 결실을 맺고 고사(枯死)하는 과정 속에서 흙 속 어둠에서 한때를 보내고 다시 발생하게 되는 자연의 질서를 따른다. 이와 같이 거북은 남성 상징의 뱀으로부터 생명의

씨를 받아 어둠의 세계에서 한때를 보낸 후 새 생명체의 출생을 보게 된다."는 상징적 의미가 담긴 것으로 보고 있다. 조선 태종 13년(1413)에는 소격전(昭格殿)에서 진무초례(眞武醮禮)를 치렀다는 기록이 남아 있는데, 진무초례는 진무, 즉 현무에게 전통혼례의식의 한 절차인 초례를 지내는 것이다.

또한 현무는 지진을 일으키고 화산을 폭발시키는 무한한 상상의 능력을 가지고 있어 하룻밤 만에 태산을 만들고 없애는 능력을 가졌다고 전해진다. 근본적으로는 수호신이면서도 강인한 힘의 아름다운 조화를 사랑의 상사로 표상한 것을 보면, 현무는 뛰어난 조합성을 상징적으로 잘 그려낸 상상의 동물이다.

동물과 동물의 합성, 현무 | 신비한 사방의 별자리를 상상의 동물상으로 상징하여 죽은 자의 무덤 속에 그려진 사신도(四神圖)는 5~6세기의 고구려 고분 벽면에 등장하기 시작하여 6~7세기에 수도 평양(平壤)과 집안(集安) 지역에서 주로 유행하였다. 인간은 사후 다시 환생할 수 있으며 환생하는 오랜 기간 동안 무덤을 무사히 보호하고 지켜준다고 믿어 음양오행설에 바탕을 두고 형상화된 사신도를 무덤 벽화로 그렸다.

평양지역에는 개마총(鎧馬塚), 약수리벽화분(藥水里壁畵墳), 강서중묘(江西中墓), 강서대묘(江西大墓) 등의 벽화고분이 대표적이다. 이들 중에서도 개마총의 현무가 쌍현무로 표현되어 흥미롭다. 거북과 뱀이 하나를 이루는 현무가 두 쌍 등장한 이 고분에는 각각의 뱀이 서로 몸을 한 차례 휘감고 있는 형상으로 완벽한 대칭구도를 이루고 있다. 이러한 쌍현무도는 중국에서도 발견된 사례가 없어 고구려인들의 독자적인 상상력으로 보다 강력한 시원 속에서 탄생한 현무 도상으로 여겨진다.

강서중묘의 사신도는 전반적으로 부드러운 선으로 그려져 온화한 감을 주지만 그 구도는 약동감이 넘친다. 특히 현무는 거북의 등을 가졌지만 강인한 힘이 넘치는 말의 형태로 공중에 떠 있는 듯 기묘하

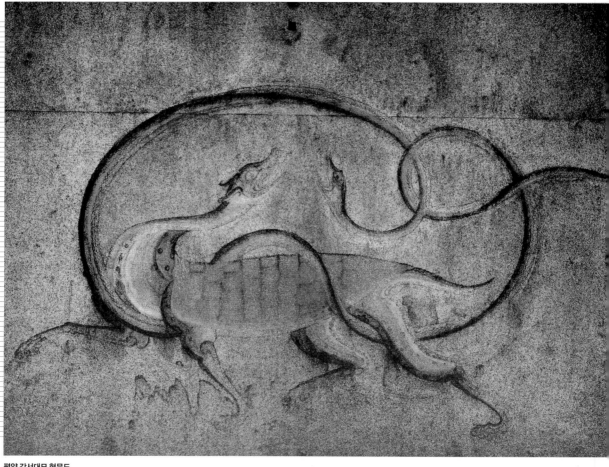

평양 강서대묘 현무도
고구려시대

게 표현되었다.

강서대묘의 현무도는 고구려 회화의 조형미가 가장 원숙하고 세련된 사신도의 대표작이라고 할 수 있다. 거북을 한 차례 휘감은 긴 뱀의 타원형의 곡선이 자아내는 훌륭한 공간 분할과 서로 맞댄 두 개의 머리 사이의 팽팽한 긴장감, 그리고 격동하는 몸체는 힘에 넘쳐난 구성이다. 뱀의 비늘이나 귀갑무늬도 섬세하게 그려지고 있고 힘찬 선묘사와 채색에도 뛰어난 입체감을 보인다. 상상의 동물이면서도 현세의 동물처럼 생생하고 신비롭게 표현되었다.

집안지역의 현무 도상은 강서대묘의 현무 도상과 유사하다. 특히 통구사신총(通溝四神塚)의 현무는 강서대묘의 현무와 동일한 구성을 이루지만 거북을 휘감은 뱀의 머리와 꼬리가 여러 번에 걸쳐 복잡하게 얽혀 있다는 차이점이 있다.

무덤을 지키는 현무의 조형물은 고구려시대에 유행되었지만 고려시대와 조선시대에 이르면서 남아있는 자료들이 흔치 않게 되었다.

사자(死者)의 수호신 | 2009년 원주 동화리에서 발견된 노회신(盧懷愼, 1415~1456) 벽화묘를 통해 고려시대에서 조선시대로 넘어가는 시점의 현무 도상을 살펴보면, 고구려 고분벽화에서 유행하던 거북과 뱀이 엉켜 있는 전통적인 현무 도상이 사라진 것을 알 수 있다. 뱀이 빠지고 거북이 단독으로 그려져 있어 신령스러움이라곤 전혀 찾아볼 수 없는데, 상상의 존재인 현무의 모습보다 이야기 속 토끼와 경주하는 귀여운 모습의 거북처럼 표현되었다. 현무의 입에서 위쪽으로 길게 피어오르는 서기(瑞氣)만이 신격화된 현무의 영험한 모습을 나타내는데 이조차도 꽃을 입에 물고 있는듯 해학적이다. 현무 뒤쪽으로 높고 낮은 뾰족한 산의 형태가 보이는데 노회신 벽화묘 사신도 가운데 유일하게 주변 배경을 설정하였다. 육안으로 보이는 먹선은 산으로 보이지만 현무가 북쪽의 칠성(七星)을 관장하는 신이라는 점으로 볼 때 북두칠성(北斗七星)을 그렸을 가능성도 배제할 수 없다.

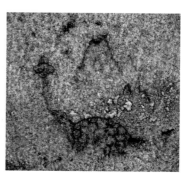

**원주 동화리 노회신
벽화묘 1호석실 동벽
현무도**
조선시대

조선시대 현무는 백호와 마찬가지로 왕실 의궤를 통해 살펴볼 수 있다. 조선시대에는 왕실의 국장(國葬)을 치를 때 왕이나 왕비의 관이 산릉(山陵)에 도착하면, 이를 임시로 모셔두는 찬궁(攢宮)에 사신도를 그렸다. 관을 묻고 난 뒤에는 찬궁(攢宮)과 함께 사신도가 불태워졌기 때문에 국장 당시에 그려진 원래의 사신도는 당시를 기록한 의궤를 통해서만 전해진다. 조선왕조『산릉도감의궤(山陵都監儀軌)』를 연구한 한국학중앙연구원 윤진영의 글을 통해 1630년부터 1926년까지 의궤에 기록된 현무 도상의 변화와 흐름을 살펴보면 주목할 점이 있다. 초기에 고구려 고분벽화의 전통적인 현무 도상을 따르다가 1757년 제작된『정성왕후 산릉도감의궤(貞聖王后 山陵都監儀軌)』부터 거북의 몸을 휘감고 있던 뱀이 사라진 형태로 표현된 것이다. 얼굴을 맞대고 팽팽한 긴장감을 형성하던 뱀이 빠지면서 추상적이고 신령스러운 요소가 탈피된 모습이다. 뱀이 빠지면서 생긴 빈자리는 거북의 머리와 서기문(瑞氣紋)을 강조하여 채웠다. 이러한 급격한 변화는 사실주의적 표현이 두드러지는 사회적 분위기로 인해 사신을 현실적으로 파악하려 했기 때문으로 보인다. 이렇게 형성된 현무 도상은 이후 강한 영향력으로 조선시대 말기까지 영향을 미쳐 신구(神龜)라는 신령스러운 거북의 형태로 나타난다. 이러한 상상의 동물은 비현실적이라 생각할 수도 있지만, 꿈과 낭만이 깃들어 있고 공상과 환상이 조화롭게 어우러져 있다.

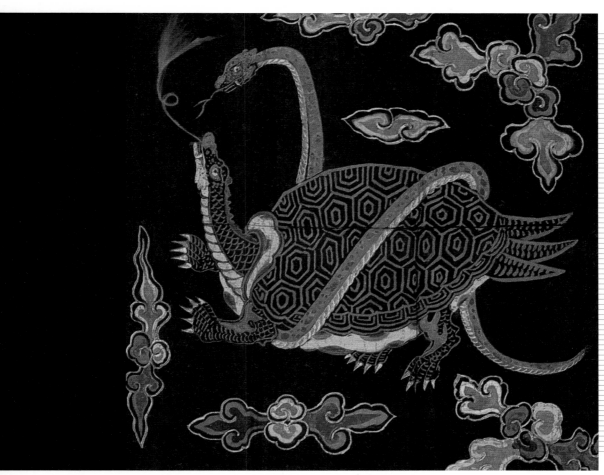

현무기(玄武旗)
조선시대
국립고궁박물관 소장

신과 인간의 매개자 | 신구(神龜)

용의 얼굴에 입으로 상서로운 기운을 내뿜고 있다. 생김새가 등껍질은 하늘처럼 둥글어 그 표면에는 별자리가 나타나 있으며 배는 평평하여 땅을 나타낸다. 영묘한 거북은 신구(神龜)이며 흙색의 정화로 오색이 선명하여 존망과 길흉을 안다.

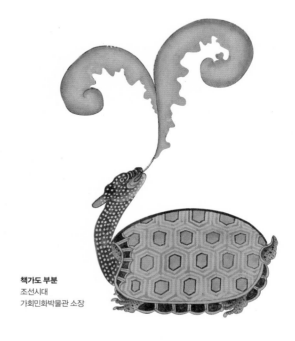

책가도 부분
조선시대
가회민화박물관 소장

신령스런 거북, 신구 | 거북은 수명이 길고 수륙양생(水陸養生)이라는 특성 때문에 신성한 동물로 여겨졌다. 신구(神龜)는 거북을 신령스런 형태로 표현한 상상의 동물이다. 상상의 동물들은 대개가 초자연적인 힘을 가지고 우주질서 속에서 어떤 영역을 담당하기 위해서 창조되는데 이러한 창조의 방법 중 가장 간단한 것이 실재의 동물에 상상적 요소를 가미하는 방법으로, 신구가 바로 그러한 예이다. 후한(後漢) 반고(班固)의 『백호통(白虎通)』에는 "영묘한 거북은 신구(神龜)이며 흙색의 정화로 오색이 선명하여 존망과 길흉을 안다."고 하였다.

신구는 용의 얼굴에 입으로 상서로운 기운을 내뿜고 있다. 생김새가 등껍질은 하늘처럼 둥글어 그 표면에는 별자리가 나타나 있으며 배는 편편하여 땅을 나타낸다. 즉 그 모습은 우주의 축도와 같고 천지음양의 힘을 나타낸다. 한편 우리 선조들은 바다 위에 떠 있는 섬을 거북이 등으로 알기도 했다. 동해 바다 가운데 삼신산(三神山)이라는 선인의 나라가 있는데, 이 섬은 아홉 마리의 거북이 등으로 이루어져 있다고 생각하였다고도 한다. 고대인들에게 거북이란 하늘에 상치하는 땅이고 정신세계에 대한 물질계의 상징이었던 것이다.

예부터 상서로운 길조가 보일 때 나타난다는 신령스러운 네 가지 상상의 동물인 용(龍), 기린(麒麟), 봉황(鳳凰), 거북[龜]을 일컬어 사영수(四靈獸)라 하였다. 이들 가운데 거북은 현실 속의 거북이 아닌 상서로운 기운을 내뿜는 신구로 표현된다. 사신(四神)의 현무(玄武)를 닮은 모습으로 앞서 현무에서 살펴본 바와 같이 오랜 세월동안 현무가 변화하여 형성된 도상이 신구인 것으로 보인다.

청자귀형수주 (보물 452호)
고려시대
국립중앙박물관 소장

문헌상의 기록

조선 『선조실록(宣祖實錄)』에 선조 27년(1594) 7월 7일 선천군에서 잡은 거북이를 서울로 올려 보내도록 한 기사가 기록되어 있다.

"이제 평안도 첩정(牒呈, 첩보)을 보니 지난달 3일에 선천군에서 신구(神龜) 한 마리를 잡았다고 하였다. 왕자(王者)의 상서 네 가지 중에 거북이 그 하나를 차지한다. 옛글에 거북은 천 년이 지나야 한 자가 된다고 하였는데 하물며 2자 5치임에랴. 참으로 이는 신기한 물건이다. 서맥(瑞麥)이 호남에서 상서를 나타내고 신구가 관서(關西)에서 기적을 보였으니 왜적은 평정하잘 것도 없고 국가의 중흥(中興)은 점치지 않고도 알 수 있다…(후략)."

한 자(尺)가 약 30cm정도 되니 2자(尺) 5치(寸)면 약 75cm 정도의 길이로, 당시 보기 드문 크기의 거북이었던 것으로 여겨진다. 천 년이 지나야 한 자, 즉 30cm가 된다고 생각하던 당시 기준으로 75cm면 2500년가량 산 거북이로 신구라 여길 만 하였다. 당시 임진왜란(壬辰倭亂, 1592년) 등으로 위태로운 시국에서 신구의 출현은 왜적을 평정하고 국가를 다시 일어나게 할 상서롭고 길한 징조였던 것이다.

상징과 의미

예언적 영험력 | 용이 모든 동물의 우두머리, 봉황이 모든 새의 우두머리로 믿어졌던 것처럼 거북은 개충(介蟲, 갑충)의 우두머리로 여겨졌던 동물이다. 거북은 실재하는 동물임에도 불구하고 오랜 역사를 통해 영험하고 신령스러운 동물로 여겨졌다. 옛사람들은 거북이 주술적 효능을 가지고 있다고 믿어 등껍질을 불에 구워 트는 모양을 보고 앞날의 길흉과 운세를 보았다. 일설에는 점(占)자 모양이 거북등에 막대기를 꽂고 그 방향을 가리키는 형상이라고도 한다. 이처럼 거북과 점복(占卜)은 밀접한 관계가 있다. 거북은 길흉을 점치고 거울은 미추(美醜)를 구별해 준다 하여 본받을 만한 모범을 귀감(龜鑑)이라 불렀다. 한자의 원형인 갑골문자(甲骨文字)도 거북등[龜甲]에서 나왔다.

도석인물화 8폭 병풍 부분
조선시대
계명대학교박물관 소장

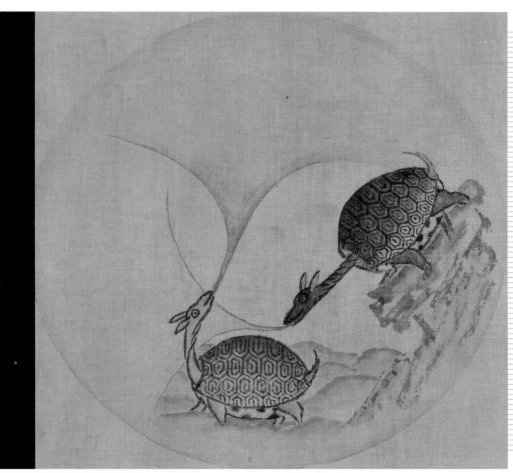

관동팔경도 10폭 병풍 부분
조선시대
가회민화박물관 소장

도석화
조선시대
개인 소장

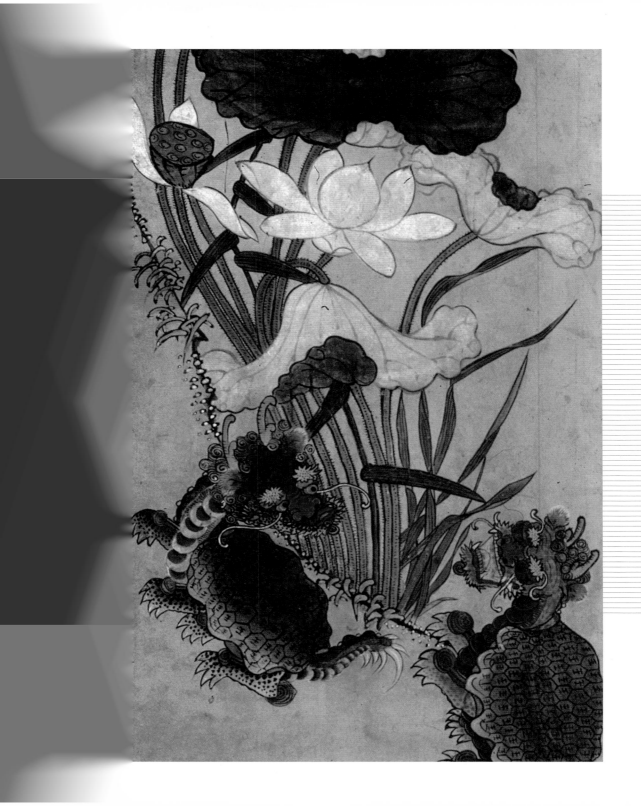

한편,『삼국유사(三國遺事)』기이(紀異) 제2가락국기(駕洛國記)에 가락국(駕洛國) 시조인 수로왕(首露王)의 강림신화(降臨神話)가 나오는데 제왕의 출현과 관련한 주술적 제의로 구지가(龜旨歌)를 부른 내용이 기록되어 있다. 여기서 거북은 신성한 군주의 출현을 촉구하는 백성의 뜻을 신에게 전달할 수 있는 매개자였다. 기록에 따르면 후한(後漢) 광무제(光武帝)의 건무 18년 3월, 낙수(洛水, 낙동강)에서 계(禊)가 베풀어지고 있던 날의 일이다. 마치 거북이가 엎드려 있는 듯한 생김새를 하고 있는 구지봉(龜旨峰)이라는 마을의 북쪽 산에 심상치 않은 소리와 기색이 마을 사람들에게 들려왔다. 300여 명의 마을 사람들이 그 소리를 좇아 모여들자 분명히 사람의 목소리인데도 그 모습을 찾아 볼 수 없었다. 다시 소리가 들려왔다. "이곳에 누가 있는가." 아홉 마을의 촌장들이, "우리들이 있습니다."라고 대답했다. "지금 내가 있는 이곳이 어디인가." "구지(龜旨)라고 하옵니다." "나는 황천(皇天)의 명(命)에 따라 이 땅에 새 나라를 만들고 국왕이 되기 위해 천강(天降)하였다. 그대들은 이 산정(山頂)을 파면서 다음과 같은 노래를 해라. '거북아, 거북아, 목을 내밀라. 내밀지 않으면 구워서 먹어버린다.' 그리고 춤추어라. 이것이 곧 대왕을 맞아 환희용약(歡喜踊躍)하는 것이니라." 아홉 명의 촌장을 비롯하여 300여 명의 군중이 춤추며 이 노래를 불렀더니 이윽고 하늘에서 6개의 황금알이 내려와 6명의 귀공자(貴公子)로 변하여 각각 6가야(伽倻)의 왕이 되었다. 그 중 제일 큰 알에서 나온 사람이 수로왕이었다는 이야기다. 주몽이 금와왕 군사들의 추격을 피해 남쪽으로 갈 때에 다리를 놓아 도운 거북도 같은 의미를 지닌다.

또한 백제 말 의자왕(義慈王) 때의 어느 날, 귀신이 대궐에 들어와 "백제망(百濟亡), 백제망."이라고 소리친 후 땅 속으로 들어갔다. 이러한 변을 괴상히 생각한 왕은 사람을 시켜 귀신이 들어간 땅을 파 보게 했더니, 거북이 한 마리가 나타났다. 거북의 등에 "백제동월륜, 신라여신월(百濟同月輪 新羅如新月)."이라는 글이 적혀 있었다. 왕이 무당에게 그 뜻을 물었더니 무당이 말하기를 "백제는 만월처럼 찼으므로 기울 것이며, 신라는 초승달 같으므로 장차 흥할 것이오."라고 답하였고 예견대로 백제는 신라에 멸망하였다.

길상의 상징, 수신(水神)의 사자(使者) | 거북은 3천 년을 산다는 생물학적 특징 때문에 장수의 상징으로 여겨진다. 민화의 십장생도에 그려지는가 하면 장수하는 사람을 경하하고 더욱 만수무강하기를 빌 때에 '귀령학수(龜齡鶴壽)'라는 글귀를 써서 보내기도 한다.

신라무열왕릉비
(국보 25호)
통일신라시대

또한 벼루의 뚜껑이나 자물쇠, 도장의 손잡이, 비석이나 기념탑의 받침 등 여러 물건에 거북을 조각하였다. 이렇게 거북의 형상으로 조각된 도장의 손잡이를 귀뉴(龜紐)라 하고, 비석이나 탑의 받침을 귀부(龜趺)라 한다. 귀부는 장생과 길상을 표상하는데 경주의 신라 무열왕릉비(武烈王陵碑)에 있는 것이 대표적이다. 귀부에 나타난 거북의 경우, 용의 아홉 아들 중 비희(贔屭)로 보기도 한다. 비희는 몸은 거북이지만 용의 모습을 하고 있으며 무거운 것을 들기 좋아하는 특징 때문에 무거운 비석을 받치는 귀부로 표현한 것이라 한다.

국내 남아있는 귀부들의 형태를 비교해보면 신령스러운 거북을 지역별·시대별·설화별 등으로 누가 더 독창적이고 실감나게 표현했는지 각축을 벌인 듯한 모습들이다. 하나의 신령스런 거북을 대상으로 표현한 무한한 상상의 동물 표본은 우리 문화 속에 잠재된 상상력과 민족적 예술성을 보여준다.

화조 8폭병풍 부분
20세기
가회민화박물관 소장

거북과 비슷한 남생이는 석귀(石龜)라 불릴 정도로 껍질이 단단하다. 화초 8폭 병풍(花草八幅屏風)부분의 철남생이는 머리는 새와 유사하고 입은 악어, 등껍질은 물고기 비늘, 발은 새처럼 표현하였다. 바로 옆에 있는 '철남생이'라는 이름표만 없다면 여러 동물을 조합하여 만든 상상의 동물이라 여길 정도로 기괴하게 보인다. 단단한 등껍질이라는 생물학적 특성과 연관되어 "남생이 등에 활쏘기"란 속담이 있는데, 매우 어려운 일을 하는 경우나, 해를 입히려고 하나 끄떡없

석조상에서 보이는 귀부 머리

봉선홍경사비갈 (국보 7호)

보리사대경대사탑비 (보물 361호)

정토사홍법국사실상탑비 (보물 35호)

봉림사진경대사보월능공탑비 (보물 363호)

진공대사탑비 귀부 및 이수 (보물 463호)

선림원지홍각선사탑비 (보물 446호)

진천연곡리석비 (보물 404호)

회암사선각왕사비 (보물 387호)

쌍봉사철감선사탑비 (보물 170호)

연곡사동부도비 (보물 153호)

연곡사현각선사탑비 (보물 152호)

봉암사지증대사적조탑비 (보물 138호)

태고사원증국사탑비 (보물 611호)

봉안사

낙안읍성

강진 무위사

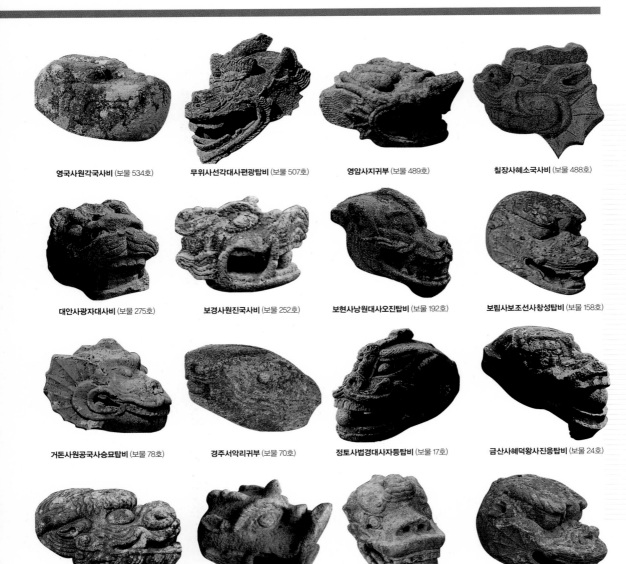

영국사원각국사비 (보물 534호)　　　무위사선각대사편광탑비 (보물 507호)　　　영암사지귀부 (보물 489호)　　　칠장사혜소국사비 (보물 488호)

대안사광자대사비 (보물 275호)　　　보경사원진국사비 (보물 252호)　　　보현사낭원대사오진탑비 (보물 192호)　　　보림사보조선사창성탑비 (보물 158호)

거돈사원공국사승묘탑비 (보물 78호)　　　경주서악리귀부 (보물 70호)　　　정토사법경대사자등탑비 (보물 17호)　　　금산사혜덕왕사진응탑비 (보물 24호)

여주읍 삼거리 이완 묘비　　　보경사 원진국사 귀부 (보물 252호)　　　쌍봉사 철감선사 귀부　　　보림사 보조선사 귀부

문자도 8폭 병풍 부분
조선시대
가회민화박물관 소장

용궁행차도
조선시대
상주 남장사 대웅전

는 경우를 비유적으로 이른다.

　문헌에 나타난 거북에 관한 이야기로는 '하도낙서(河圖洛書)' 전설이 유명하다. '하도(河圖)'는 복희(伏羲)가 황하(黃河)에서 얻은 그림이고, '낙서(洛書)'는 하우(夏禹)가 낙수(洛水)에서 얻은 글이다. 낙수에서 거북이 한 마리가 나왔는데 거북의 등에 45개의 점으로 이루어진 아홉 개의 무늬가 있었다고 한다. 하도낙서는 후에 팔괘와 정치 도덕의 아홉 가지 원칙인 홍범구주(洪範九疇)의 근원이 되었다. 조선시대 민화 문자도 중 '예(禮)'자에는 신령스러운 거북의 등에 예의의 근본으로 불리는 하도낙서를 형상화하여 그려지기도 하였다.

　우리의 많은 옛 이야기에서 용궁에 드나들 수 있는 유일한 교통편은 거북으로 그려진다. 그래서 수신(水神) 하백(河伯)이 다스리는 나라의 백성은 거북이나 고기떼로 생각하기도 하였다. 무조신(巫祖神) 삼시왕(三十王)에 관한 무속 신화인 초공(初公) 본풀이에는 아기씨가 기르던 강아지가 죽어 물에 던졌는데, 용왕국에 들어가 거북 사자가 되어 추방된 아기씨의 바닷길을 돕는다는 내용이 나온다. 조선 후기 창작 소설 '숙향전(淑香傳)'의 내용 중에 김전이 반하수에서 구해 준 거북은 남해 용왕의 딸 또는 남해 용왕의 누이로 나오며 이마에는 '천(天)'자가 발에는 '왕(王)'자가 있는 모습이다. 별주부전(鼈主簿傳)에는 거북이 영의정, 자라가 주부로 나오기도 한다.

별주부전은 원래 인도설화로서 인과응보(因果應報)를 종교적으로
비유한 내용이다. 불교의 전개와 함께 중국을 거쳐 신라에 들어온 후
조선시대 후기 대중문화의 발전과 함께 유행하였다. 별주부전과 같
은 장편의 서정문화를 발전시킨 민중의 상상력이야 말로 아름답지
않을 수 없다.

한편 불교에서는 예불(禮佛)을 드릴 때 신구 방석을 사용함으로써
정진(精進)하는 마음으로 부처님께 더 가까이 다가가고자 했다.

이처럼 신성한 거북, 신구가 지니는 근원적 상징은 우주적 심상이
다. 우주의 축도와 같은 거북의 생김새, 다른 동물보다 수명이 긴 생
태적 속성, 거북점에서 볼 수 있는 예언적 영험력, 매개자로서의 기능
등 신구를 상징하는 대부분이 이러한 우주적 심상의 직접적 구현으
로 볼 수 있는 것이다.

인간의 무한한 상상력의 거북(人面龜神) | 동물이 결합된 화상어(和尚魚)는 한계를 알 수 없는
끝없는 인간의 상상력이 만들어낸 무한 세계 속의 동물로, 이 역시
수미단을 지키고 있다.

"화상어는 동쪽 큰 바다에 사는 물고기로 몸뚱이는 홍적색이며
거북의 일종이다."라는 간단한 설명이 『삼재도회(三才圖會)』 조수(鳥
獸)편에 있다. 화상어는 은해사 백흥암 수미단 우측면 중단에 자리

수궁행차도
조선시대
통도사 명부전

해 물고기 몸에 용머리를 한 동물과 얼굴을 마주하고 있다. 화상어의 몸뚱이는 용처럼 네발 달린 거북 등에 용의 꼬리가 달렸고, 사람 형상 얼굴에 둥근 빵떡모자를 썼고, 토끼처럼 긴 귀가 모자 위로 솟아있다. 앞가슴에서 피어오른 신령스런 갈기는 역동적 힘을 자랑하고 있지만 위협적인 모습보다는 기형적인 인간형태의 신의 모습으로 보인다. 『산해경(山海經)』의 주해자 곽박(郭璞)도 서문에서 "황당무계(荒唐無稽)하고 기괴기발(奇怪奇拔)한 언어와 이미지로 가득 찬 산해경은 산, 바다, 즉 우주에 대한 그들의 관념과 질서를 적은 내용이다." 라고 하였다. 여기의 내용 중에는 인면 물고기, 인면용, 인면새, 인면뱀, 인면소, 인면양, 인면봉황 등 사람 얼굴에 짐승 몸을 합성하여 만든 상상의 동물이 수없이 등장한다. 상상의 동물 가운데 거북이 다양한 모습과 현상으로 남아 있는 이유는, 장생과 길상의 상징에서부터 물과 땅을 지배하는 신으로 인간의 뜻을 신에게 전달하는 매개자 역할을 한다고 믿었기 때문이다. 생김새가 위는 하늘처럼 둥글고, 아래는 땅처럼 평평하여 우주의 축도와 같아 지구인 세계를 상징하는 상상의 동물로 다양한 변화를 가지고 실존 동물 가운데 가장 많은 형상의 유형이 남아 있다.

어별연화문석(魚鼈蓮花文席)
조선시대
통도사 성보박물관 소장

은해사 백흥암 극락전 수미단
조선시대

거대한 몸집의 | 경어(鯨魚)

魚

거대한 몸집을 가진 바다 동물인 고래(경어, 鯨魚). 고래가
물결 위로 뛰어 오르면, 포뢰는 몸뚱이를 움츠리면서
우는데, 그 울음이 북소리처럼 웅장하다.

경어
조선시대
개인 소장

선사시대부터 우리 민족은 고래(鯨魚)를 잡으며 살아왔다. 이를 증명해주는 것이 울주군에 있는 국보 285호 반구대암각화이다. 여기에는 배를 타고 바다로 나가 고래를 잡는 모습을 비롯하여 호랑이, 멧돼지, 산양을 잡는 모습 등이 2~3m 높이까지 빼곡하게 그려져 있다. 이렇게 옛 사람들에게 친숙하면서도 실재하는 고래가 어떻게 상상의 동물로서 인식되었는지에 대해서는 명확하게 알 수는 없다. 하지만 고래와 같은 거대한 동물을 실제로 본 사람들의 과장과 상상력을 가미하여 동서양을 불문하고 여러 나라 신화의 주제로 삼거나, 문인들의 시와 문학작품에 등장하였으리라 여겨진다.

문헌상의 기록

이태백의 기경상천(騎鯨上天) | 경어(鯨魚)는 고래를 나타낸다. 우리나라 고전소설 또는 판소리에서 볼 수 있는 고래의 모습은 대개 이태백과 함께 등장한다.

> 첩첩산중에 놀던 토끼가
> 생원 말 듣기는 처음이라
> 앙금 펄쩍 나서면서
> 그 누가 날 찾나...(중략)
> 완월장취(玩月長醉) 강남 태백
> <u>기경상천(騎鯨上天) 험한 길</u>
> 함께 가자고 날 찾아...
>
> - 〈수궁가(水宮歌)〉중 자라와 토끼 만나는 대목

수궁가에서 거북이가 토끼를 찾아와 토 선생이 아니냐고 묻는 구절에서 '기경상천 험한 길'은 저승 가는 길을 나타내는 것으로 볼 수 있다.

요지연도 부분
조선시대
개인 소장

영웅인들 늙지 않고, 호걸인들 죽잖을까? 영웅도 자랑 말고, 호걸도 말을 마소.

만고영웅 진시황도 여산추초 잠들었고. 글 잘하는 이태백도 기경상천 하여있고.

천하명장 초패왕도 오강월야 흔적 없고. 구선하던 황무제도 분수추풍 한탄이라...

- 백발가(白髮歌) 중

"콩 먹고 다 죽으랴. 옛글을 보면 콩 태(太)자 든 사람은 모두 귀하게 되었더라. 태고적의 천황씨는 일만 팔천 살을 살았고, 태호복희씨는 풍성이 상승하여 십오 대를 전했으며, 한태조 당태종은 바람과 티끌이 이는 세계에서 창업지주(나라를 세운 왕)가 되었으니 오곡 백곡 잡곡 가운데 콩 태자가 제일이라. 궁팔십(窮八十) 강태공은 달팔십(達

남장사 극락보전 벽화
이백기경상천(李白騎鯨上天)
조선시대

八十)을 살았고, 시중 천자 이태백은 기경 상천하였고 북방의 태을성
은 별 가운데 으뜸이다. 나도 이 콩 달게 먹고 태공같이 오래 살고 태
백같이 상천해서 태을선관 되리라."

-『장끼전』중

이는 이태백이 술과 달을 너무 좋아하여 물에 비친 달을 잡으려고
뛰어들었다가 고래를 잡아타고 하늘로 올라가 신선이 되었다는 전설
에서 비롯된 것이다. 이로 인해 고소설뿐만 아니라 문인들의 문집에
서도 '기경상천'에 대한 기록을 자주 찾아볼 수 있다.

최립(崔岦, 1539~1612)이 쓴 『간이집(簡易集)』 제8권의 「정사의 한강
관어(漢江觀漁) 시에 차운하다」 부분을 보면,

이적선(李謫仙) 즉 이태백(李太白)이 최종지(崔宗之)와 함께 채석에
서 금릉(金陵)까지 달밤에 배를 타고 갈 적에 시와 술을 즐기면서 방
약무인(傍若無人)하게 노닐었는데, 뒷사람들이 두보(杜甫)의〈경어를
타고 가는 이백(李白騎鯨魚)〉이라는 시구가 있는 것을 빌미로, 이백이
술에 만취한 채 채석강에 비친 달을 붙잡으려다 빠져 죽었다고 믿게
되었다는 이야기가 있다.

『당재자전(唐才子傳)』 「이백(李白)」에는 태백의 기경상천에 대한 내
용이 서술되어 있다. 이에 대한 내용은 소설, 판소리, 문집뿐만 아니
라 드물기는 하지만 사찰벽화에도 그림으로 그려져 전해지고 있다.

남장사의 극락보전 왼쪽 내벽, 천장과 맞닿은 포벽에 '이백기경상
천(李白騎鯨上天)'이란 글씨가 쓰여 있으며, 수묵담채화 형식으로 그
려져 있다. 기마자세로 고래의 등 위에 서서 약간 찡그린 표정으로 목
적지를 응시하고 있는 그는 남루한 행색에 초췌한 얼굴이다. 발밑에
는 그의 분신과도 같은 술병이 놓여있다. 고래라기보다는 잉어에 가
까워 보이는 고래는 해학적인 필치로 그려졌다.

상징과 의미

종어(鍾魚)로서의 고래 | 고래와 연결시켜 생각해볼 수 있는 것이 동종(銅鐘)과의 관계이다. 큰 종을 매달기 위해 종 윗부분에 고리를 만드는데, 이것을 포뢰(蒲牢)라고 부른다. 포뢰는 용의 아홉 아들(龍生九子) 중 세 번째 아들로, 형상은 용과 비슷하나 조금 작고 천성이 울기를 좋아하며 고래를 가장 무서워한다고 한다. 그래서 종을 칠 때 고래모양으로 깎은 나무를 사용하는데, 이것을 당(撞)이라고 한다.

포뢰에 대해서 『서경부(西京賦)』에는 "고래가 가끔 일어나면 큰 북이 저절로 꽝꽝 울린다(發鯨魚鏗華鍾)."고 기록되어 있으며, 고려 후기의 무관인 이선(李善)은 "바닷가에 있는 포뢰라는 짐승은 천성이 고래를 두려워한다. 매양 무엇을 주어 먹을 때에 고래가 물결 위로 뛰어오르면, 포뢰는 몸뚱이를 움츠리면서 우는데 그 울음이 큰 북소리처럼 웅장하다. 이러므로 지금 사람들이 모두 북 위에다 포뢰의 모습을 만들어 세우고 토막나무를 고래 모습과 같이 깎아서 북채를 만들어 친다."고 하였다. 이 기록들을 통해 종과 고래의 관계가 있음을 알 수 있다. 이 외에도 옛 문인들의 시에 종어로서 고래가 등장한다.

양지쪽 비탈엔 봄이 굼틀거리고	陽崖春動盪
음지쪽 구렁엔 눈이 희미한데	陰壑雪糢糊
거마의 세속 자취는 전혀 없고	車馬塵蹤絶
종어만 외로이 절간에 걸리었네	鍾魚梵刹孤
길이 수석 찾기를 생각하느라	永懷尋水石
아침부터 저녁까지 오래 앉아서	晏坐度朝晡
일만 그루의 낙락장송 아래	萬樹長松下
밝은 창 밑에 병든 몸 부치었네	明窓着病軀

- 이색(李穡), 『목은시고(牧隱詩藁)』 제7권, 독야(獨夜) 8首 중

종어(鍾魚)는 절에서 종을 치는 나무를 가리키는데, 종어(鐘魚)라고도 부르며, 고래모양으로 만들어졌다. 여기에서 발전하여 경어가 우는 소리는 하루의 일과를 알리는 절의 종소리를 나타내기도 한다.

지인도 창주의 취향이 있었던지	至人亦有滄洲趣
신령스런 그 자취 동해안에 남겼어라	靈迹曾留海岸東
자비로운 천수 관음(千手觀音) 동방에 한 손길 뻗쳐 줌에	
	一手慈悲奔鰈域
웅장한 절 천추토록 홍몽을 제압하였나니	千秋臺殿壓鴻濛
경어 우는 소리에 스님들 발우(鉢盂) 공양했고	鯨魚自吼僧催鉢
보배 기운 감돌면서 벽에서 무지개 뿜었어라	寶氣常騰壁吐虹
백화 왕자가 지은 찬 한번 본떠 보려 해도	欲效白華王子讚
솜씨 겨룰 기막힌 시어(詩語) 없는 것이 부끄럽네	愧無奇語與爭工

- 『택당선생집(澤堂先生集)』제5권

경어 우는 소리는 일과를 알리는 절의 종소리를 말한다. 경어는 절에서 종을 칠 때 고래 모양이 새겨져 있는 공을 말한다. 이와 같은 구절은 소식(蘇軾)의 〈정인원(淨因院)〉이라는 시에 "빨리 공양하라고 고래가 밤중에 울어대네(催粥華鯨吼夜闌)."에서도 찾아볼 수 있다.

이와 같이 실재하는 바다 동물인 고래가 이태백의 '기경상천' 고사 및 종어로서 후대사람들에게 전해질 때, 여기에 상상력이 가미되면서 상상의 바다동물로서 인식된 것으로 보인다.

물속의 영혼을 울리는 | 목어(木魚)

머리 부분은 용두(龍頭)의 형상으로 크게 벌린 입속에는
위용의 상징인 귀치(鬼齒)가, 그리고 용맹의 상징인 용의
갈기와 장수의 상징인 긴 수염을 하고 있으며, 만사형통을
의미하는 여의주를 입에 물고 있다. 머리에는 외뿔 또는
쌍뿔이 있어 괴이한 용두어신(龍頭漁神)으로 용도 아닌 것이
물고기도 아닌 상상 속 동물이다.

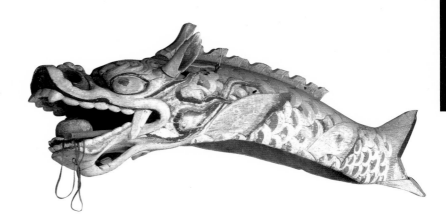

상징과 의미

목탁이 된 물고기 등나무 | 광주 무등산(無等山) 서석대 아래에는 문빈정사(文彬精舍)가 자리 잡고 있다. 이곳 법당입구 창방벽화(昌枋壁畵)가운데 큰 물고기 등에 고목나무 한그루가 돋아있는 불교설화의 한 장면이 그려져 있다. 이 그림은 불교의 교리(教理)나 설화를 알기 쉽게 압축 묘사한 내용을 벽화로 그려 이를 보고 귀감(龜鑑)이 될 수 있도록 하기 위한 것이다.

옛날 중국 호남성(湖南省) 동정호(洞庭湖) 근처에 고승(高僧) 대덕(大德) 큰 스님이 한 분 계셨다. 중국은 물론이고 다른 나라에서도 스님의 높은 가르침을 받으려고 많은 사람들이 모여들어 스님 밑에는 많은 제자들이 있었다. 그런데 그 중 한 게으른 제자가 공부는 하지 않고 장난을 일삼았다. 스님은 여러 번 좋게 타일렀으나 이 제자는 스님의 말씀을 듣지 않고 정진하려는 모습을 도무지 찾아 볼 수 없었다. 하는 수 없이 스님은 그 제자에게 벌을 주기로 하고 신통력을 부려 그를 물고기로 만들어 동정호 속에 던지고 말았다. 그리고 반성을 하면 다시 사람으로 되돌려 주겠으니 참회하고 근신하라고 말하였다.

그러나 물고기가 된 제자는 반성은커녕 처음 보는 물속을 신기하게 구경하며 마음대로 헤엄쳐 다니며 놀기만 할 뿐이었다. 스님은 물고기에게 더 무거운 벌을 주기로 결심하고, 물고기 등에 커다란 나무 한 그루를 심었다. 세월이 지나면서 나무는 점점 커져 큰 나무가 되자 물고기는 헤엄을 칠 수도 없고 먹이를 잡아먹을 수도 없었다.

심지어 풍랑으로 파도가 칠 때마다 등에 나무가 흔들려 살이 찢어지고 피를 흘리는 고통의 나날을 보내야 했다. 몇 년이 지난 후 마침 스승인 큰 스님이 배를 타고 동정호를 건너다가 물고기 제자와 만나게 되었다. 물고기는 스승에게 다가가서 참회의 눈물을 흘리며 용서를 빌었다. 큰 스님은 제자가 고통을 받고 반성한 것을 보고 수륙재(水陸齋)를 베풀어 물고기에서 해탈하게 하였다. 물고기 등에 있던 나무로 목어(木魚)를 만들어 절에 걸어두고 아침과 저녁을 알릴 때

문빈정사 법당 입구 창방 벽화
20세기
전남 광주 무등산

치면서 많은 제자들이 경계심을 갖도록 하였다.

목어는 긴 나무를 물고기 모양으로 속이 비게 파내어 만드는데, 목어를 두드려 나는 소리는 불교 의식 법규의 하나이다. 중국에서는 '방(梆)'이라고 하고 우리나라에서는 짧고 둥근 것은 목탁(木鐸), 긴 것은 '목어(木魚)'라 한다. 목탁이 좋은 소리를 내는 것은 나무의 재료 때문인데 특히 살구나무 목탁이 제일 가볍고 명랑한 맑은 소리를 낸다고 한다. 일설에는 물고기의 등에 자란 나무가 살구나무였다고도 한다.

또한 물고기는 잠을 잘 때도 눈을 뜨고 있기 때문에 스님들이 정진할 때 졸지 말고 눈을 뜨고 열심히 공부하라는 상징으로 사원의 처마에 작은 종을 달고 물고기 형상이 흔들려 풍탁(風鐸) 소리를 내게 하기도 한다. 원래 목탁의 원형은 물고기가 입을 크게 벌리고 있는 형상이며, 나무 봉으로 두드려 소리를 내면 모든 사찰 경내에 들린다. 이 소리에는 항상 눈을 감지 않고 있는 것처럼 수행 정진하라는 뜻이 담겨 있다고 한다. 새벽 3시 도량석(道場釋)때 치는 목탁은 인간과 만물이 잠에서 깨어나 번민과 잡념을 버리고 활동하라는 의미이기도 하다.

소리내는 물고기 목어 | 목어는 목어고(木魚鼓), 어고(魚鼓), 어판(魚板)이라고도 한다. 목탁은 앞서 설명한 것처럼 살구나무로 만든 것이 일품인데 비하여, 목어는 소나무 자목 등을 뿌리째 뽑아 다듬어 뿌리 부분이 앞이 되고 나무의 가늘어지는 위쪽을 꼬리로 장식한다. 목어가 설치된 곳은 대체로 범종각에 사물(四物)과 함께 설치된다. 사물이란 범종(梵鐘)·법고(法鼓)·운판(雲版)·목어(木魚)를 가리킨다. 불교 사찰에서는 사물(四物)을 두어 예불이나 의식, 식사 시간을 알리는 데 쓰는데 각기 상징하는 의미가 다르다. 범종은 땅을 해울림으로 지옥에 빠진 중생을 구하고, 법고는 두드려 내는 조화의 소리로 육지의 발 달린 짐승을 구제한다는 뜻이다. 또한 운판은 맑고 은은한 소리를 내 하늘을 나는 모

파주 보광사(普光寺) 목어
조선시대

든 짐승을 구제하고, 목어는 물고기 모양으로 수중의 모든 고혼을 구제한다.

목어는 때론 승려들이 식사하고 쉬는 공간이 있는 요사(寮舍)의 허공에 걸어 두고 예불 사찰의 공동모임이나 공양시간에도 두드려 사용한다. 약 10초 간격으로 두 번 두드리면 공양시간이라는 뜻이며, 1분가량 길게 두드리면 사찰의 모든 대중이 한자리에 모인다는 규칙이 있다.

목어의 생김새는 하나같이 똑같은 것이 없고 나무의 재료와 만드는 스님들의 상상력에 따라 각기 달리 생겼다. 뿌리째 뽑힌 통나무 한 뭉치에서 환생한 상상의 물고기 한 마리는 몸속의 오장육부를 다 긁어내어 버리고 제 몸을 두드려 공명한 소리를 낸다. 이 소리는 물에 사는 모든 혼령들의 고통을 달래고, 밤낮 없이 눈을 뜨고 사는 목어 자신을 드러내어 수행자로 하여금 졸지 말고 늘 정신이 깨어 수도정진하도록 한다. 목어는 이렇게 속죄하는 마음으로 공덕을 쌓고 있는 것이다.

목어의 머리 부분은 용두(龍頭)의 형상을 하고 있다. 크게 벌린 입속에는 위용의 상징인 귀치(鬼齒)가, 그리고 용맹의 상징인 용의 갈기와 장수의 상징인 긴 수염을 하고 있으며, 만사형통을 의미하는 여의주를 입에 물고 있다. 머리에는 외뿔 또는 쌍뿔이 있어 괴이한 용두어신(龍頭漁神)의 형상을 하고 있으며, 전체적으로는 용도 아닌 것이 물고기도 아닌 상상 속 동물의 모습이다. 이는 종교를 초월하여 인간 누구나 간절히 기원하는 출세지향적인 어변성룡(魚變成龍)을 표현한 것이며, 또한 불법의 가호(加護)로 언젠가는 해탈한다는 의미로도 볼 수 있다. 목어는 조선후기 목공예의 진수이자 해학적이며, 자연스러운 예술적 기능을 무의식적 형상으로 조각해 낸 작품으로 상상의 동물 가운데 빼놓을 수 없는 소재이다.

예의바른 | 하동(河童, kappa)

물속에 산다는 상상의 동물로, 10세 된 어린이 정도의
몸집에 황록색을 띤다. 원숭이를 닮았지만 피부는 물고기
비늘, 등은 털 대신에 거북의 껍질로 덮여 있고, 개구리의
다리를 가진 것으로 전해진다. 초자연적인 힘으로 사람을
물 속에 집어넣어 익사하면 재미 삼아 피를 빨아먹는
흡혈동물이다. 머리 꼭대기에는 움푹 파인 구멍이 있다.
뇌에 해당되는 이 부분에 물을 담고 다니는데 만약 이 물이
없어지면 신통력을 잃고 힘을 쓰지 못한다.

하동(河童)은 물속에서 산다는 상상의 동물이다. 아직까지 국내에서는 경북 경산 환성사(環城寺) 대웅전(大雄殿) 수미단(須彌壇)에 표현된 두 점의 조각 이외에는 표현된 사례를 찾아볼 수 없다. 그만큼 잘 알려지지 않은 동물이다. 환성사의 수미단은 상하 3단의 공예적 가구수법으로 짜여진 장방형 구조의 목공예품인데 그 장식성과 조형미가 매우 탁월하며 아름답다. 수미단 상단은 직사각형으로 만들어진 총 20개(앞면 12, 좌·우 측면 각4)의 판으로 장식되어 있다. 각각의 판 안에는 다양한 문양들이 조각되어 있는데 문양들 대부분은 상상의 동·식물들로 꾸며져 희화적이면서 길상으로 넘쳐난다.

하동은 일본에서는 갓파(かっぱ, Kappa)로 불리며 애니메이션의 귀여운 캐릭터로 등장할 정도로 잘 알려져 있다. 하동, 즉 갓파의 기원에 대해 여러 가지 설이 있는데, 그중 중국으로부터의 도래설을 들 수 있다. 이시카와 준이치로(石川純一郎)의 『갓파의 세계(かっぱの世界)』에 의하면, "옛날에 갓파는 황하(黃河)의 상류에 살고 있었는데, 그 중의 한 일족(一族)이 바다를 건너, 규슈(九州)의 구마가와에 정착하여, 그 후 갓파가 번식하여 9천 마리가 되었고 나쁜 일을 일삼았다."고 한다. 일본은 비교적 갓파를 상상하여 표현한 그림이 많이 남아있는데 대부분 아이 크기의 영장류이고 짓궂은 동물로 나타난다.

갓파에 관한 민간 전설이나 그림에 묘사되어 있는 내용을 종합해 보면 갓파의 생김새는 10세 된 어린이 정도의 몸집에 황록색을 띤다. 원숭이를 닮았지만 피부는 물고기 비늘, 등은 털 대신에 거북의 껍질로 덮여 있고, 개구리의 다리를 가진 것으로 전해진다. 초자연적인 힘으로 사람을 물 속에 집어넣어 익사하면 재미삼아 피를 빨아먹는 흡혈동물이다. 머리 꼭대기에는 움푹 파인 구멍이 있다. 뇌에 해당되는 이 부분에 물을 담고 다니는데 만약 이 물이 엎질러져 없어지면 신통력을 잃고 힘을 쓰지 못한다. 오이를 좋아하기 때문에, 꾀어내려면 대개 갓파가 사는 물에 오이를 던진다고 한다.

갓파를 만났다는 전설들을 보면, 갓파의 머리를 강제로 또는 속임

**경북 경산 환성사
대웅전 수미단 부분**
조선시대

수를 써서 숙이게 하여 물을 쏟아지게 했다는 이야기가 공통적으로 담겨있다. 갓파는 예의 바르게 인사하는 사람에게는 깍듯이 답례하기 때문에 갓파를 만나면 머리 숙여 절을 하면 된다. 갓파가 답례의 절을 하기 위해 고개를 숙이면 생명과도 같은 머리의 물이 쏟아지면서 갓파는 힘을 전부 잃게 되는 것이다.

이러한 상상의 동물 갓파가 왜 환성사 대웅전 수미단에 표현되었는지는 그 기록이 남아있지 않아 알 수 없지만, 세계의 중심이 있다는 상상의 산 수미산을 상징적으로 보여주기 위해 다양한 상상의 동·식물들을 표현하는 과정에서 갓파라는 소재가 사용된 것으로 보인다. 앞에서 살펴본 바와 같이 갓파는 중국에서 전해진 상상의 동물로 여겨지지만 봉황이나 기린만큼 많이 알려지지 않았던 것으로 보인다. 때문에 다양한 상상의 동물을 기록한 『산해경(山海經)』에서 조차 갓파 또는 그와 유사한 형태를 찾아볼 수 없다. 다만, 일본에서만 설화나 괴담을 통해서 다양한 형태로 발전한 것으로 여겨진다. 기괴한 상상력의 산물로 탄생한 갓파는 수미단에 표현되어 그 신성함과 신비함을 더욱 증가시킨다. 또한 예의바른 습성을 통해 환성사를 찾는 중생들에게 무한(無限)·무상(無常)의 자비(慈悲)를 전달하고 있다.

수미단(須彌壇)에서 피어난 인어(人魚)

다리가 넷 달려 있고 꼬리가 길며 어린아이 우는 소리와
비슷한 소리를 낸다. 물고기 몸에 사람얼굴을 한 적유는
우는 소리가 원앙새와 같고 사람이 이것을 먹으면 병을
예방할 수 있고 옴이 오르지 않는다.

인간은 무한한 상상력으로 다양한 것들을 만들어낸다. 그 중에서도 세계의 중심에 있다는 상상의 산, 이상적인 산을 수미산(須彌山)이라 하였다. 산의 높이가 8만 유순(由旬:약 80만km)이고 물의 깊이도 8만 유순이다. 불교의 우주관에서는 넓고 깊은 바다의 중앙에 우뚝 솟아 있는 무한대의 높은 상상속의 산을 일컫는다.

불가에서 불상(佛像)을 올려놓은 단을 수미단(須彌壇)이라 부르는데, 이 명칭은 수미산에서 비롯된 것이다. 다시 말해 부처가 이 세상 가장 높은 곳에 있음을 상징하며, 수미산을 함축시켜 놓은 무한한 법력(法力)이 축적되어 있음을 의미하는 것이다. 수미산을 상징하는 각종 상상의 동물 및 무늬를 새겨놓은 수미단 중에서 보물 제486호인 은해사(銀海寺) 백흥암(百興庵) 극락전(極樂殿)은 대표적인 것으로 손꼽힌다. 백흥암 극락전 수미단은 극락세계를 상징하는 아미타 삼존불을 모시고 있으며, 중수상량문(重修上樑文)에 숭정(崇禎16年, 1643)이란 묵서명이 있다. 직사각형의 전, 좌, 우 각각 상중하 3단으로 구분하여 전면 19장면, 좌우측 각 12장면, 총 31장면에 각기 다른 수미산에 존재하는 가상의 동물들로 환상의 세계를 연출하고 있다.

상단에 나타난 동물은 천상의 상징인 봉황을 중심으로 나는 새, 중단에는 용을 중심으로 수중세계, 하단에는 네발 달린 짐승을 중심으로 구성되어 있고, 좌우 측면에는 수중계와 천상계의 상징성을 띤 동물들이 혼합 조각되어 있다.

문헌상의 기록

사람 얼굴에 물고기 몸(人面魚身)의 정체는 『산해경』 「남산경」에 적유(赤鱬)라고 하는 인어류에 속하는 동물이다. 「북차삼경(北次三經)」의 인어, 「중차칠경(中次七經)」의 예어(鯢魚), 「해서외경」의 용어(龍魚) 등이 모두 사람 얼굴에 물고기 몸인 인어들이다. 오임신(吳任臣), 유회맹(劉會孟)의 설에 의하면, "자주(磁洲)에도 해아어(孩兒魚)가 사는데, 다리가 넷 달려 있고 꼬리가 길며 어린아이 우는 소리와 비슷한 소리를 낸다. 이것의 기름을 태워도 없어지지 않는다. 물고기 몸에 사람 얼굴을 한 적유는 우는 소리가 원앙새와 같고 사람이 이것을 먹으면 병을 예방할 수 있고 옴이 오르지 않는다"고 하였다.

　　은해사 백흥암 수미단에 나타난 적유 인면어신의 상체는 수염달린 남자의 얼굴인데, 손에는 여의주를 들고 있어 출세지향적인 어변성룡의 꿈도 함께 조각하였다. 발이 달린 물고기를 해아어(孩兒魚)라고 하였는데, 네발 달린 물고기 몸에 여성의 얼굴, 발만 넷이 있는 물고기 어깨에 날개와 같은 붉은 갈기가 생동감이 넘친다.

　　수미단의 장엄에 보이는 무한하고 경이로운 상상력이 만들어 낸 동물의 세계는 아름다운 꽃과 함께 무한한 불국토(佛國土)를 꿈꾸게 한다.

　　한편, 은해사 백흥암 극락전 수미단(보물 제 486호) 좌측 하단에는 인자한 얼굴에 흰 수염이 난 신령이 양손으로 여의주를 받쳐 들고 있는데, 이 신령의 몸뚱이는 비늘 달린 물고기 모습을 하고 있다. 『산해경(山海經)』「해내북경(海內北經)」에 능어(陵魚)는 곧 능어(鯪魚)로 인어류에 속한다. 능어는 사람의 얼굴에 사람처럼 손과 발이 있었고 물고기의 몸을 가졌으며, 열고야산(邈姑射山) 일대의 바다 속에서 살았다. 전설에 의하면 능어가 나타나면 바람과 파도 역시 무섭게 일렁거렸다고 한다. 굴원(屈原)의 『천문(天問)』에 보면 "능어는 어디에 있으며, 기작세는 어디에 있는가?(鯪魚何所 鬿堆焉處)"라는 내용이 있으며, 곽박(郭璞)의 『산해경도찬(山海經圖讚)』에서는 "고야(姑射)의 산에는 진실로 신이 깃들어 산다. 대해(大蟹)는 너비가 천리나 되고 괴이함을 머금고 진귀함을 숨기고 있구나."라고 하였다.

　　이 내용에 나타나는 대해(大蟹)란 백흥암 수미단 우측 중단에 조각된 검은색의 게를 말하는 것이다. 그 크기가 천리나 된다고 하니 불단에 나타난 모든 동물들은 상상의 세계에 나타나는 즉, 무한대의 넓은 바다를 함축시켜 놓은 상징성으로 볼 수 있을 것이다. 상상의 동물이 등장하는 조선시대 수미단 또는 불탁(佛卓)은 17세기경부터 경북지방을 중심으로 발전한 왕실 발원사찰과 태실수호 사찰의 불탁이 기준이 되었는데, 허상호(許詳浩)의 논문 「조선시대 불탁장엄 연구」가 귀중한 자료가 되고 있다.

그 대표적인 수미단이 은해사 백흥암 수미단인데, 높이 125㎝, 길이 413㎝의 좌우측 3단에 29종류에 이르는 상상의 동물이 나타나는데, 명확한 명칭을 찾기란 쉽지 않다. 다만 모든 상상의 동물들이 『산해경』에서나 찾아볼 수 있는 인간의 상상을 초월한 형상들이다. 17세기경의 우리 문화는 명(明)·청(淸)과의 빈번한 교류로 중국의 새로운 세계를 기록한 서책이나 그림들이 전래되었고, 이것이 사찰 불사에 영향을 미쳤을 것으로 추측된다. 특히 『산해경』, 『삼재도회(三才圖會)』, 『포박자(抱朴子)』, 『열선전(列仙傳)』 등을 통해 중국의 설화나 전설 속의 인물, 산천, 지리, 풍속 같은 환상적이며 괴이하고 추상적 내용이 여과 없이 전래되었을 것이다. 조선 후기에 형성된 불단이나 민간설화, 생활공예, 민화 등에 나타난 상상의 동물들은 중국 전래의 틀을 벗어나 한국적인 문화바탕 속에서 탈바꿈되어 새롭게 변화된 형상으로 발전하였다. 때론 원문이나 원형보다 더 기괴하고 환상적인 작품으로 표현되거나 황당한 형상을 쉽게 이해하도록 배려한 흔적들도 보인다. 이처럼 불교의 수호신상들은 억불숭유(抑佛崇儒) 정책의 소용돌이 속에서도 새로운 불국토에 다양하게 변화된 조각들로 형상화되어 우리에게 기묘한 세계를 남겨 놓았다.

은해사 백흥암 극락전 수미단
조선시대

현화도 부분
조선시대
개인 소장

재복(財福)의 상징 | 세 발 달린 두꺼비(三足蟾)

虫

유해(劉海)가 데리고 다니는 세 발 두꺼비는 그를 세상
어디에나 데려다 줄 수 있었으나, 가끔 우물로 도망쳤다.
그래서 쇠돈이 달린 끈으로 달아 올리곤 했다. 두꺼비는 달의
정령이자, 집지킴과 재복의 상징이다.

두꺼비는 우리에게 봄의 전령사로 알려져 있다. 긴 겨울잠에 빠졌던 두꺼비들은 얼었던 땅이 녹으면서 땅 위로 올라와 봄의 소식을 전해준다. 이렇게 우리 주변에 서식하고 있는 두꺼비들은 옛날부터 신화와 이야기에 자주 등장하였다. 우선 중국의 신화와 기록을 통해 두꺼비에 대한 인식을 살펴보도록 하겠다.

문헌상의 기록

달의 여신 상징(象徵) ｜ 하(夏)나라 우(禹)임금이 신화화되면서 복희가 들고 있는 해 안에 삼족오(三足鳥)가 그려지고, 인간을 창조한 그의 아내 여와가 들고 있는 달 안에는 두꺼비가 그려진다. 즉 두꺼비는 달의 여신을 상징한다. 중국의 기록을 찾아보면, 『회남자』 「남명훈」에

예(羿)가 서왕모에게 불사의 약을 얻었는데 그의 아내 항아(姮娥)가 그것을 훔쳐 달로 달아나자 실망하고 낙담하여 계속 쫓아가지 못하였다.

『영헌(靈憲)』에는

상아는 예의 아내이다. 서왕모에게 불사약을 훔쳐 이를 복용하고 달로 달아났다. 가면서 유황(有黃)에게 점을 치게 하였다. 유황이 점을 치고 길하다고 말했다. 가볍게 날아올라 편안하게 홀로 서행하다가 날이 어두워지게 되었다. 놀라지도 두려워하지도 않았으며 뒤에 다시 환히 밝아왔다. 상아는 마침내 달에 몸을 기탁하고 두꺼비가 되었다.

라고 기록되어 있다. 기존의 두꺼비 이야기에 중국의 신화에 등장

두꺼비가 그려져 있는 달 각저총
고구려 시대

하는 달의 상징인 항아가 우리나라에 전해지면서 두꺼비는 달의 정령을 나타내게 된다. 이로 인해 고구려 고분벽화 및 신라 시대의 와당, 조선시대의 불화에서 달 안에 두꺼비가 그려져 있는 것을 찾아볼 수 있다. 또한 두꺼비 모양의 등잔을 만들어 방안에 불을 켜두어, 두꺼비가 달빛을 비춰주는 듯한 정취를 느끼기도 하였다.

상징과 의미

재복신(財福神)으로서의 삼족섬 | 시간이 지나면서 두꺼비는 달의 정령을 상징하는 동시에, 신선이나 불교의 고승(高僧)·나한(羅漢) 등의 인물을 그린 도석인물화(道釋人物畵)에도 등장하게 된다.

중국 후량(後梁) 때 유해(劉海)라는 사람이 있었다. 오대(五代)와 송대(宋代) 초기에 지금의 북경에 살았던 실존인물이다. 요(遼)나라의 진사(進士)였다가 이름을 유현영(劉玄英), 호를 해섬자(海蟾子)라 하고 각지를 유랑하다가 신선이 되었다고 한다. 중국 민속에서는 유해가 세 발 금두꺼비와 노는 장면을 그린 그림을 길상화(吉祥畵)로 집안에 걸어두는 풍습이 생기게 되었다. '유해희섬(劉海戲蟾)'이라는 말이 있는데, '유해가 두꺼비와 장난을 친다'는 뜻이다. 특히 연말 정초에 집안과 점포 안에 그림을 걸고 새해에 많은 재물과 좋은 일이 생기기를 기원하는 연화(年畵) 중의 하나이기도 하다.

바로 여기에 세 발 달린 두꺼비가 등장한다. 유해가 데리고 다니는 세 발 두꺼비는 그를 세상 어디에나 데려다 줄 수 있었으나, 가끔 우물로 도망쳤다. 그래서 쇠돈이 달린 끈으로 달아 올리곤 했다는 고사가 전해지고 있다. 사람들은 실재하지 않는 상상의 동물인 세 발 두꺼비를 통해 큰 행운, 큰 재물이 올 것을 기대하였던 것이다.

중국의 또 다른 설화로 청나라 강희제(康熙帝) 때 강소성 소주(蘇州)에 사는 대상인 패굉문(貝宏文)의 집에 살던 '아보(阿保)'라는 자가 우물 속에서 세 발 달린 두꺼비를 찾아 비단으로 꼬아낸 실로 묶어 어깨에 얹고 다니다가 어느 날 하늘로 올라갔다는 이야기도 있다. 이 세 발 두꺼비와 신선문화는 일본으로 전해져 '두꺼비를 가진 신선'이라는 뜻의 '하마선인(蝦蟆仙人)'으로 발전하기도 하였다.

이와 같은 두꺼비와 선인과의 관계는 우리에게도 전파되어 하마선인도는 상서로움과 행운을 가져다준다고 믿었다. 이로 인해 조선시대 심사정(沈師正)과 같은 화가들에 의해 도석인물화로 자주 그려지게 되었으며, 특히 우리나라에서는 두꺼비는 집지킴과 재복의 상징으로 여겨졌다. 세 발 달린 두꺼비, 삼족섬(三足蟾)은 삼족오(三足烏)와 짝을 이루면서 상상의 동물이자 상서로운 동물로 여겨졌다. 이와 같이 3이라는 숫자가 상상의 동물과 각종 영물(靈物)의 대표적인 상징으로 등장하는 것은 도교의 삼재사상(三才思想) 등이 이입되어 기복신앙으로 습합된 것으로 여겨진다.

참고자료　　　사 료

『三國遺事』
『三國史記』
『高麗史』
『朝鮮王朝實錄』
『經國大典』

『廣雅』
『唐才子傳』
『東國歲時記』
『佛法因緣僧護經』
『山海經』
『三輔黃圖』
『三才圖繪』
『西京賦』
『說文』
『詩經』
『列仙傳』
『禮記』
『楚辭』
『抱朴子』
『淮南子』

단행본

김민기 『한국의 부작』, 보림사, 1987
김열규 『한국의 신화』, 일조각, 1998
박영수 『유물 속의 동물 상징 이야기』, 영교출판 내일아침, 2005
심우장 외 『설화 속 동물 인간을 말하다』, 책과함께, 2009
안휘준 『한국회화사 연구』, 시공사, 2000
안휘준 『한국회화의 이해』, 시공사, 2002

예태일 · 전발평 편저, 서경호 · 김영지 譯 『산해경』 안티쿠스, 2009

왕대유 著, 임동석 譯 『龍鳳文化原流』 동문선, 1988

윤열수 『한국 호랑이』 열화당, 1986

윤열수 『불멸의 신화 용』 대원사, 1999

이능화, 이종은 역주 『조선도교사』 보성문화사, 2000

이만기 엮음 『한국 대표 설화 1』 빛샘, 2002

이명구 『동양의 타이포그래피 문자도』 Leedia, 2005

이어령 『십이지신–호랑이』 생각의 나무, 2009

李祖定 主編 『中國傳統吉祥圖案』 上海科學普及出版社, 1989

임두빈 『한국미술사 101장면』 가람기획, 1998

임영주 『한국문양사』 미진사, 1983

임영주 『한국의 전통문양』 대원사, 2004

장소현 『동물의 미술』 열화당, 1979

張華 著, 임동석 譯 『박물지』 고즈윈, 2004

전호태 『화상석 속의 신화와 역사』 소와당, 2009

정 민 『한시 속의 새, 그림 속의 새』 효형, 2003

정재서 『이야기 동양 신화』 황금부엉이, 2009

何新 著, 홍희 譯 『神의 起源』 동문선, 1999

하효길 『한국의 풍어제』 대원사, 1998

한국종교민속연구회 『종교와 그림』 민속원, 2008

허 균 『전통미술의 소재와 상징』 교보문고, 1991

국립민속박물관 『한국민속신앙사전 1, 2』 2009

문화재청, 성보문화재연구원 『한국의 사찰벽화–사찰건축물 벽화조사보고서 1, 2, 3』 2006

한국학중앙연구원 『한국민족문화대백과사전』 1991

한국문화상징사전편찬위원회 『한국문화 상징사전 1, 2』 동아출판사, 1992

한국민족사전편찬위원회 『한국민속대사전』 민족문화사, 1991

학위논문

강은영 『산해경』에 반영된 동물의 상징의미 연구 : 용 · 봉황 · 기린 · 구를 중심으로』 한국외국어대학교

석사학위논문, 2003

김명옥 「韓國工藝에 나타난 鳳凰紋樣 研究」, 홍익대학교 석사학위논문, 1987

김영자 「한국 부적의 역사와 기능」, 고려대학교 박사학위논문, 2006

김주미 「학술한국의 일상문 연구 :동이계 한 민족의 문화 계통을 중심으로」, 단국대학교 박사학위논문, 2008

김훈래 「百濟金銅大香爐(국보 제287호) 裝飾文樣 研究」, 동국대학교 석사학위논문, 2008

류은규 「고구려 고분벽화 삼족오 도상의 특징과 기원」, 서울대학교 석사학위논문, 2003

박현숙 「한국 봉황도의 조형성 연구」, 홍익대학교 석사학위논문, 2009

신윤희 「토끼의 상징성을 주제로 한 도자표현 연구」, 경희대학교 석사학위논문, 2005

윤열수 「文字圖를 통해 본 民畵의 裝飾的 特性과 作家 연구」, 동국대학교 박사학위논문, 2006

이관섭 「한국불교미술에 나타난 목어에 관한 연구」, 동아대학교 석사학위논문, 1996

이숙형 「고구려 고분벽화의 사신도 연구」, 상명대학교 석사학위논문, 2007

이지영 「조선조 복식류에 나타난 봉황문양 연구」, 서울여자대학교 석사학위논문, 2005

장영기 「조선시대 궁궐 장식기와 잡상의 기원과 의미」, 국민대학교 석사학위논문, 2005

정용연 「갓파(河童)에 관한 고찰-민화(民話) 속의 갓파와 현대적 이미지」, 경희대학교, 2007

최상천 「기린 도상 연구」, 대구가톨릭대학교 박사학위논문, 2000

하영림 「한국봉황문양의 변천과 조형성 연구」, 조선대학교 석사학위논문, 1998

허상호 「朝鮮時代 佛卓莊嚴 研究」, 동국대학교 석사학위논문, 2003

논문

강우방 「新羅十二支像의 分析과 解釋」,『佛教美術』1, 1974

곽동해 · 조효숙 「고구려 고분벽화의 장식문양 소고」,『고구려연구회』, 2003

손환일 「삼족도(三足圖) 문양의 시대별 변천」,『한국사상과 문화』, 한국사상문화학회, 2006

염원희 「달토끼의 상징성 연구」,『高凰論集』제41호, 2007

윤진영 「조선왕조 산릉도감의궤의 사수도」,『인목왕후 산릉도감의궤(仁穆王后 山陵都監儀軌)』, 장서각, 2007

진준현 「민화 효제문자도의 내용과 양식 변천」,『명품도록Ⅳ 민화-문자도편』, 선문대학교박물관, 2003

한정희 「고구려 및 조선초기 고분벽화와 중국벽화의 관련성 연구」,『미술사학연구』, 2005

전시도록

『꿈과 사랑-매혹의 우리민화』 호암미술관, 1998

『龍의 美學』 호림박물관 특별전시도록, 성보문화재단, 2000

『명품도록Ⅰ,Ⅱ,Ⅲ,Ⅳ』 선문대학교박물관 소장품 도록, 2003

『고판화』 삼성출판박물관 특별전시도록, 2004

『민화』 계명대학교박물관 소장품 도록, 2004

『민화와 장식병풍』 국립민속박물관, 2005

『반갑다! 우리민화』 서울역사박물관, 2005

『아시아를 조응하는 눈』 화정박물관 전시도록, 2006

『겨레그림』 온양민속박물관 전시도록, 2008

『궁궐의 장식그림』 국립고궁박물관 특별전시도록, 2008

『흙, 불 그리고 장엄』 관문사 성보박물관 특별전시도록, 2009

찾아보기

이 책의 출간에 도움을 주신 분들

가회민화박물관

간송미술관

강화 전등사

건들바우박물관

경복궁관리소

경북 대전사

계룡산 동학사

계명대학교박물관

공주 마곡사

관문사성보박물관

국립경주박물관

국립고궁박물관

국립부여박물관

국립중앙박물관

김제 금산사

다보성

대구 파계사

리움미술관

목아박물관

목인박물관

미황사

사진작가 서헌강

상주 남장사

실상사 백장암

온양민속박물관

선문대학교박물관

선암사

에밀레박물관

은해사

의성 환성사

통도사 성보박물관

조선민화박물관

창덕궁관리소

정찬우

김병창

쉼박물관

김상석

환성사

봉암사

유성우

이두영

한상수자수박물관

대관령박물관

파주 보광사

남양주 봉선사

수원 팔달사

법주사

대구 파계사

김종춘

신라방

국립민속박물관

낙산사

안백순

동국대학교박물관

신화 속 상상동물 열전

지은이 윤열수

1판 1쇄 펴낸 날 2010년 5월 10일
1판 2쇄 펴낸 날 2017년 10월 31일

펴 낸 곳   한국문화재재단
주　소   서울시 강남구 봉은사로 406
전　화   02)3011-2602
팩　스   02)566-6314
출판등록   제2-183호 1980.10.31
　　　　　http://www.chf.or.kr
디자인   AGI SOCIETY 02)3141-9902 www.agisociety.com
인쇄   EAP KOREA

값_ 27,000원

ISBN 978-89-6433-017-3 03900

Korea Cultural Heritage Foundation